海外慈濟史——新加坡

新加坡慈濟史
Tzu Chi Singapore

慈濟基金會 編纂處 編著

新加坡簡介

地理位置

新加坡是東南亞中南半島的一個城邦島國。位於馬來半島南端，鄰近馬六甲海峽最南端出口；南與印尼相隔，北與馬來西亞相隔。

歷史背景

1942 年前，很長一段時間為英國殖民地；1942 年經歷三年的日佔時期。1962 年加入馬來西亞成為一個州，1965 年獨立建國。依靠著國際貿易，成為亞洲四小龍之一，也是亞洲重要的金融、服務和航運中心。

面積

新加坡國土面積約為 721 平方公里，由本島和 63 個小島組成，東西寬 42 公里，南北長 23 公里，約 20% 的國土面積由填海產生。

人口、種族

新加坡是世界人口密度前三名的國家，全國人口約為 604 萬人，國民種族多元；華人最多，約佔 74.1％，馬來人佔 13.49％，印度人佔 9.2％，其他人種 2.1％。

語言

新加坡是一個多語言的國家，以英語為主，華語、馬來語、坦米爾（印度）語通用。該國教育普及，國民識字率高達 97%，多數通曉至少兩種語言：英語及自己的母語。

經濟

新加坡產業多元，以金融業、製造業、煉油業為主。擁有數項傲視全球的產業，為世界最大物流樞紐、世界第三大外匯交易中心，具有世界第一鑽油平台製造、船舶修復等技術。

政治

新加坡崇尚法治，政治體制具威權主義的特徵。容許網上發言及組織，但不容許集會；雖非完全民主，但民眾仍有相對自由的公民權利。

社會制度

新加坡是高度法治國家，透過制定嚴謹刑律和刑罰維持治安，使犯罪率下降。穩定的經濟發展與政府政策，促成新加坡良好的社會福利，在教育、醫療、民生、環境上，多獲國民肯定。住宅制度方面，由於人口密度高、國土有限，約五分之四的新加坡人居住於政府建築的公共房屋——組屋。

宗教

佛教為新加坡第一大宗教，其他為基督教、伊斯蘭教、道教和印度教等。

環保教育站（兀蘭）

大愛人文館
安親班

大愛幼教中心

人文青年中心

中醫義診中心

樂齡長青館（武吉巴督）

樂齡長青館（南洋）

日間康復中心

湖畔全科醫療診所

靜思書軒

義診中心

新加坡
慈濟志業體分佈圖

4

從靜思堂出發...

 中醫義診中心 **19**公里

 人文青年中心 **18**公里

 大愛幼教中心 **19**公里

 大愛人文館、安親班 **20**公里

 環保教育站（兀蘭）**23**公里

 新加坡靜思堂
社教中心

樂齡長青館（南洋）**38**公里

 湖畔全科醫療診所 **37**公里

 日間康復中心 **32**公里

 樂齡長青館（武吉巴督）**30**公里

 義診中心 **22**公里

 靜思書軒 **13**公里

目錄

醫療志業

教育志業

人文志業

編輯緒言

歷史就像一條長河，流過時間、空間、人間。

鑑別興替更迭，淘盡千古人物，彷彿世間種種，最後都必成空。

但有用心感受、深刻投入，則筆之於文史，鐫刻於金石，

藏諸於名山的篇章，又一次次煥發典範的風華。

證嚴上人：「今天的工作是明天的歷史，時間無情，人有情，

要讓感人的事蹟流傳下來。從事文史工作，

要為時代做見證，為人類寫歷史，為慈濟立經藏。」

1966 年，佛教克難慈濟功德會創立，開始從事濟度人間的志業。

五十三年來，慈濟人從臺灣出發，飄洋過海，開枝展葉；

愛的種子、善的足跡遍布全球，真真實實譜寫出一部慈濟大藏經。

菩薩所緣，緣苦眾生；慈濟的歷史，是世界苦難的縮影，

苦難的盡頭，慈濟人一直都「在」，作眾生的救處、護處、大依止處。

感恩付出的人，用生命寫歷史；感恩受助的人，示身相以教育。

感恩人文真善美志工，用樸實的身影，藉圖文影音留下記錄，

讓我們得以在編纂的過程，有足跡可追溯，有脈絡可梳理。

一、編輯體例

海外慈濟史是一套叢書，期待彙整各個國家地區的慈濟人身影，

如何篳路藍縷的傳承靜思法脈、布善種子；弘揚慈濟宗門、扎根本土，

既融入當地文化宗教，又保有慈濟人文的特色，

用大愛包容世界地球村，彰顯佛法慈悲等觀的精神要義。

故此，書系編纂皆以慈濟四大志業、八大法印為綱領，
再依事件本末繫年敘寫，以窺見每一個志業的發展始末。

以年繫事　以事繫人

歷史若不留下文字、圖像的足跡，後人就無資料可佐證；
惟多年的資料累積，也有許多重複性的內容，
經由篩選、分類，加上脈絡的梳理，才能使敘述更完善。

上人叮嚀：「莫忘那一年、莫忘那一念、莫忘那群人。」
「莫忘」是對過往人事物的感恩再現，也是對自我生命的負責表現；
時間的年輪裡，有法脈有宗門；不斷地惕勵著我們的「初發心」；
也不斷地警醒著我們「德不孤，必有鄰」，必定要謙卑。

慈濟海外史如一棵樹的長成，雖是許多大小「因」和「緣」的組成，
但編纂時，每個篇章均「以年繫事，以事繫人」。
即以紀事本末體的方式編寫，冀窺得事件的全貌，
希望看見人間的苦難美善。提燈照路的人，那怕只有幾行敘寫，
也展現出篳路藍縷的信心、毅力、勇氣。

因此，將慈濟大藏經、已出版書籍與文史資料庫歷年紀錄加以統整，
加上當地文史同仁與志工的考證，有幾分證據，說幾分話；
如實呈現梗概、數據。未免過於繁瑣、過多細節，
無法在文稿呈現的人物故事，則於篇末透過線上連結，延伸閱讀。

以人傳法　以法立宗

上人開示：「天下的米一個人吃不完，天下的事一個人做不盡，
一個人也無法成就天下所有的事。」每件事的推動，都有一群人的努力；
慈濟人在海外，一步一腳印，每個足跡都緊扣著法脈的源頭。
那怕在最遙遠的國度，語言不通、宗教信仰不同，

也要啟發人性最真的那一念善，翻轉心向，離苦得樂。

真正做到「以人傳法，以法立宗」，印證法源，回歸靜思。

上人開示：「慈善、醫療、教育、人文四大志業，雖各有運作系統，
但都起源於功德會，共同的法源在靜思。要讓志業生根，
就要通達法脈根源；靜思法脈要由靜思弟子代代相傳，
傳法不是傳給特定的人而已，只要人人接受靜思法脈，
有明確的精神脈絡，人人都可以傳法。慈濟之所以要正式立宗，
就是要讓現在與未來的慈濟人，有清楚的精神脈絡可以依循。」
我們在每一篇章的文末，都摘錄上人對該項志業的開示，
不僅見證海外力行菩薩道，是如何緊跟腳步，若合符節。

另編纂處爬梳過往資料，將上人歷年來對新加坡慈濟人的叮嚀語；
鏨列於本書的最後章節，以見證靜思法髓不分海內外，
始終如一的貫串在慈濟宗門，成為全球慈濟人共同指引的方向。
也希望提醒代代慈濟人，傳承法脈、弘揚宗門不可偏差。

二、編纂過程

感恩新加坡文發室設立專職文史小組，與編纂處合力彙整、撰寫。

2013 年 8 月 26 日至 27 日，新加坡成為海外第一個舉辦
「海外慈濟史教育訓練工作坊」的國家，
歷經一年的史料蒐集、歸類、建檔、檢視、考證等步驟。

2014 年 9 月 27 日至 28 日，舉辦「史藏體例撰寫」工作坊，
以探其究竟、擇其要意、刪其重複、起承轉合、綴字成文，
一直到圖文並茂、合而為史六大步驟為方法，開始撰寫。

經過兩次工作坊，兩次校對，終於在 2020 年 2 月付梓印刷。
早期的筆耕志工少，大藏經多有缺漏；我們先求有，再求精，
過程中謹守能補則補，邊作邊補；有多少資料，寫多少文章；
有多少證據，寫多少數據；有多少個案，就留多少故事的原則；
盡量保有文筆的純樸筆觸，做到如實貼近當地的語言、文化。

三、感恩

感恩上人開闢一方福田，引領慈濟人行菩薩道。
感恩人文志業王端正執行長指導史藏編纂方向。
感恩新加坡分會執行長劉瑞士師兄領隊，
全力支援新加坡慈濟史的編纂，
從第一階段的工作坊開始，執行團隊即全程參與。

感恩新加坡慈濟人用心用愛鋪路，三十年如一日。
教富濟貧、濟貧教富，讓大愛永續在獅城。

感恩經典雜誌王志宏總監與美編團隊，
為海外慈濟史系列作整體規劃與設計。

編纂處總編輯 洪靜原
二〇二〇年二月寫於靜思精舍

秉持初衷 布善種子

成立於1993年9月20日的新加坡慈濟，近四分之一世紀以來，秉持內修「誠正信實」、外行「慈悲喜捨」的精神，在獅城踏實耕耘，透過慈濟志業的拓展——慈善、醫療、教育、人文、環保，足跡遍及全島各個社區。不僅播撒大愛種子，提升生命內涵，亦見證「人間佛教」的落實。

回顧來時路，靜思法脈源於臺灣花蓮，飄洋過海來到獅城；宗門的發展則緊隨證嚴上人慈示的方向，也緊扣本地社會脈動，契入當地需求。

第一個十年，草創期落地扎根。儘管錢克難、人克難，但效仿慈濟「竹筒歲月」精神，點滴累積來行善。在地關懷弱勢群體；國際間發生災難時，也投入募心募款。

第二個十年，走入社區開道鋪路。新加坡從發展中國家躍升為發達國家，對人民的照顧相對提升；但慈濟仍積極彌補社福資源之不足，將散佈在全島各地的志工劃區編制，延伸慈善觸角，形成更有效率的「人間菩薩網路」。更推動環保教育，設立社區環保點，帶動民眾一起珍惜資源、素食減碳、守護大地。

志業項目應時代需要而變化，不變的是人與人之間的誠懇互動，透過心靈關懷，使富者施之，得福而樂；貧者受之，得救而安，啟動良善的循環。如今，遍佈全島的14間志業體和40個社區環保點，既是公益服務的定點，也是慈濟人文的具象展現。超過三千位的慈濟志工，更無償地承擔起各項利益人群的工作，不分宗教、種族，將大愛精神落實在獅城。

末學有幸於 2012 年接任執行長一職，既由衷感恩無數前人以誠以情，開道鋪路；同時以守志奉道、承先啓後為自勉，於 2017 年啟動組織優化與運作調整，加強組織治理、內控與內監制度等，為永續發展奠定更堅實的基礎。

執行長任期：2012 上任迄今

時值《新加坡慈濟史》付梓出版，讓步步來時路，有史可證、有跡可循；其中兩萬多字的上人叮嚀語，更是激勵我們繼往開來的引路明燈，猶如傳家寶般珍貴。在此也感恩新加坡政府給予的各項委託和支持，基層組織和合作夥伴的信任和互助，職志與會員的無私付出，社會大眾的護持等等，讓我們秉持初衷、勇往直前。

新加坡是有福之地，早在 1992 年，上人就慈勉獅城慈濟人：「慈濟在當地推展的重點，應落實在精神層面的引導、充實。」2013 年再叮囑：「大家更要盡心盡力接引新加坡居民，好事、好話要多分享。在末法時代，多一個人瞭解慈濟，就多淨化一個人的心、多增一分善念；清流大、濁流小，社會就有希望。」2018 年，我們啟動「百萬好心人」運動，接引更多有心人加入大愛行列。

永無止盡的人間菩薩道，需要代代接棒，才能達到「人心淨化、社會祥和、天下無災難」。祈願大家有志一同，慇懃耕耘，匯聚福緣，讓亞洲小紅點新加坡，成為一個富樂安穩的「人文國度」。

慈濟新加坡分會執行長　劉瑞士
二〇一九年十一月寫於新加坡靜思堂

燈燈相續 種樹成林

2019 年，慈濟新加坡分會志業推動滿 26 周年。鄰近的國家如馬來西亞、印尼、菲律賓、泰國、越南、緬甸、柬埔寨等國，也都在 25 年前與慈濟結下不解之緣。這些國家的志工，在大災小難中，互相支援、互通有無；使慈濟宗門與靜思法脈隨著時間、空間、人與人之間的推移，在亞太地區達到弘揚與傳承的開權顯實之妙。

新加坡分會以其地利之便及人才濟濟之優勢，在東南亞國家的災難中，扮演重要的助緣角色。尤其跨國義診之觸角，涵蓋至印尼的巴淡島、北干巴魯、山口洋等地，以及柬埔寨、菲律賓及斯里蘭卡等國。其中斯里蘭卡的跨國大型義診，自 2004 年南亞海嘯發生至今 15 年，未曾中斷。

1993 年，新加坡分會草創初期篳路藍縷，中間經歷無數的瓶頸、挫折、磨難、挑戰及考驗。末學自 2003 年至 2012 年，在證嚴上人的慈示下，隻身前來協助推動慈濟會務。十年歲月讓末學深深體悟「身在人群，心要獨處」的處世智慧；也深深覺知要將深入人群的行菩薩道法門，落實在向來以唸佛誦經或聽經聞法為主的新馬地區，是如何的不容易。然，證嚴上人慈示「有心就不難」，讓我們在一念之間轉折智慧、化解困難。

二十多年來，新加坡慈濟志工們深耕社區、啟發人心，燈燈相傳至種樹成林。不論慈善、醫療、教育，乃至環保等志業，推動成果斐然；不但嘉惠眾多需要協助的獅城鄉親，也啟發許多有心要造福人群的會眾投入志工行列。這樣一股淨化人心的清流，深深獲得新加坡政府及坊間的認同與肯定，得以陸續成立義診中心及幼教中心；如今再成立青年人文活動中心，展開志業推動又闢一新頁。

「義診中心」服務孤老貧病；
「幼教中心」孵育民族幼苗；
「青年中心」教化國家棟樑；
「靜思書軒」則以茶香、書香、咖啡香以文會友，讓會眾在靜謐的情境中沐浴佛法清流。

新加坡慈濟志業雖觸角廣伸，然而暗角之處仍有需要膚慰的苦難蒼生。唯有繼續菩薩大招生，才能讓更多人離苦得樂；也唯有走入人群、深入苦難，才能見苦知福，從中體悟「知足最大富」與「知足天地寬」的人生哲理。

執行長任期：2003-2012

政府及坊間對慈濟的支持與鼓勵，更加重我們的責任與使命。期許新加坡分會全體志工，廣邀有緣成千手千眼，使聞聲救苦的觸角持續廣伸，讓新加坡成為愛心密度最高的國家。

證嚴上人慈示：「青山無所爭，福田用心耕。」也教誨慈濟人：「取之當地，用之當地；自力更生，就地取材」。值此《新加坡慈濟史》出刊之際，末學願與全體慈濟人共勉，以感恩心檢討過去、砥礪未來；菩薩道上，永不退轉。

慈濟新加坡分會前執行長 劉濟雨
二〇一九年八月寫於靜思精舍

緣一份累世的緣

一大事因緣，徹悟人生；
無量義大愛，朗照紅塵。

時光荏苒，回首 1999 年，剛踏入精舍修行，秉承師命，以近住女身份來到獅城，體驗另一種走入人群的修行生活。也因此有機緣與新加坡家人圓一份累世的緣……

感恩當年一群資深菩薩及慈青菩薩同行作伴，在牛車水將慈濟志業逐步扎根。感恩上人，直接引領弟子行入修行最究竟的道路——菩薩道，入群處眾結一份福緣善緣，並藉事練心增長智慧，讓弟子福與慧平行雙修！

慈濟在獅城已走過二十幾年，感恩接續的劉濟雨師兄及劉瑞士師兄執行團隊，用心帶領新加坡慈濟人，讓四大志業蓬勃發展，並獲得當地政府的肯定與支持。

新加坡占地雖不大，但在世界舞台上有其重要的角色，匯聚許多優秀人才和具有愛心及善念的人士；新加坡慈濟人除了在本土勤耕耘外，也將愛的足跡跨越至有緣的國度，如斯里蘭卡、柬埔寨、越南、寮國等等。

誠如上人在慈濟行經五十年後，對慈濟人的期許「大愛之道廣披寰宇，長情之路古往今來」。現今社會天災人禍不斷，如當年佛陀所言，乃五濁惡世之時；苦難人偏多，尤其需要更多的人間菩薩湧現。

期待新加坡慈濟在接下來的無數年，能廣邀更多的人間菩薩共行；在二六時中，每個當下慇懃精進，珍惜此生難得的「一大事因緣」，共同走入上人依法華經所鋪成的人間路。以「無量義大愛」的法脈精神，「朗照紅塵」

苦難眾生，也讓自己的人生，由此而步步接軌菩提道，因而「徹悟人生」真諦，回歸清淨心，找回真如本性。

《法華經‧方便品》言及「佛種從緣起」，感恩上人開道鋪路，讓弟子行在成佛之道中。珍惜二十多年前與新加坡結下一段殊勝的因緣，緣生緣起緣續，相信那應是所有靜思弟子與上人彼此之間，生生世世的約定。

值此《新加坡慈濟史》出版之際，寄予無限的祝福與感恩！

釋德勷

二〇一九年十二月寫於靜思精舍

緣起獅城 圓緣慈濟

2005 年因緣際會，公司派我到新加坡負責管理新蓋的工廠，我的同修吳玫芬也隨後搬到新加坡。當時，她想利用時間做志工，透過朋友的介紹，主動找到新加坡慈濟分會；在新加坡慈濟人的接引下，結下了不可思議的慈濟因緣！

萬萬沒有想到，十二年後會接下臺灣慈濟慈善基金會執行長一職。雖然我在新加坡只待了兩年半左右，但我的同修陸續轉述她參與慈濟志工活動的點滴，還有看到她行為、思想的正向改變，讓我明顯地感受到，慈濟不是一般的志工團體。感動之餘也好奇，這是什麼樣的志工組織？證嚴上人是如何帶領的？為什麼「無」償付出的慈濟志工，比「有」償報酬的企業員工還有使命感？

有一次，新加坡志工一早要到馬來西亞發放熱食──六百個便當。回推時間，前一天凌晨三點就得出發，半夜十一點半要開始集合挑菜、洗菜、烹煮、裝便當。我的同修跟我商量，有意去幫忙，我覺得這是好事，也鼓勵她去；沒想到，當她打電話去「報名」，卻有點失望的放下電話，原因是「工作人員已經額滿」！這讓我印象非常深刻，一個三更半夜去當志工、大清早才能結束回家的差事，竟然有這麼多志工搶著要做！

我同修的一個志工念頭，和新加坡慈濟人的慇懃接引，讓原本只開車載同修到靜思堂後便離開的我，也在 2007 年參加新加坡分會的歲末祝福。看到那一年的「慈濟大藏經」影片，才知原來慈濟人為全世界做了這麼多貢獻，當下決心參加慈濟的志工見習與培訓。

周年慶再訪

距上次到新加坡，轉眼已近三年，2019 年 10 月，新加坡慈濟 26 周年慶，我與玫芬師姊隨同靜思精舍德寧法師、德格法師再次到新加坡分會，帶來

上人與全球慈濟人的祝福。同時也參訪義診中心、中醫義診所、社區長青、大愛人文館、大愛幼兒園，還有人文青年中心；看到新加坡四大志業的發展越來越好，得到各級政府及社區民眾的高度肯定，感到非常敬佩與歡喜。

回顧和新加坡的因緣，內心常懷感恩與欣慰，不論是事業的成就和志業的啟蒙，都是我一生中最好的回憶之一。我對新加坡的慈濟史可說沒有什麼貢獻，但是新加坡在我的慈濟史卻有關鍵性的影響。

誠摯的感恩

自 2017 年 7 月全職投入志業，迄今已兩年半，心中對慈濟的好奇和疑問，也陸續得到解答；尤其對「慈誠、委員」有更深刻的體認，把「委員」的英文 Commissioner 拆成三個英文字，就很清楚——是「有 commit（承諾）與 mission（使命）er（的人）」，這可以解釋，為什麼慈濟志工的行動力、感動力，那麼令人讚嘆。

26 年來，新加坡慈濟人由一而生無量；從慈善扎根、乃至國際賑災、醫療、教育、人文、環保志業，精進聞法、組織優化，更打造「慈濟人文青年中心」一站式青年公益平台。2019 年晉升為新加坡大型公益機構，在獅城恆持用心地，為慈濟「淨化人心，社會祥和，祈求天下無災難」樹立志業典範。

謹藉《新加坡慈濟史》的出版，向新加坡慈濟人表達誠摯的感恩。

慈濟基金會執行長　顏博文
二〇一九年十二月寫於靜思精舍

新加坡慈濟概述
飄洋過海播善種

「一般人都覺得新加坡是天堂，沒有福田好耕。但只要有心，天堂的暗角也有許多個案。感恩有慈濟人間菩薩深入到個案環境中，給他們物資與關懷，所以說，事在人為。」這是新加坡慈濟分會十周年慶時，證嚴上人給予的肯定與祝福。

新加坡與慈濟的緣，最早回溯至 1973 年，娜拉風災重創臺灣東部，新加坡慧琪法師知道後，及時撥款讓慈濟賑災。

1985 年，在臺北經營美容院的委員洪素琴（慈諄）透過友人陳崇正，將慈濟介紹給從新加坡返回臺灣的林啟化、陳耶珍夫婦。趁返臺期間，他們到吉林路慈濟臺北分會謁見上人。林啟化夫婦回到新加坡，即將慈濟訊息分享給親友，尤其是旅居新加坡的臺灣人，廣邀大家一同為苦難的人付出。

一、菩提種子萌芽

新加坡首位慈濟種子劉桂英（靜蓮）在花蓮德利豆乾店工作時，老闆娘吳玉鳳（靜慈）就引介她認識慈濟。十七歲皈依證嚴上人，法號「靜蓮」，但她當時並未真正走入慈濟。直至 1987 年，隨丈夫旅居新加坡，偶然認識陳耶珍，才重新接續與慈濟的緣。

1988 年，劉桂英回到臺灣，向上人發願在新加坡發揚慈濟，希望帶動當地華

1991 年 4 月，首次借用寶光佛堂舉辦委員籌備會議；寶光佛堂慧琪法師非常認同慈濟理念，處處幫助。（中間慧琪法師、左二劉靜蓮、左四賴玉珠、右二陸傳卿、右一張普多）

（攝影：新加坡分會提供）

人共同參與。她開始在新加坡招募會員與志工，很快就募得五十多位會員，捐款從新幣 1 元至 500 元不等。1989 年 6 月，劉桂英將〈功德會緣起〉、〈阿彌陀佛聖號〉、〈慈濟菩薩道〉及〈慈悲喜捨〉四卷錄音帶各複製一千卷，在新加坡結緣流通。

1989 年，劉桂英受證為慈濟委員。秉持上人「人傷我痛，人苦我悲」的理念，與十幾位善心人士發心付出。

二、志業發展

寶光佛堂因緣

草創初期，劉桂英隻身在異地推展慈濟不易，當時會員很少，也沒有場地。寶光佛堂慧琪法師是上人的同門師兄，同為印順導師的弟子，非常認同慈濟理念，對於劉桂英在新加坡推廣慈濟志業給予支持，處處幫助。不僅擔任多屆新加坡慈濟分會管理委員會主席，也借出寶光佛堂，讓慈濟舉辦會議、茶會、照顧戶發放日、兒童精進班、營隊等活動使用。

劉桂英表示：「我邀請照顧戶來吃飯，跟他們分享法，就是早期在精舍看到上人這麼做，很多東西都是從臺灣學回來的，包括每個月農曆 24 日誦《藥師經》和發放等，都在寶光佛堂主辦。沒有慧琪法師，慈濟這條路走不下去。」

慈濟之旅

1991 年 3 月 10 日（農曆正月 24 日），慈濟志工在寶光佛堂舉辦「新加坡分會成立大會」，暫定名稱為「新加坡慈濟之音 World of Loving kindness & Salvation (Singapore)」，簡稱「慈濟之音」。要在新加坡成立慈善團體，成員必須持有永久居民身分，還要符合法定人數與席次。早年新加坡慈濟未能符合該條件，所以先以社團活動的方式做慈濟，另一方面繼續辦理註冊。

1991 年 3 月 18 日，「慈濟之音」一行四十二人由劉桂英帶領，展開五天的「臺灣慈濟之旅」，並在臺中分會謁見上人，請示新加坡志業推展的方向。

上人欣見慈濟種子散佈海外，鼓勵每位佛教徒皆應發揮佛教「無緣大慈，同體大悲」的精神；去除迷信、消極的色彩，讓人們能肯定佛教是積極、重視慧命的宗教。

同年 3 月 21 日，上人對新加坡慈濟人開示：「菩薩所緣，緣苦眾生，要感恩有苦難眾生讓我們行菩薩道。不是為建設而勸募，是要推展佛教教育生活化。」22 日新加坡慈濟人回國前，上人再囑咐：「身為佛教徒，應由端正自身做起，轉變人們以往對佛教偏差的印象。」

「慈濟之旅」回來之後，慈濟志工積極展開一系列濟貧工作，探訪老人院、兒童院，關懷弱勢家庭，舉辦米糧發放，也在佛教道場宣傳慈濟理念，希望將慈濟介紹給更多新加坡人。

慈濟推介活動

1991年5月，慈濟之音應「新加坡佛教圖書館」之邀，舉辦「慈濟之旅幻燈交流心得會」，由黃繼志為大眾講述這趟慈濟之旅的見聞。他們用最簡單的設備，播放上人開示與德慈法師講述的慈濟緣起，這是新加坡會眾與慈濟的第一次因緣。

1992年5月，喬秋萍、李佳穎和傅娟娟到新加坡大悲佛教中心、佛教居士林及寶光佛堂舉行三天演講，將慈濟的志業與精神介紹給當地民眾，也講述自己如何在上人的教誨下，學習救濟關懷貧戶和病患，進而改變習氣與觀念。善的訊息廣傳開來，越來越多民眾加入志工行列。

劉桂英常往返臺灣，除了向上人報告新加坡志業推動的情形，也請示發展方向。她曾說：「我們這些海外遊子，最大的期盼是不斷和本會保持聯繫、相互配合。」當時網路不發達，劉桂英也向臺灣本會索取慈濟緣起幻燈片、舊的慈濟月刊、慈濟之旅的電臺廣播等，做為推廣慈濟志業的素材。

1991年3月18日，新加坡遠青法師與「慈濟之音」一行四十二人展開五天的「臺灣慈濟之旅」。上人期許新加坡慈濟志工把慈濟的精神、種子，散佈在當地，讓新加坡保有正信的佛教精神。（攝影：新加坡分會提供）

新加坡分會成立

1993 年 1 月，新加坡首批志工十人回到靜思精舍，由上人授證為慈誠、委員。黃廷國、鄭李實先、賴玉珠（慈真）等志工請示上人：「在海外推展慈濟志業應具備怎樣的心態？」上人強調：「人和為貴，慈濟今日的成就在於人多力大，人人奉獻他的良能。負責在海外推動慈濟者，不能存有驕慢心，定要大智若愚，不為所知障阻礙。凡事尊重他人的意見，不能要求別人將就自己。」

大家仍擔心人手不足，延宕慈善發展的機緣，上人勉勵：「不要操之過急，只要呈現團結和諧的整體美，自然會吸引他人來參與投入。功德會成立之初，只有三十位會員，能發展成今日的成果，全靠大家對外誠正信實，對內和睦無爭。」

1993 年 9 月 20 日，「佛教慈濟功德會新加坡分會 Buddhist Compassion Relief Tzu Chi Foundation（Singapore Branch）」終於獲准註冊成立，首位負責人為劉桂英。證嚴上人讚歎劉桂英：「再強盛的國家，難免也有暗角；每一個家庭即使有福利，難免也有孤老無依者，同樣會有病苦人生。她很用心去尋找這些人，將慈濟志業帶動起來。」

雖然當時分會僅有數百位慈濟委員、會員，大家合心地在新加坡推動慈濟志

1991 年 3 月 10 日（農曆正月 24 日），慈濟志工在寶光佛堂成立「新加坡慈濟之音」。3 月 13 日於律師辦公室登記。
（攝影：新加坡分會提供）

臺商廖年吉買下梨春園，重新整修後租給慈濟使用。1998 年末，新加坡慈濟分會及文化志業中心遷至「牛車水會所」，這是新加坡慈濟第一個家。（攝影：新加坡分會提供）

業發展，尤以國際救助、骨髓捐贈、兒童精進班等，為首要運作項目。1994年1月26日，分會正式受政府認證為慈善團體，捐款可用以扣繳所得稅。

委員陸傳卿（慈眉）回想一路跟隨上人行菩薩道的歷程，她說：「找到家，找到人生的道路，是我生命中最好的時光；因為只有做慈濟，才能讓我找到生命價值的意義。」

慈濟文化志業中心成立

1996年7月，臺灣建築商李志成（濟模）受上人囑託到新加坡。他與同修郭玉琴先租用紐頓（Newton）的一棟大樓辦公室，帶領志工在當地推廣慈濟，著重人文教育資訊和精神資糧，舉辦社會公益、身心環保與慈善福利等活動。文化志業中心參與每年的世界華文書展，推廣文化清流；協助英文翻譯工作，並設立資訊網頁，落實宣揚慈濟理念。

牛車水會所

1996年10月16日，分會成為國家福利理事會(National Council of Social Service，NCSS)會員，並在1998年8月，更名為「佛教慈濟慈善事業基金會（新加坡分會）」。2013年改成「佛教慈濟慈善事業基金會（新加坡）」。

隨著會務發展，志工人數增加，慈濟人仍努力找尋一個合宜的活動場所。

慈濟新家坐落在巴西立政府組屋區旁，眾人期盼社區道場發揮菩薩大招生的良能。2002年2月23日，新加坡慈濟分會靜思堂動土典禮，眾人虔誠合掌繞佛，祈願早日落成。

（攝影：新加坡分會提供）

1998 年 12 月，因緣促成，在新加坡的臺商廖年吉知道新加坡慈濟的困境，買下梨春園，重新整修後，以象徵性的一元租金，租給慈濟使用；新加坡慈濟人稱為「牛車水會所」。分會辦公室和文化中心合併遷入牛車水會所，新加坡慈濟人終於有屬於自己的家，活動也逐步遷至牛車水。

梨春園位在牛車水丁加奴街，舊名戲院街，是二戰前極具規模的劇院。戰後因部分被炸毀，而成為平民住所，直至政府重新規劃，將這棟百年建築保留為歷史古蹟。

1999 年初，臺灣本會張紅玲（現為靜思精舍德勷法師）在上人的慈示下，到新加坡協助推動會務。分會持續長期濟助及急難救助的慈善工作，2000 年 1 月，開啟印尼巴淡島義診的契機；新加坡因醫療設備先進，常有鄰國轉來的個案，分會也提供醫療和生活上的補助。

1999 年到 2001 年期間，分會接續為土耳其、臺灣九二一及印度等地震災難募款，也成為新加坡首個走上街頭，為海外災難募款的慈善團體。

牛車水會所位在市中心，更是著名的觀光景區，來往人潮多，能接引許多外國人士。然而法令規定，景區會所不能辦宗教性活動，所以慈濟人也一直在尋覓更恰當的場地。終於在多方協助，尤其任職於銀行的賴玉珠等人努力下，覓

2005 年 10 月，歷經三年的工程，新加坡靜思堂落成啟用，由精舍法師、新加坡國防部長張志賢先生、議員曾士生先生等蒞臨剪綵。
（攝影：王綏喜）

得巴西立近郊的一塊空地。2002 年 2 月 23 日，新加坡佛教總會主席隆根長老，受邀主持巴西立靜思堂動土典禮；2005 年 10 月 30 日，巴西立靜思堂舉行啟用典禮。

三、開枝展葉

篳路藍縷——劉濟雨

2003 年 1 月，劉銘達（濟雨）兼任新加坡分會執行長，至 2012 年任期十年間，逐步完成行政體系架構、帶領培訓組，依志工屬性，規劃不同的培訓課程與共修方式。當臺灣本會開始運作「四合一」志工組織架構時，分會在 2005 年即跟進，於 2010 年 1 月完成「合心、和氣、互愛、協力」的完整四合一架構。

為了推展醫療志業，劉濟雨上任後，陸續設立「慈濟義診中心」、「佛教慈濟健檢中心」，也從各階層發掘亟需援助的貧病人士，給予生活濟助及精神關懷；如愛滋病關懷、腎友援助計畫、新芽助學金計畫。帶領醫護團隊在印尼巴淡島、斯里蘭卡舉辦跨國義診，也將重症與罕見病例，轉介到新加坡或臺灣的醫院治療。南亞海嘯因緣，劉濟雨跨國關懷斯里蘭卡會務，並延伸到柬埔寨。

新加坡分會在劉銘達的帶領下，職工、志工各司其職，相互支援，讓志業穩定發展，獲得社區、政府支持，也將志業拓展至其他國家，培育出當地志工，讓善行得以延續。

穩健拓展——劉濟悟

2012 年 4 月，由劉瑞士（濟悟）接任執行長，同四位副執行長邱建義（濟樹）、張正昌（濟昌）、趙信玉（慈峘）及徐雪友（慈婷），以團隊的力量，在四合一架構的基礎上，依循靜思法脈、慈濟宗門的脈絡，穩健前進。後來張正昌返回臺灣定居，陳昭云（濟昭）加入，承擔副執行長重任。

劉瑞士任職後，對內，朝向組織優化目標邁進。調整職工體系架構，提升分會財務、行政作業效率、加強人資管理；重新裝修靜思堂，增加空間使用；推展 5S 精實管理計劃。

對外，土生土長的劉瑞士人脈廣闊，接引實業家、積極和政府機關溝通接軌。2012 年至 2019 年期間，分會順利增加十個志業體，涵蓋醫療、教育、人文及環保；獲得政府肯定及支持，經常邀約慈濟合作。2013 年分會在新加坡室內體育館舉辦「法譬如水」經藏演繹，感動許多會眾加入慈濟。二十周年及二十五周年，舉辦大型靜態志業成果展，讓更多人透過志工的菩薩身影，瞭解慈濟精神，發揮濟貧教富的功能。

劉瑞士一步一腳印，親力親為，帶領職工、志工推動會務，分會在 2019 年已進階本地大型公益機構，繼續為「淨化人心、祥和社會、天下無災難」的願景努力。

2013 年 10 月，新加坡分會 20 周年，志工、職工體系逐漸在當地深根，發願齊力耕耘新加坡這畝福田。靜思堂四層樓高建築，外牆由灰白色洗石子構建，正門「人」字形屋簷，象徵以人為本的精神；屋脊中間三個圓柱，代表佛門三寶「佛、法、僧」。（攝影：新加坡分會提供）

新加坡慈濟 1989年－2019年

──發展與沿革

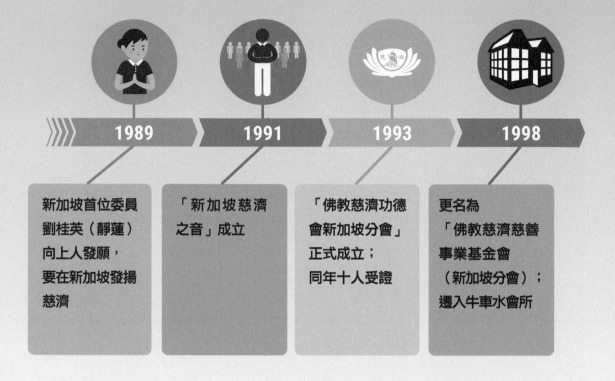

1989	1991	1993	1998
新加坡首位委員劉桂英（靜蓮）向上人發願，要在新加坡發揚慈濟	「新加坡慈濟之音」成立	「佛教慈濟功德會新加坡分會」正式成立；同年十人受證	更名為「佛教慈濟慈善事業基金會（新加坡分會）；遷入牛車水會所

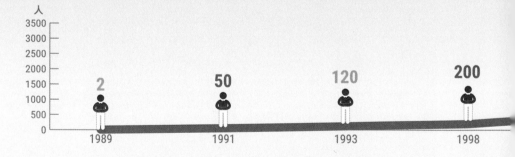

人

2	50	120	200
1989	1991	1993	1998

2019年委員慈誠逾 833 位

（含已故、離國、他國受證）

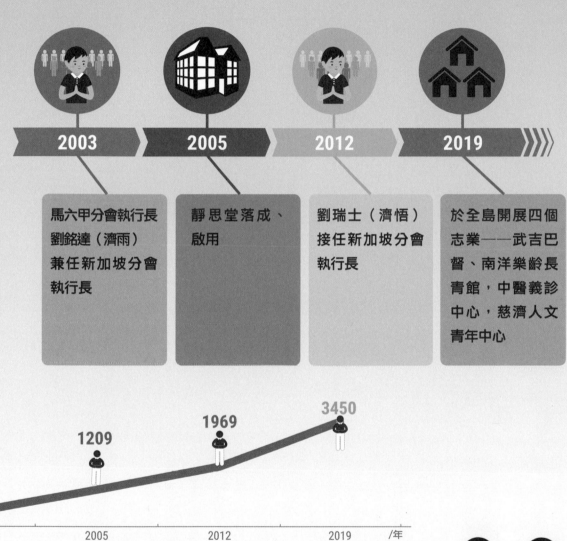

2003	2005	2012	2019

馬六甲分會執行長劉銘達（濟雨）兼任新加坡分會執行長

靜思堂落成、啟用

劉瑞士（濟悟）接任新加坡分會執行長

於全島開展四個志業——武吉巴督、南洋樂齡長青館，中醫義診中心，慈濟人文青年中心

471
1209
1969
3450

2003　　2005　　2012　　2019　　/年

志工逾 **3,450** 位

慈善事業篇

1966

證嚴上人一念悲心，於臺灣花蓮創立「佛教克難慈濟功德會」

1991

劉靜蓮等十位慈濟人，於新加坡成立「慈濟之音」

1991

臺灣本會展開國際賑災
中國大陸華東、華中水災，新加坡慈濟響應，募心募愛

1998

展開愛滋病患關懷、醫療補助

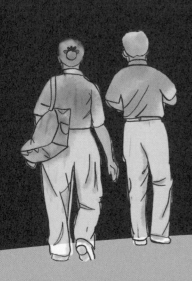

開枝展葉耕福田
慈善志業發展

一、早期濟助形式

從建國伊始，新加坡政府採西方社會提倡的社會福利政策，主張實行「自力更生」和「家庭為主」的社會保障制度，並給予國民必要的扶持，協助提升生活水平，以保證國民都能分享發展的成果。對於無法自立的弱勢群體，政府承擔起扶助和托底的責任，同時扶持民間組織發展社會福利與救濟的事業，幫助弱勢群體改善生活。

即使再富裕的社會，仍有亟需援助的苦難人。對於「教富濟貧、濟貧教富」的慈濟而言，除了向貧病孤老伸援，也期待啟發民眾的愛心，共同行善。

1987年，劉桂英（靜蓮）受證嚴上人的精神感召，開始在新加坡推廣慈濟。初期她在自宅舉辦茶會，向親友和佛友說慈濟，以招募會員和志工。1991年開始，十幾名志工組成義工小組，將募得的善款用於本地濟貧工作。此外也到其他佛教道場舉辦義賣，為國際賑災募款，並定期前往老人機構關懷。

早期慈濟的個案來源較少，大多由會員、佛友提報，或由同時參與其他慈善組織的志工轉介，或透過媒體報導而取得訊息。志工陳美珠（慈美）每天一定翻開報章，關注社會新聞，一旦發現需要協助的人，立即聯繫志工前往關懷。志工也曾前往組屋，逐戶詢問可能需要援助的對象，過程艱辛。

1992年，正式成立志工服務隊，每月一次前往老人院關懷。（前排左起劉靜蓮、陸傳卿、張普多、賴玉珠）（攝影：新加坡分會提供）

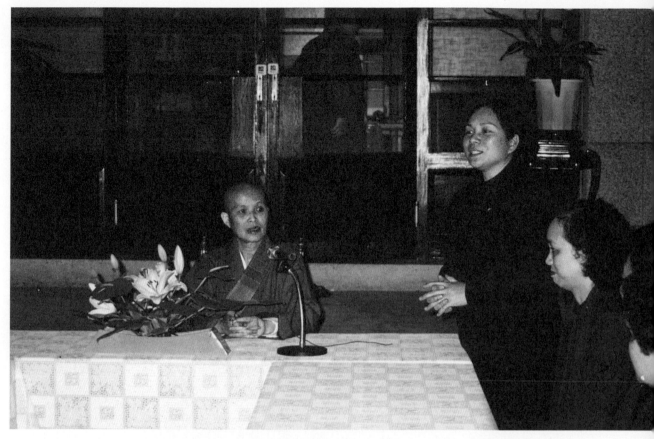

1994 年 3 月 18 日，新加坡慈濟第一顆種子劉靜蓮，在臺灣本會的志工朝會中分享新加坡志業發展。圖右一林淑婷、右二劉靜蓮。（攝影：新加坡分會提供）

累積經驗　建立制度

志工從返回臺灣尋根之旅中，參與醫院志工或訪視工作，吸取經驗。1991 年 6 月，臺北委員楊茹雲與新加坡志工交流，介紹臺北濟貧工作的程序和個案處理方法。7 月例行會議中，籌委會布達了基本訪視守則，建立了日後慈善濟貧制度的雛型。

此外，訪視員需要在個案評估紀錄中，寫下對案家的觀察和後續濟助的建議，並在常月會議或慈濟精神研討會中，討論個案的補助金額、後續關懷做法和人力分配。

1993 年「佛教慈濟功德會新加坡分會」正式註冊成立，會員和志工日增，分會開始細化功能，由適合的志工承擔評估新案和行政協調的「社工組」，以及志工後續關懷個案的「訪查組」。當時所設的濟助類目主要是視個案所需給予輔助，包括（一）低收入戶長期救濟金濟助；（二）醫療濟助；（三）孤貧的喪葬濟助；（四）緊急災難濟助；（五）獎助學金或學雜費補助等。在物質補助

之餘，訪視員也重視精神關懷，啟發照顧戶的良知良能，陪伴他們走向自立。

分會於 1993 年註冊成立後，隔年 1 月 26 日即取得由國家福利理事會（National Council of Social Service， NCSS）發出的免稅執照至今。

發放與義診

自 1991 年 9 月起，每月的農曆 24 日在寶光佛堂舉行藥師法會後，志工在佛堂發放救濟金和物資予貧戶。開計程車的志工，曾於發放日當天，邀約十幾位計程車同業，在寶光佛堂外整齊排列，前往全島各地接送照顧戶，也有實業家發心開車接送。1996 年 1 月 14 日起，發放日開始為照顧戶義診，做血壓測量或醫療諮詢。

分會於 1998 年末遷至牛車水會所，1999 年 7 月起，發放日由寶光佛堂改至會所舉辦。由於牛車水社區有許多獨居長者，2003 年 11 月，分會將每月發放日擴大成「獨居老人關懷日」，同時關懷照顧戶和該區獨居長者。

由於照顧戶及眷屬人數日漸增加，2005 年 7 月 3 日，發放日與獨居老人關懷日分開舉辦。11 月，發放場地移至剛啟用的巴西立靜思堂，發放日也從每月一次改為每年三次，即新春發放、雙親節發放和中秋節發放。2017 年調整形式，為三大種族照顧戶分別舉辦新春發

放、開齋節發放和屠妖節發放。

有照顧戶為了參加發放日，特地調整工作時間，對於行動不便者而言，參加發放日，是他們少數能出門和別人互動的機會。

發放日的照顧戶從早期的單一華族，演變成多元種族和宗教，因此在節目規劃、膳食安排等方面都需考量到不同文化背景人士的需求和禁忌。此外，活動中亦會盡量安排華語、英語司儀的搭檔，讓照顧戶都能融入其中。

二、組織運作 專業發展

志工經驗結合社工專業

以慈濟委員、志工為決策和執行主體的模式運作了近十年。1998 年分會開始依循臺灣本會推行的職工、志工雙軌運作的制度，重新確立職工體系與功能職掌。慈善志業新設社工一職，融合志工實務經驗與專業社工知識。

由職工專人負責，有助接案效率的掌握，及對外單位的聯繫。分會也明定作業流程與職工、志工權限，2009 年將訪視規章辦法制定成冊，供訪視員依循。

2005 年因應四合一志工組織架構的推動，慈善工作落實於社區，職工也負責協調各區步伐，並帶動訪視員互相學習。參與訪視的志工，需通過基礎培

訓，瞭解慈濟精神理念，另通過常月訪視會議，研討與評估個案、吸收新知、交換經驗。分會每年舉辦兩次慈善訪視培訓，由社工或社服、醫療專業人士主講課程，含括訪視流程、慈善人文、溝通技巧、疾病知識，以及社會福利政策新知等。

社會濟助項目

隨著社會問題越趨複雜與多元化，分會的濟助模式也一再調整和改善。慈濟慈善工作的原則是「彌補既有資源之不足」。在接案時，通常以「個別案例處理 (case-by-case basis)」，以便援助到在規章邊緣或求助無門的個案。

以「醫療濟助」為例，細項如醫療品、愛滋病藥物補助、洗腎交通補助等等，都是分會在關注轉介個案的經驗中，開始深入瞭解，經評估而設的新項目，以求及時因應社會所需。

有些個案則是志工在訪視過程中，主動發現的「案外案」，例如在「新芽補助金計畫」中，注意到受惠家庭需要醫療補助。

個案先由內部單位承擔，再考慮轉介外界機構。例如「生活濟助──現金補助」細項，並非只對受助對象做現金支出；曾有訪視員發現案主無法自理膳食，便代其安排送餐服務，費用由分會直接墊付給送餐服務商家。同樣地，

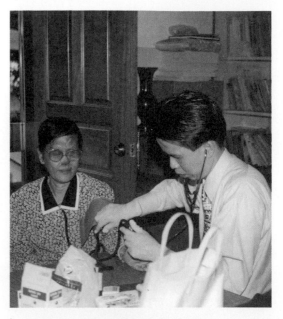

1995 年，每月在寶光佛堂舉辦發放日，也會邀請醫師來為照顧戶看診。
（攝影：新加坡分會提供）

早期，寶光佛堂是活動與會議主要場所，每月農曆 24 日在此舉行藥師法會，志工延續臺灣靜思精舍發放傳統。（攝影：新加坡分會提供）

「教育濟助——教育現金」細項，可延伸為校車、托管中心等費用補助，直接付款於服務提供者。至於需要健康檢查、中醫、西醫內科、牙科義診或居家往診的個案，則由慈善單位轉介給慈濟的醫療中心，省卻重複評估的程序。

開案後，訪視員每月家訪關懷，視需求調整補助內容，若已能自立或不符合濟助標準的，則經決議而結案。

另外，對於突發或急難事件，如旅客或外籍客工遇難，則多數來自本會宗教處或大使館的提報。以分會職工為事件聯絡人，訪視員予以慰問和關懷，竭盡所能提供各種幫助，成為跨國關懷中接力的一棒。

2003 年新加坡爆發 SARS 疫情，分會發起「同心共濟弭災疫——五月齋戒」祈福發願簽名活動，連續兩周提供素食便當、照顧戶結緣防疫禮包，並舉辦老人防疫宣導活動。2013 年因應霧霾籠罩，分會啟動「戒慎虔誠掃煙霾‧調和身心迎曙光」專案，送出「安心平安包」給照顧戶，及派發近兩萬口罩給民眾。

三、悲智雙運的訓練場

濟助特色

分會的物資發放內容，曾經多達十多種，包括米、油、醬油、水果、衛生紙等等；然而，隨著社會環境和人們生活習慣的演變，多年來屢有調整，數十年不變的是主食白米，並且選擇的是高級香米。社工林祖慧（慈毅）說：「上人曾教導，要給照顧戶品質好的東西。對貧戶而言，配菜一般很少、很簡單，如果採用好米，至少不會食不下嚥。」

此外，也曾在 2006 年 11 月增設「超市現金禮券」項目，針對未能妥善理財的照顧戶，先補助超市現金禮券。由訪視員在家訪中，陪伴案家檢視收據，幫助案家改善消費習慣。若案家能自理家庭財政，即調回現金補助。

在新加坡政府「居者有其屋」政策下，絕大多數人都能透過置產或租賃等方式，尋得棲身之所。部分獨居者或老齡化家庭面對的問題，往往是無力打理居家環境。訪視員利用家訪時段，隨手做簡單的整理，或特別召集社區志工一起為案家大掃除。

許多照顧戶在志工長期的陪伴後，對生活重燃希望、啟發善念；有些人戒除菸酒，捐零錢助人，有些人藉由參與慈濟活動，如社區環保、慈善義賣會、浴佛典禮、經藏演繹等，以行動回饋感恩心。甚至有些照顧戶主動提出結案，「從這個月起不用了，請把補助金提供給比我更需要的人。」

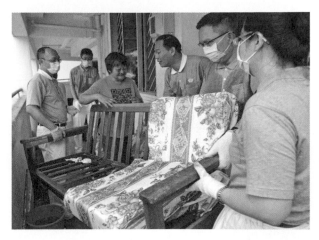

除了關懷照顧戶、提供生活補助，志工也協助打掃，改善居住環境。（攝影：蔡榮富）

健檢中心醫護人員與志工為照顧戶打掃居家環境，將物品搬下樓，一一清理。
（攝影：黃碧英）

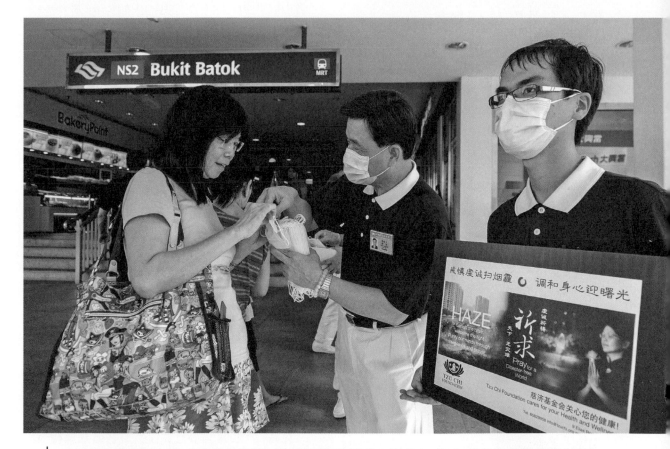

2013年霧霾籠罩全國，分會啟動「戒慎虔誠掃煙霾‧調和身心迎曙光」專案，發送兩萬個口罩給民眾。圖右一吳佳翰、右二執行長劉濟悟。（攝影：陳清華）

重大個案──潘氏兄妹

「義順小兄妹，手腳全癱瘓」、「慈母大焦急：有誰能夠救我兩個孩子？」2004年2月，斗大的新聞標題出現在新加坡報章上，電視媒體連續九天做了詳盡的報導：家住北部義順區的哥哥勁揚和妹妹姿齊，五歲時開始發病，四肢、臉部、身體肌肉痙攣扭曲，嚴重時會抽搐疼痛，病情惡化卻尋無醫治良方。

林祖慧看到消息，取得潘家父母的同意。2004年5月，在劉濟雨和林祖慧的陪伴，以及新加坡人醫會黃春卿的隨行照護下，飛抵臺灣。慈院醫療團確診潘氏兄妹罹患的是「罕見遺傳性腦神經系統退化疾病」，治療方法採用深層腦部刺激術（Deep Brain Stimulation，DBS），植入通電晶片。經過四個月的調電及復健，疼痛、抽搐的狀況明顯改善，從原本赴臺就醫的「躺著出國」，術後已能「乘坐」飛機歸返新加坡。

得知勁揚、姿齊即將回國，林祖慧積極為兩兄妹尋找靠近住家的醫院，以方便復健。之後，分會捐贈復健器材，讓他們可以在家使用走步機來回練習。慈濟志工每週都會到潘家關懷；潘氏兄妹的母親王桂雲說：「這兩個孩子很有善心，知道是慈濟幫忙才改善他們的病況，所以特別賣力做復健。」並鼓勵他們每走一趟，就投一塊或五毛新幣入竹筒，回捐給慈濟。

王桂雲邀了九位親友成為慈濟會員，以收善款回饋慈濟的愛。「她整天要照顧兩個孩子，無法空出多少時間，還願意傾力勸募，真的很難得。」劉濟雨稱讚。即使孩子必須坐輪椅出門，只要健康狀況允許，王桂雲都會帶著他們跟慈濟人做資源回收，她笑著說：「手部運動等同於物理治療。」

一念善心起，帶動愛心挹注。潘氏兄妹一路以來受到各方諸多支援，社會人

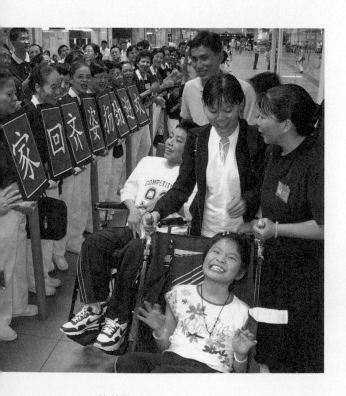

患「罕見遺傳性腦神經系統退化症」的潘氏兄妹，於2004年5月前往臺灣花蓮慈濟醫院治療。10月出院返國，慈濟人熱烈歡迎。
（攝影：曾少東）

我 做 到 了
佛 心 師 志

2017 年，執行長劉濟悟帶領職志團隊推動會務，繼續為「淨化人心、祥和社會、天下無災難」的願景努力。（攝影：黎東興）

士熱絡捐助下所成立的「關懷基金」，作為潘氏兄妹長期醫療費用，分會再負擔不足的部分，使潘家在醫療和生活上無後顧之憂。十餘年間，歷經回診及赴臺更換電池，慈濟的關懷始終不斷，在愛的陪伴下見證潘氏兄妹的成長。勁揚、姿齊也先後加入新加坡體障人士協會（Serving people with disabilities，SPD）學習技能，努力自立。

上人開示：「以大慈大悲之心深入苦境；用大智大慧為其拔除痛苦，使人人身心得到安穩快樂，這是慈濟人的使命。」新加坡居處風調雨順的福地，慈濟志工始終秉持上人「教富濟貧，濟貧教富」的理念，以「慈悲等觀」的教誨親手遍布施，帶動愛與善的迴響。菩薩從地湧出，暗角的病苦和內心的無明塵霾，因人間有情而破雲見日。

延伸閱讀

苦難人間 從何起步

機構關懷勤膚慰

新加坡慈濟的第一位負責人劉桂英（靜蓮），自1987年展開濟貧工作，慢慢接引志工。新加坡社會福利完善，慈濟早期濟助形態以心靈關懷為主，個案約三十多戶。顧及本地弱勢團體，志工也走入慈善機構膚慰，大多是缺乏社會資源的老人院。服務項目有護理照顧、按摩餵食、心靈關懷、贈送日常用品、打掃環境等。生動活潑的手語團康也讓鬱鬱寡歡的長者綻開笑顏。

起初，志工不定期探訪的老人院有三巴旺向陽老人院、陽光福利協會安老院、武吉知馬宜康老人院及兀蘭老人院等。隨著會務推動擴展及志工人數增加，慈濟所關懷的機構逐漸多元化，除

了老人院，也開始涉及癌症關懷、心理疾病等機構。隨著國家福利制度的日益完善，加上慈善團體日益增加，分會評估需求與人力，相繼停止部分機構關懷。截至2018年12月，持續關懷的機構有心理衛生學院、慈懷日間護理中心和薩司歌樂齡之家（另稱「長青園」）。

一、老人院關懷

80年代末至90年代中，分會主要關懷的機構，有三巴旺向陽老人院、陽光福利協會安老院、武吉知馬宜康老人院、兀蘭老人院和廣惠肇留醫院。除了心靈關懷和表演互動，志工也供應物資和打掃環境。若機構的設備與社會資助改善後，志工則把握因緣，援助其他更需要的機構。

以1988年關懷的三巴旺向陽老人院為例，該老人院原址為舊學堂，既簡陋

早期機構關懷以老人院為主，志工定期前往。（攝影：新加坡分會提供）

又擁擠，衛生設備也差。大部分的長者皮膚潰爛，有的躺在床上呻吟，有的則是癡呆症。志工每次出動，後車廂都裝滿食物和日常用品。1989 年中，向陽老人院遷至較好的環境，到訪的慈善團體也逐漸增加，志工因此轉往關懷武吉知馬宜康老人院。這時期的慈濟志工多為中老年，前往老人院時常是「長者關懷長者」，是長照的最佳典範；院友也把少數的年輕志工當成自己的兒女看待。

由於長者的多元文化背景，志工的服務突破語言障礙，如在廣惠肇留醫院所表演的歌曲包括華語、閩南語、粵語、英語和馬來語，深受該院推崇。廣惠肇留醫院義工協調員孫玉嬌女士非常讚賞志工：「慈濟提供的是一個從頭到腳都兼顧的整體關懷。比較具體的是剪髮和修甲，而且只要阿公、阿嬤一申訴哪裡痠痛，你們的手就伸到那裡。最難能可貴的是，你們既有良好的紀律，又有應變能力。人文關懷情操堅定了你們持續學習的態度。」

1993 年 5 月，劉桂英把關懷兀蘭老人院的志工分成環保組、關懷組及團康組，關懷的職責更加組織化。9 月，108 位志工為該院院友舉辦「敬老日動物園遊會」，帶著 40 位長者出遊，讓他們有機會接觸大自然的景物；這是分會首次把多數院友帶到戶外。此外，分會也配合各種節慶，為院友帶來佳節氣息。

1994 年 6 月，為配合新加坡社會發展部的「全國家庭日」活動，兀蘭老人院管理委員特別邀請分會提供餘興節目。志工將佛法帶入活動中，邀請臺灣慈濟志工魏滿子（慈盟）、林葉等人前來分享心路歷程。曾有類似經歷的志工是鼓勵院友的最佳人選，如患有痲瘋病的林葉也在 2009 年 4 月前往痲瘋病院 Singapore Leprosy Relief Association（慈濟志工稱「喜樂之家」）鼓勵院友。

二、特殊機構關懷

累積多年經驗，分會開始與身心障礙或其他特殊機構合作，如日愛之家療養院、心理衛生學院、喜樂之家、慈懷日間護理中心、國大醫院兒童癌症基金會和新加坡痙攣兒童協會。

精神機構關懷

1997 年，分會開始關懷收容了近 130 位精神病患及智障者的日愛之家療養院，為院友帶來表演和小遊戲。雖然大部分院友對外界的關懷沒太多反應，但曾有院友對志工說：「你們真難得，現在的社會，還能看到你們來關懷我們。

心理衛生學院是擁有兩千多張床位的精神療養中心。經志工沈龍發（濟峘）和梁桂燕（慈至）的引介，分會於 2003 年 11 月關懷情況較為穩定的院友。由

日愛之家療養院收容精神病友，志工每月關懷，以團康和院友互動；圖中志工何國炎。
（攝影：新加坡分會提供）

慈懷日間護理中心，志工周苡婷（慈雅）為老奶奶按摩雙腳。　（攝影：何鴻冠）

於服務對象身心狀況特殊，志工需學習專業訊息、服務心得等事項，經培訓後才能至該院服務。

隨著志工人數日益增多，服務對象亦隨之擴大。院方從 2005 年 4 月開始，讓狀況稍微嚴重的院友參與慈濟活動。志工策劃流程時，特別注意動靜結合，不讓院友有太大的情緒起伏。院方曾回饋，參與慈濟活動後，院友不需鎮定劑就可入眠。該院職員蔡秀鳳認同志工的用心與親切，所設計的活動能讓院友抒解情緒，發洩精力。

一般理髮師對院友感到害怕，不敢為院友理髮；院友頭髮因為長期缺乏整理，又長又亂及有異味。

2004 年，年近七旬的美髮老師黃秀玉帶動學生一起投入該院服務。為尊重院友，理髮師沒一律剃光頭以圖省事，有時更要忍受著異味理髮。為院友理髮並非易事，他們常常出其不意地改變姿勢與情緒，志工得時時刻刻留意院友的舉動，做出適當的回應，連哄帶逗，才能完成理髮任務。

2012 年分會推動「法譬如水」經藏演繹，志工顏㿟蕓（慈恪）和原守斌（誠捨）為了鼓勵組員聞法與沉澱心情，在活動前半個小時播放「法譬如水」廣播節目。2013 年 4 月，分會把流動浴佛「佛到家，福到家」活動帶給院友。院方發現院友參與浴佛後，心境顯得較為平

美髮老師黃秀玉帶學生到 IMH 義剪，鼓勵以專業回饋社會。（攝影：吳世梵）

靜。這促成了分會在常月關懷以外增設「心理衛生學院靜心班」的因緣，得以為二十名佛教徒院友講解淺易的佛法。

癌症機構關懷

慈懷日間護理中心是癌末病患日間照護中心，也是分會首個關懷的癌症機構。2000 年 9 月，志工每月兩次前往互動、帶動表演、義剪等。志工以慈濟歌曲關懷臨終院友，帶領院友信任、原諒與愛生命中的每一位人。

2002 年 5 月，慈濟志工為院友舉辦雙親節慶祝活動，用心的程度讓院內醫生

Dr R. Akhileswaran 非常感動，當日即發出一封表揚信給分會，並希望分會繼續將慈懷中心列為優先的關懷機構。一次新春慶祝活動後，慈懷中心的員工 Yoges 說：「一定要對您們說謝謝，因為您們把新春的氣息帶來，讓隨時都可能離去的他們，有了對新春的期許，能更堅強地活下去，謝謝您們！」

2005 年，新加坡國立大學醫院的兒童癌症基金會邀約分會協助關懷癌症病童。隨後十位志工參加面試與培訓，參與該基金會為癌症病童所設計的「監管遊戲計畫」（Supervised Play Programme）。利用遊戲，轉移病童覆診及住院時，對疾病的注意力，同時也得到陪伴與關懷。遊戲時間雖只有一小時半，但對於病童來說卻十分珍貴，也能讓長期陪伴孩子的父母喘息。2008 年，因病患人數越來越少，加上服務地點遷址，分會暫停此服務。

腦性麻痺中心、痲瘋病院關懷

在新加坡國防部長張志賢的引介下，分會於 2006 年 2 月前往新加坡痙攣兒童協會的腦性麻痺中心，協助病童的課外活動──「音樂與戲劇」。該中心為志工舉辦培訓課程後，志工每週以一對一的方式陪伴學生上課，讓老師更專注於教學。志工成了孩子的學習搭檔，讓孩子們更能享受課程。

新加坡慈青自 2001 年開始走入痲瘋病院「喜樂之家」。2005 年新加坡實業家聯誼會也一同投入喜樂之家的關懷活動，帶給長期孤寂生活的長者溫暖。

三、表揚與肯定

機構關懷的志工除了膚慰心靈和捐助物資外，也是院友之間或與院方的溝通橋樑。志工與院友建立互信關係，協助將想法轉達給合適的對象，解除院友長期的壓抑。部分院友因此接觸佛法，進而成為慈濟會員。

早期，志工每週五到慈懷日間護理中心，關懷癌末病友，陪伴與傾聽，給予無限的愛。
（攝影：邱秉柔）

| 志工陪伴心理衛生學院院友歡慶春節。（攝影：陳清華）

1996 年 10 月，慈濟展開機構關懷八年後，榮獲新加坡社會發展部頒發熱心公益獎，部長譚馬吉（Mr. Abdullah Tarmugi）獎勵志工在兀蘭老人院的奉獻。

1997 年 10 月，新加坡廣播電視臺（Television Corporation of Singapore）午後閒情節目，拍攝志工在武吉巴督老人院的服務實況。該電視臺曾多次介紹臺灣慈濟基金會，此次拍攝讓公眾深入瞭解分會的服務內容。

分會關懷特殊病患的努力也備受肯定。2004 年，心理衛生學院頒發獎牌和感謝狀給予慈濟。2006 年，院方更特別頒發三個獎項表揚義剪組、關懷組和團康小組。2009 年 10 月，新加坡兒童慈善總會頒發 Elaine Field Award 給分會，肯定志工在腦性痲痺中心的服務。

延伸閱讀

樂齡不孤單
獨居老人關懷

1987年志工劉桂英（靜蓮）在新加坡展開慈濟慈善濟助以來，便開始資助孤苦老人；1990年關懷九十六歲高齡的獨居長者郭老伯，一直到1996年郭老伯往生。1991年慈濟之音成立後，志工每星期協助天主教護士，在牛車水派送麵包和米糧予老人。

1993年10月慈濟應邀參加多個社團聯辦的「敬老日聯歡會」，呈現慈濟手語。從1993年至1998年，配合政府11月份的敬老週，慈濟借用場地舉辦「敬老日聯歡會」，準備豐盛佳餚，邀請藝人表演，表達對老人家的尊敬和愛心。

一、牛車水獨居老人關懷

牛車水是新加坡的唐人街，是華人移民最早的聚居地。1998年12月底分會遷入牛車水會所，隔年，分會每月一次的「慈善發放日」，從寶光佛堂改到牛車水會所舉辦。

志工發現，會所旁邊的組屋區住有大批二、三十年代從中國到南洋謀生的老人；有些有家人陪伴，更多數是沒有婚嫁的獨居者；年紀大了，體力不支或不良於行，精神孤單寂寞。分會決定力邀附近的獨居老人，參加每個月的「慈善發放日」，除了豐盛的午餐，還有義剪和節目，更重要的是志工的陪伴。

為了深入關懷這群長者，分會於2001年1月成立「獨居老人關懷組」，評估開立個案，每個月家訪一至兩次，查看老人家的需要、陪伴及關懷。這群長者

1991年「慈濟之音」成立後，志工每星期幫助天主教護士派送麵包和米糧予老人；圖：賴玉珠與志工關心牛車水老人。
（攝影：新加坡分會提供）

們，早年離鄉背井到南洋做苦力或幫傭，教育水平不高，不諳英語與華語，只會講福建、廣東等家鄉話。在分配關懷個案時，語言也是考量的條件，分會至少會安排一位熟悉長者家鄉話的志工同行，噓寒問暖，讓長者們倍感溫馨。

為了服務更多獨居長者，2003 年 11 月 16 日，分會首次舉辦戶外的獨居老人關懷日，活動地點從會所遷至寬闊的牛車水廣場，將人力集中，擴大每月「慈善發放日」的規模。關懷日的對象，除了長期照顧戶，也廣邀牛車水社區近 240 名獨居長者參與。活動深受老人家喜愛，漸漸也擴及其他地區的樂齡人士報名參加，於是在 2004 年 4 月改為「獨居長者暨樂齡關懷日」（簡稱關懷日），成為分會每月一次的大型活動。分會執行長劉濟雨表示，新加坡社會福利不錯，獨居長者對物質的要求也不高，他們更期盼有聊天的對象，能傾訴心事。一個月一次的活動，帶給這些老人家生活的期待。

九十歲的胡亞玉婆婆首次參加關懷日，受訪時興奮地說：「平時只有我一個人在家，來到這裡有很多人，有志工陪我聊天、拍照，我覺得很開心。」

2006 年 7 月，牛車水廣場修繕工程啟動，活動地點移至巴西立靜思堂。分會考量，政府對於長者的照顧越來越重視，基本的生活無虞，只需心靈

2003 年 11 月「獨居老人關懷日」在寬闊的牛車水廣場舉行，服務獨居長者及慈濟照顧戶。
（攝影：蕭明蘭）

的膚慰。於是決議，關懷日從每月一次改為每季一次。阿公阿嬤們格外珍惜和期盼聚會，風雨無阻仍然依約前來。至 2009 年底停辦，共計舉辦 46 次。

二、全方位的樂齡關懷

到府接送不嫌遠

每逢關懷日舉辦的星期日，牛車水廣場就會搭起帳篷。慈濟志工在草地上排桌椅、排練節目、測試音響、準備茶水點心。香積組志工在會所精心烹煮長者們的午餐，另一批志工則到長者家中，將行動不便的長者們一個個或攙扶、或用輪椅送到廣場。由於長者們多數沒有

電話，志工在前一天還要登門提醒長者們赴約。

後來關懷日遷至巴西立靜思堂，由於路途遙遠，志工安排巴士或私家車一一載送，甫下車就有陽傘遮陽；擔心上下巴士不便，還特製手扶梯提供支撐，處處考慮周詳，讓長者們覺得窩心。

節目精彩多元

關懷日除了志工籌備的節目外，也邀請許多表演團體共襄盛舉，內容精彩，連路人與旅客也駐足觀賞。策劃團隊如周苡婷（慈雅）和張潔儀（慈吟）早年在電視臺工作，結識不少演藝團體。她們從主持、節目表演到節目策劃，總是不斷推陳出新，陸續加入如粵劇、歌仔戲、手語、舞蹈和武術等等。

周苡婷認為，引進多元節目，可讓不同的功能組如慈青、慈少、歌詠隊、手語團康隊總動員。特別節日如農曆新年時，志工會精心裝扮成財神爺；五月母親節，志工還會準備孝道短劇及歌曲，讓長者感受佳節的氛圍。

義剪、義診服務

除了精彩的舞臺呈現，志工用心設置義剪區，給長者理髮、剃鬍子、剪指甲，還會根據長者們的需求，理出他們想要的髮型，因此參加關懷日成為他們每個月最期待的一件事。義剪區志工謝瑞明（慈明）本來不會理髮，還特別花錢上課，成為美髮師，每到關懷日，她都做得很起勁。

2004 年 8 月，位於牛車水的佛教慈濟義診中心（簡稱義診中心）啟用。關懷日結合義診，為阿公阿嬤看診；以往牛車水長者就診需搭車到中央醫院，現在只要步行就可到義診中心就醫，省了交

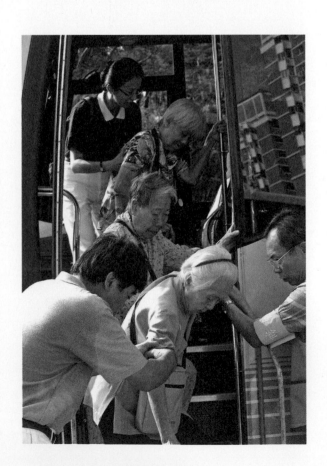

關懷日場地遷至巴西立靜思堂後，分會安排巴士載送，志工貼心攙扶長者們下車。
（攝影：蔡長盛）

通的勞頓。關懷日當天還有專屬志工負責將行動不便的長者送到義診中心；為了讓候診的長者安心觀賞節目，志工還巧思以無線對講機叫號，看診前一刻才把長者送到診間。

三、人醫會守護健康

除了義診中心服務，2006 年起，人醫會成員連續幾年和社區聯絡所合作，來到牛車水為老人家注射流感疫苗，照顧老人家的健康。農曆新年是闔家團圓的時刻，但是對於沒有親人的獨居長者，年節的熱鬧卻也讓他們心中更感孤寂。體會到長者們的心情，人醫會在新春期間前往獨居長者的家中拜年，送上禮物，並為他們做體檢及用藥諮詢。

改善居家環境

許多獨居長者因為年邁，對於居家環境打掃難免力不從心，若加上勤儉個性，不捨丟棄物品，家中雜物累積，日久會影響居家衛生。人醫會除了前往診視健康狀況，也安排為長者打掃屋子。

出生於 1929 年的張阿公，獨自居住牛車水一房式組屋，是義診中心的病人。由於患上風濕性關節炎，逐漸不良於行，屢次跌倒。「阿公的家，從天花板、牆壁到地上都掛滿回收的環保物，已經沒有路可走。陽光被衣服和一袋袋

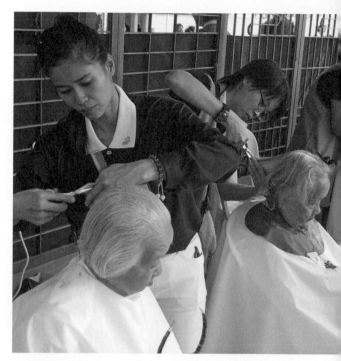

設置義剪區，幫老人理髮、剃鬍子、剪指甲。
（圖片：何鴻冠）

已故志工周慈雅（左）能歌善舞，點子多，與張慈吟（右）是活動組最佳拍檔，每次「獨居老人關懷日」節目安排都讓全場樂融融。
（攝影：楊壁瑄）

的塑膠袋遮擋，即使白天，屋子還是很昏暗。」醫療志工許保今（懿今）探訪張阿公後說。

為了改善阿公的居家環境，許保今多次與阿公溝通，終於取得清掃家居的同意。搬出雜物，洗洗刷刷後的屋子，煥然一新。從事水電的志工黎輝田（濟田）將原來蹲式馬桶換成坐式，方便雙腳無力需要靠拐杖支撐的張阿公，如廁更輕鬆。看著一切的改變，原本板著臉的阿公眉開眼笑，還興致勃勃地試坐了新馬桶。

亞嫦婆婆　送金牌

2006 年，高齡九十一歲的葉亞嫦婆婆，堅持自力更生，每天清晨推著小推車四處收集紙箱。有一天，婆婆扭傷腰部，前往慈濟義診中心看診，中醫部郭忠福醫師細心地為她針灸，經過一個半月就治好腰痛。婆婆非常感恩，只要經過義診中心，總會送來一袋水果。還說，打算要打一塊小金牌贈送郭醫師。

郭忠福知道後，趕緊勸阻婆婆，鼓勵她改捐款給慈濟，但婆婆卻堅持一定要表達感恩。回想收到婆婆親手遞來金牌的那一刻。郭醫師說，心中彷彿有一道暖流，非常感動，因為對一個收入低微的拾荒老人而言，購買金牌的金額並非小數目。婆婆感恩的是慈濟，他只是做該做的事而已，遂以婆婆的名義將款額捐出，為婆婆植福田。

另一名李亞美婆婆，十七歲時來到新加坡，在一間塑膠廠工作，直到退休。搬到牛車水居住後，在志工的邀約下，經常參加獨居老人關懷日。2010 年關懷日停辦，婆婆有一段時間沒見到慈濟志工。2011 年 1 月，分會來到牛車水人民劇場舉辦新芽助學金發放典禮，婆婆再次看到藍天白雲的身影，非常歡喜，興沖沖地交給志工一個沉甸甸的竹筒，說要捐給慈濟做善事。

同年 5 月底，李婆婆往生，享年九十六歲。因膝下無子，婆婆在十年前已請一位李先生為她處理後事，並吩咐要將畢生積蓄捐獻出來回饋社會。李婆婆的後事辦妥後，李先生於 6 月到分會，為婆婆捐出新幣 11,500 元的善款。

心景婆婆　二十二年的愛

陳心景婆婆十多歲時，從中國來到南洋工作，做過女傭、清潔工。曾經結婚，然而先生早逝，沒有子女，獨居數十年的心景婆婆到晚年時，精神狀況不佳。

分會在 1993 年 3 月開案關懷婆婆，有了志工的陪伴，她精神逐漸好轉，變得樂觀開朗。每逢志工來訪，早早在客廳等候；每個月的慈善發放日或獨居老人關懷日，也都是常客。1999 年，臺灣九二一大地震，婆婆捐出僅有的棺材本新幣 1,600 元。

2005年5月的關懷日，九十七歲的婆婆坐著輪椅前來，還猛指自己一排整齊的牙齒。志工仔細聆聽後笑著說：「婆婆是要告訴大家，她的假牙是去年慈濟義診中心幫她做的！」隔月婆婆住進療養院，志工也經常去探視她。

2015年3月，心景婆婆往生，享年一〇七歲。慈濟人協助治喪、助念、舉辦告別式；句句佛號聲中，志工虔誠合十，目送大體火化。

陪伴多年的志工王麗娟（慈扶）表示：「在婆婆身上，看到了長輩的典範，生活雖然苦，但是她不慳貪，捨得布施，慈悲喜捨，輕安自在。」這是她從婆婆身上學到的精神。

2003年11月16日獨居老人關懷日，教育部兼社會發展及體育部政務部長曾士生先生讚歎：「慈濟人給予老人的關懷，以身作則，培養敬老尊賢的美德，為後輩的楷模，希望愛心美善傳承下去，使社會充滿溫情，讓人間更有愛。」

上人讚歎人醫會與志工長期關懷獨居長者的身體健康，也照顧他們的心靈，還有一大群志工菩薩陪伴著上百位的老人家。人們總是羨慕高壽，祝福人長命百歲，但是這麼大歲數卻孤單寂寞。幸好有人間菩薩、大醫王、白衣大士的愛，老來的人生才有所依靠。

獨居老人關懷日是每月一次的大活動，志工與長者們相處和樂，場面溫馨。圖左鄭慈具。
（攝影：新加坡分會提供）

陳心景婆婆是最年長的關懷戶，也是關懷時間最長的個案，志工關懷22年，直至往生。圖自左連松遠，鄭文生，右一洪友升。
（攝影：新加坡分會提供）

延伸閱讀

獨居老人關懷 1991年-2019年
——老人，我們的寶

根據統計

2018年65歲以上居民

佔全國總人口數達 **13.7**%

預計2030年將達到 **24**%

13.7%
2018

→

24%
2030

1991	1993-1998	1999
協助天主教護士，資助孤苦老人	舉辦敬老日，邀請老人共進午餐	邀請獨居老人到牛車水會所，參加每月一次的發放日

服務人次逾 **12,200** 人次

志工人次逾 **15,200** 人次

獨居老人發放日、關懷日

逾 **100** 次活動

單次約 **100-200** 志工

50-200 老人

2003	2004-2005	2006-2009	2010-2019
2003年11月首次在牛車水廣場舉辦獨居老人關懷日	每月一次獨居老人關懷日，擴增為樂齡人士服務	獨居長者暨樂齡關懷日移到靜思堂辦理，改為每季一次	社區義診與日常關懷

大愛無國界

國際賑災

新加坡社會祥和，不受天災威脅，慈濟人謹記證嚴上人的叮嚀：「驚世的災難，要有警世的覺悟，救世的唯一方法就是救心。」在社會推廣大愛，以善導善，深信一善破千災。

面對世間頻傳的災難，新加坡和全球慈濟人同步展開賑災行動！無論是勘災、義賣籌款、物資發放、支援重建、募款募心等，新加坡慈濟分會（簡稱分會）都是接力送暖到災區。

1991 年至 2019 年，分會共參與了 16 次國際災難的救助行動。凡重大災難後，就有很多人到靜思堂詢問捐款方式，這見證了新加坡人民為善不落人後的精神。

1991 年 5、6 月，中國大陸華中、華東水患，洪澇淹沒良田、兩億多人流離失所。8 月 10 日，上人發起賑災行動，慈濟設立捐款專戶。8 月 28 日，劉桂英（靜蓮）帶領志工舉辦義賣，開啟新加坡國際賑災募款的序幕。1996 年至 1997 年，分會捐贈款項與衣物給印度、南非貧民。

早期的准證較難通過，募款通常以園遊會義賣和愛心宴的方式進行。

新加坡募款條例嚴謹，沿戶募款法規（House to House and Street Collections Act）規定，無論街頭募款、義賣、義跑、晚宴、拍賣會等，都必須向警察局或國家福利理事會申請公開募款准證。

新加坡分會首次獲准街頭募款，是因 1999 年的臺灣九二一大地震。截至 2018 年為止，分會共有 14 次街頭募款專案。

准證申請嚴謹

分會向政府申請准證時，詳述內部管控標準、慈濟緣起、災難的應對模式、募款箱的設計，表明慈濟的公信力、國際化和不談政治的立場。在等待准證核批期間，志工四處實地勘察，規劃部署人力和募款定點。同時趕製文宣品和製作愛心箱，數百個箱子一一編上號碼，再封上防水膠膜。

勸募志工和款項結帳需遵守條例，持勸募卡和上街勸募的志工，皆需攜帶身份證與募款准證供警察核對。募集的款項必須當日結帳，計算款項時需設有閉

「千人愛心宴」由文華東方酒店（Mandarin
Oriental）黃清標主廚及十一位名廚發起，兩
天一百桌皆在牛車水會所舉辦。
（攝影：新加坡分會提供）

1991年大陸華東、華中洪災肆虐，臺灣慈濟
人突破重重考驗進入大陸馳援；得知上人掛
慮受災鄉親，劉靜蓮回到新加坡，馬上召集
志工做月餅、工藝品義賣募款。
（攝影：新加坡分會提供）

1999年9月21日，臺灣發生大地震。心繫臺灣的新加坡志工迅速發起街頭募款，也為同期發生大
地震的土耳其募愛心。（攝影：新加坡分會提供）

路電視錄影，稽核師也會前來檢查。

1999 年　臺灣九二一大地震

分會原本正在為土耳其大地震籌款及申請沿戶募款准證，臺灣九二一地震後立即致函政府單位，請求轉為臺灣募款。當時志工也同步籌備 10 月的義賣園遊會和「千人愛心宴」。

義賣園遊會經報章、電臺、電視等媒體多方宣傳而廣為人知，加上新加坡民防部隊（Singapore Civil Defence Force，SCDF）赴臺救災回國時，志工曾親赴機場迎接以示謝意，經由媒體報導，民眾更加認識慈濟。因此義賣園遊會吸引許多廠商主動供應各類產品，大批民眾也前來響應。

「千人愛心宴」由文華東方酒店（Mandarin Oriental）黃清標主廚及十一位名廚發起，兩天一百桌的宴席，由分會出場地和人力，黃清標負責廠商贊助材料。黃清標曾獲「臺北中華美食節」金鼎獎，每年都以手藝贊助慈善募款活動。

義賣會及愛心宴後，分會 11 月開始為臺灣九二一地震展開募款，成為新加坡首個以街頭募款為國際災難勸募的慈善團體。慈青也不落人後，地震後七天，十八位南洋理工大學和南洋理工學院的慈青，在南大宿舍向同學募款；次月更於學校餐廳募款，同學們紛紛踴躍響應，共募得近新幣一萬元。

土耳其大地震和臺灣九二一的募款逾新幣 135 萬元，分會特舉辦兩場感恩會，感恩眾人為兩個國家地區的付出。

2001 年　印度地震

2001 年，印度西北部古吉拉特邦（Gujarat）發生規模 7.8 級強震，當時關懷新加坡會務的劉濟雨鑑於全球慈濟據點中，新、馬、泰距離印度最近；臺灣九二一地震後，臺灣慈濟認養五十一間建校工程，美國各分會也正在承擔薩爾瓦多地震重建的龐大經費。因此劉銘達主動爭取由新馬慈濟志工承擔籌募印度災後重建工程經費。

分會以「馳援印度大地震，新馬愛心動起來」為號召，沿戶募捐准證二度獲准。2001 年 6 月 17 日至 7 月 15 日，志工手捧愛心箱，從靜思堂出發至全島各定點勸募；絡繹不絕的民眾踴躍捐款，成了志工們「愈做愈勇」的推動力。志工在平日午餐時間出動，和各地的上班族結好緣；街頭勸募最後一天，志工還持續勸募到深夜十二點。

為支持災後重建，臺灣藝人組團從馬來西亞吉隆坡、馬六甲、新山一路南下義演募款。2001 年 11 月 11 日，慈濟與法國關懷組織簽訂印度古吉拉特邦重建計劃方案。以安傑爾（Anjar）地區的可達達村（Kotda）為援助重點，援建兩百二十七間大愛屋，由法國關懷組織與印度商工

總會（FICCI）執行房屋援建，並設立建材生產訓練中心，舉辦訓練建築技能活動，提供培訓與就職機會。2002 年 10 月 23 日，在慈濟、法國關懷組織代表及村民的見證下，大愛屋舉行揭碑儀式。

2002 年 10 月，上人憶及印度大地震，仍難忘慈濟人在地震後七十多天進入印度勘災，眼目所見，竟還是成堆的殘壁瓦礫，處處滿目瘡痍的景象。回頭想想從臺灣九二一地震發生，到所有的人都有大愛屋可以住，用的時間是三個多月。同樣的大地震，災後的情景如此不同，讓上人不禁心疼喟嘆印度人民苦難偏多；既然知道他們有苦難，慈濟人就更要去幫忙。在規劃如何幫助的同時，馬來西亞和新加坡慈濟人已請求上人，讓他們承擔印度災後重建工作。

2004 年 南亞海嘯

2004 年 12 月 26 日南亞大海嘯，其中斯里蘭卡災情慘重，逾四萬多人罹難，七十多萬人受災。12 月 28 日，慈濟以「大愛進南亞・真情膚苦難」，呼籲全球慈濟人走入社區鄰里，啟動募款。

2005 年元旦，分會在牛車水會所舉辦「愛灑人間」祈福會和新春慈善義賣會。義賣會增設人文區，以看板、紀錄片、話劇和現身說法，分享新加坡慈濟人在斯里蘭卡賑災的訊息。三天的義賣會，共籌得善款新幣八萬多元。

2005 年 2 月 18 日，啟動為期一個月的街頭募款，慈濟人的身影在大街小巷穿梭。許多人看到慈濟在募款，二話不說就把身上所有錢都捐出，因為他們相信慈濟。也有其他團體舉辦募款活動，將所得捐給慈濟南亞海嘯賑災基金。

2 月初，前分會執行長劉銘達與三十三位新加坡、馬六甲企業家分享賑災經驗，說明災後重建計畫與方針。5 月底，趁著世界書展於新達城展出期間，分會兩度舉辦「海嘯無情，人間有愛」講座，讓參與賑災的志工分享心得。9 月，分會十二周年慶，舉辦「大海嘯——毀滅與重生攝影展」，曾經捐款的民眾看著興建中的大愛屋，忍不住開心地說：「這裡有我的一塊磚呢！」

2004 年南亞海嘯發生後，臺灣本會立即前往斯里蘭卡勘災，隨後來自新加坡、馬來西亞、臺灣、美國及加拿大慈濟志工輪流前往接力賑災。2005 年 1 月 6 日，四十三位新馬志工與醫護人員組成第二梯次醫療賑災團，深入關懷災民生活。1 月 19 日，第四梯次共四十九位新馬兩地的醫護人員與志工前往斯里蘭卡，新加坡電視台 U 頻道「冷暖人間事」節目部，也派遣工作人員拍攝志工在當地的服務情形。

海嘯三年後，漢班托塔國立慈濟中學、職訓所與醫療所陸續完成，並於 2008 年 5 月移交當地政府，慈濟在斯里

蘭卡的賑災也因此畫上句點,然而新加坡慈濟因地緣接近,在上人慈示下,繼續承擔斯里蘭卡的會務關懷。分會在南亞海嘯的積極募款與賑災,奠定日後動員和募款的運作模式。大災難發生後,即能短時間內啟動相關機制,籌備街頭募款,並在本會指示下,前往鄰近災區參與賑災。

2008 年 汶川地震 緬甸氣旋

2008 年 5 月 2 日緬甸風災、5 月 12 日中國大陸四川大地震,前後兩次世紀災難撼動全世界。慈濟本會於 5 月 18 日發起「慈濟川緬膚苦難‧大愛善行聚福緣」募心募款。此活動在新加坡掀起前所未見的漣漪,分會進行了四次街頭勸募,動員志工 1,720 人次,募得近新幣三百萬,是歷年數額最高的一次。

此次募款首次融入「齋戒」呼籲,響應上人的號召,包括環保日、健檢、讀書會等,都設有齋戒的發願簽名。在「清淨‧大愛‧無量義」音樂手語劇和浴佛典禮帶動祈禱,把所募集到的善款,全數捐助川緬苦難人民。

慈濟實業家聯誼會與志工努力奔走,使許多商家也伸出援手,在分行或專櫃置放愛心箱,或邀請慈濟人走入企業募款,帶動祈禱,凝聚善念。另外,小商家如素食攤販、餐館、零售店等,也把愛心箱和賑災海報放在店中最引人注目的位置;超過 140 家大小企業商家加入愛心行列。

昇菘超市在全新加坡有二十一家分店、三千多位員工,很多來自緬甸與中國大陸,員工還自動發起募款行動,公司更以「捐一元再加一元」的方式,讓愛心加倍,款項全數給慈濟賑災。

2012 年 美國桑迪颶風

2012 年 10 月,美國東部海岸遭受桑迪(Sandy)颶風侵襲,釀成百年重災。許多災民失去家園,飽受寒凍,災區衍生各種問題。

「但願化天堂為淨土!」上人期許,美國是人人稱羨的天堂,希望慈濟人再接再勵,把過去的天堂化為菩薩的淨土,希望平安的人成為菩薩,伸出援手幫助苦難人;也期待苦難人知苦知福,轉而付出,也成為菩薩。

11 月 25 日至 12 月 9 日,新加坡志工七次上街頭勸募。「美國寒冬將至,當地慈濟人不眠不休地發放與膚慰災民。我們在新加坡很平安,要將愛送到美國。」趁雨勢轉小,慈濟志工聚集在繁華的烏節路,分會執行長劉濟悟到場為大家打氣。

勿洛賣報的攤販胡心蘭看到顧客買報紙,也邀請他們順手把零錢投入旁邊慈濟志工捧著的愛心箱裡。顧客也樂於配合,一來一往,愛心箱很快就有了

2008 年 5 月 18 日，全球慈濟人發起「慈濟川緬膚苦難‧大愛善行聚福緣」募心募愛。志工走入企業募愛心，這也是首次融入發願齋戒的理念。（攝影：劉素方）

2013 年菲律賓海燕風災，志工在四馬路觀音堂前募款，友族同胞熱心響應。

（攝影：新加坡分會提供）

2018 年，「一方有難，十方馳援」馳援印尼蘇拉威西強震，「Send our Love to Sulawesi！」

（攝影：新加坡分會提供）

重量。胡心蘭曾見過在冰天雪地中受苦的窮困人，因此她能同理美東災難的困境。當有民眾質疑為何去幫助富國時，胡心蘭說：「我們不是幫助美國，而是幫助那裡的災民。」

2018 年　印尼蘇拉威西地震

2018 年，印尼連續遭到地震、海嘯等自然災害襲擊，8 月兩起龍目島地震，9 月 27 日蘇拉威西島（Sulawesi）7.5 級地震並引發巨大海嘯，死亡人數超出 1,400 人，房屋大量遭摧毀。印尼慈濟分會也與軍方達成共識，共同展開中長期重建工作，預計興建 3,000 間房屋、教育及宗教場所等。

10 月 3 日，分會展開募款活動，以支持印尼賑災工作，幫助災民重建家園。11 月 2 日順利取得「善愛共振——馳援印尼蘇拉威西強震」募款准證後，為期一個多月的募心募款正式啟動。

「我們來自慈濟，募你一份愛心！請幫助蘇拉威西災民重建家園。」在人來人往的地鐵站、巴士轉換站、購物商場外，志工以三至四人為一組，手捧愛心箱與海報，以中英雙語穿插呼籲民眾發揮愛心，救助災民。

在這一個月裡，藍天白雲的慈濟人身影處處可尋，他們攜手走上街頭、深入社區，不畏辛苦，募集民眾的一分善念與善行。

社會善漣漪

1999 年志工在淡濱尼購物商場為臺灣九二一地震災民募款時，在街頭拉二胡賣藝的李建權先生深受感動，主動奏樂為慈濟募款。「新加坡人很善良，臺灣發生地震很淒涼，我們一起來護持，幫忙那些可憐的小孩……」

李建權原為一家老人院募款，慈濟志工的出現，他臨時把熟悉的福建小調換了歌詞。當路人欲把善款投進他的箱子時，他搖搖手指著志工說：「投那邊，投那邊！善心大的地方就沒有災難！」

2005 年 2 月 22 日，志工為南亞海嘯募款，又在同一地點遇到李建權。李建權熱絡地和志工打招呼，再度拉起胡琴為災民募款。李建權收入微薄，但為善不落人後。看到南亞慘重災情，他積極響應各大團體的募款。志工好奇地詢問收入不穩定的他，為何頻頻捐款，李建權說：「我賺的錢能養母親就夠了，我沒其他要求。新加坡人很有福報，沒有太多災難。應該多做善事，讓福氣持續下去。」

實業家募愛又募心

2014 年馬來西亞再度大水災，新加坡賑災團隊四十三人聯同馬國志工走入災區，挨家挨戶送上慰問與祝福。

「水患災區情況嚴重，馬來西亞慈

| 上街募款活動前，先進行行前叮嚀，提醒彼此重點在募心募愛、啟發善念。（攝影：新加坡分會提供）

濟人以工代賑，需要很多錢。」新加坡實業家聯誼會召集人黃泉霖（濟澤）於 2014 年 12 月底，前往馬來西亞支援發放，深知重建工作不易，於是召集了五十一名實業家，走上街頭募款募心。

站在人來人往的廣場，經營電子機械生意的李添南第二次參與街頭募款；罐頭食品上市公司董事長林海石則首次參與，站在行人天橋上，向來往的行人雙手合十，彎腰鞠躬：「獻出您一分愛心，幫助馬來西亞水災災民！」

即使有時行人反應冷淡，兩人仍以歡喜心面對種種境界：「只要有人捐錢，無論多少，一塊、兩塊也好」。

一念善心為苦難帶來無限希望，從援助中國華中、華東水患至今，新加坡志工始終秉持著「無緣大慈，同體大悲」的心懷，為全球每一次的災難投注心力。實體的援助終會結束，但這份長情大愛早已化為一股股暖流，膚慰所有受災的人。

延伸閱讀

國際賑災 1991年－2019年
──用心、用愛，出錢、出力

國際賑災募款守則

☑ 募款的成本，必須少於所募集項目的20%

20% ↓

☑ 募款箱必須編列號碼，及標示募款准證號

SN.1966

☑ 募款人需持有准證

☑ 開箱後，必須於當日結算
結算地點要裝置閉路電視，
審計師隨時可以抽查監督

☑ 每個募款箱金額須經兩次結算，
每次至少兩人以上

募款金額
1,390 萬 ↑ 新幣

參與募款人次
12,669 ↑ 人次

			SGD
1991		華中、華東大水	**14,000**
1999		土耳其大地震	**274,700**
1999		九二一大地震	**1,078,000**
2001		印度大地震	**497,100**
2005		南亞大海嘯	**1,280,100**
2008		緬甸風災 四川地震	**2,971,900**
2009		八八風災	**1,210,700**
2010		海地強震	**1,145,400**
2011		日本複合式災難	**1,744,300**
2012		美國桑迪風災	**557,900**
2013		菲律賓海燕風災	**1,086,700**
2014		馬來西亞水患	**938,500**
2016		尼泊爾地震	**2,057,700**
2017		哈維颶風	**187,637**
2018		印尼強震	**622,900**
2019		東非伊代風災	**609,200**

全方位守護
腎友補助計畫

根據美國腎臟資料登錄系統（United States Renal Dada System，USRDS）2017 年的數據顯示，新加坡腎衰竭為全球排名第一。

一、每日五人患病

新加坡《聯合早報》報導，因糖尿病引發腎衰竭的洗腎病患人口逐年攀升，從 1999 年的 15％，激增至 70％，幾乎每五小時就有一人需要洗腎或腎臟移植，且病患年齡層有逐年降低的現象。新加坡總理李顯龍在 2018 年的國慶獻詞上，也提出對抗糖尿病的呼籲，希望民眾多運動，少喝含糖飲品。嚴峻的糖尿病問題，已是新加坡長年的隱憂。

新加坡洗腎中心分為兩種：一是營利的私人機構，內有駐診醫師，洗腎費高；二是非營利的民間機構，無駐診醫師，但提供洗腎費用補助。醫院社工根據病患的健康和經濟狀況進行評估，轉介至私營或民間機構的洗腎中心。

新加坡慈濟分會（簡稱「分會」）發現，申請洗腎補助的病患，即使通過申請，在等待補助撥款的數個月間，也可能因無法支付醫療費用，導致不能及時洗腎。又因為慈濟照顧戶也有不少腎臟病患，為解決此困境，分會於 2005 年 4 月正式啟動「慈濟腎友援助計畫」（簡稱「腎友計畫」）。

二、慈濟援助

「腎友計畫」的援助對象不分種族和宗教，凡經濟有困難或無謀生能力者，

幫助無力負擔交通費的腎友，解決來往洗腎中心的交通窘境。（攝影：劉素方）

皆能透過醫院社工向慈濟提出申請，再經家訪評估，決定短期或長期援助。

短期援助以新加坡公民為主，在申請民間機構補助的等候期，慈濟補助他們先到私營洗腎中心接受洗腎。長期援助則提供病情複雜卻無力負擔費用的高風險群病患，到有駐診醫師的私營洗腎中心。持有新加坡居留證的外籍腎友，因申請政府醫藥補助受限，同樣在慈濟補助範圍內。此外，對行動不便、需交通援助的腎友，也提供交通費補助。

2012 年 8 月，原屬醫療志業的腎友計畫編入慈善志業，由社工同仁受理個案提報並安排志工進行家訪評估。隨著社會日漸關注洗腎議題，民間機構已逐漸縮短申請等候流程至兩、三個月，但仍較少慈善團體補助交通費。

慈濟遂明確制定洗腎費和交通費補助期限：洗腎費一般補助兩個月，特殊狀況可再延一個月。交通補助調整為短期性質，因手術或行動不便需救護車載送者，援助期限最長 6 個月，分會直接支付救護車公司；而搭乘其他交通如德士或巴士，則補助到案家能夠自付為止。

居家訪視　全人關懷

剛被診斷需要洗腎的患者，在生活和心理上都需要一段時日的調適。慈濟志工透過居家訪視，關懷與追蹤腎友的健康和起居狀況，給予精神的支持與鼓

2018 年 7 月，舉辦「訪視深度化──腎友關懷深度化」工作坊，從「身、心、社」著手，讓志工認識全人、全家、全程照顧的重要，學習以生命走入生命，幫助腎友。（攝影：新加坡分會提供）

勵，並深入瞭解案家所需，評估補助項目，或協助居家清掃，帶動案家關注環境衛生等。

為了補足訪視志工對腎臟病和洗腎療程的基礎知識，慈濟義診中心於 2009 年首次辦理「洗腎訪視培訓」，也重視訪視人文的傳承。執行長劉銘達（濟雨）叮嚀：「我們不應只抱有同情心，更要有同理心，因為同情心是慈悲，同理心是智慧，唯有做到這樣，才能悲智雙運，訪視個案才能做得成功。」

2018 年分會加強志工培訓，從「身、心、社」三個層面分析腎友遭受的身心變化和社會支持管道，引導腎友家庭走向自助助他。訪視志工還自製圖文並茂的檔案本，把握家訪的機會，輔助案家

更瞭解洗腎知識和飲食選擇。

三、與 NKF 合作

新加坡全國腎臟基金會（The National Kidney Foundation Singapore，NKF）是國內最大的慈善洗腎機構。

2012 年 10 月，在邱德拔醫院擔任社工，也是慈濟志工的莫志平（本訴）引薦下，分會首次受邀出席 NKF 會議；討論建立跨組織的合作平臺，期使不同的機構能彼此串聯，減少資源的重疊與浪費，以及對民眾採取預防腎病的教育。各大醫院代表等與會人士，透過此次會議，更加瞭解慈濟慈善志業和洗腎個案之援助準則；而分會亦得以聯合十家私營洗腎中心，爭取較低廉的費用。

2014 年 3 月，NKF 三位代表沈姝廷、蔡佩珊和梁瑋玲到巴西立靜思堂，與執行長劉瑞士（濟悟）、副執行長張正昌（濟昌）及社工進一步討論合作項目。NKF 同意優先讓慈濟洗腎照顧戶，盡速進入所屬的洗腎中心洗腎；而 NKF 若有需要經濟援助的個案，也會轉介給慈濟進一步關懷。

迪立一家——重建希望

2009 年 8 月，五十一歲的迪立（Dilip）由陳篤生醫院轉介給分會，列為短期援助個案。志工前往家訪時，發現其住家環境髒亂不堪。經瞭解，迪立因患有糖尿病而引發腎臟病，腳趾被截肢；迪立的妻子患有骨質疏鬆症，無法蹲著做家事；長女罹患糖尿病休學在家，次子和幼女尚在求學。

志工觀察迪立家裡到處都有臭蟲，孩子手上還留下被咬疤痕，於是動員十八人，聯合迪立太太和三個孩子徹徹底底地大掃除，並添購床褥、枕頭，也換上乾淨的沙發。

經過五個小時的清理，原本害怕鄰居異樣眼光而緊閉的窗戶，終能開啟。迪立十八歲的兒子古瑪（Kumar）很開心清理後終於看到陽光，就像看到了希望。

志工為臺灣莫拉克風災街頭勸募的翌日，仍前往關懷迪立一家。他們也捐出善款，希望能為災民獻上一份祝福。

辛先生——最後一程

辛先生來自中國，與泰籍華裔妻子結縭十餘載，兩人沒有子嗣。2009 年六十九歲的辛先生罹患末期腎衰竭，由於經濟困窘，無力負擔醫療費用，他拒絕洗腎，甚至有了輕生的念頭。

志工耐心地關懷與鼓勵，辛先生終於接受洗腎，積極運動，也開始茹素，重拾對生活的信心。志工不忍行動不便的他睡在地板，帶來床架、床褥，也改善雜物堆積的居家環境。2011 年 6 月，辛先生突感不適後住進加護病房，最終搶

救無效。志工協助舉目無親的辛太太辦理後事，陪伴助念與葬儀，並依辛先生遺願進行海葬，將骨灰灑向大海。

志工持續關懷辛太太直到她年末返回泰國。在異鄉舉目無親的辛太太感恩志工一路相伴，發願將來要回饋社會。

劉先生—— 一口新牙

腎臟病人於洗腎過程會流失大量蛋白質，容易造成牙齒鬆落、蛀牙等口腔問題。新加坡牙醫看診費用高，尤其人造植牙手術費用更高。NKF 與分會合作，在慈濟義診中心為腎友提供免費牙科檢查服務。

2013 年 9 月，八十歲的劉先生在 NKF 的轉介下，來到慈濟義診中心。經過醫師鄧國榮（惟正）的悉心檢查，發現劉先生下顎牙骨受損嚴重，即使重做一副假牙，也無法改善咀嚼情況；因而進行人工植牙手術，為他裝上四顆人造牙，才把整個下顎的假牙穩固。

由於劉先生是腎臟病患，術前的身體檢查必須確保無礙，手術過程也要特別縝密小心。術後，見到劉先生因為植牙解決了進食困境、改善了生活品質，贊助人造牙根的公司董事長金炯鉉也很感激這次機會，能為慈善工作盡一份力。

「腎友援助計畫」自 2005 年啟動至 2018 年止，共嘉惠了 2,087 件個案，補助金額高達新幣 5,656,437.28 元。

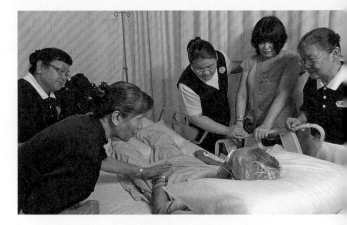

辛先生因付不起洗腎費而拒絕洗腎，經志工的關懷與鼓勵，他終於安心就醫。
（攝影：劉素方）

2019 年 6 月，分會首次舉辦腎友聯誼會，慈濟長短期補助的腎友與家屬受邀與會，多認識腎病的醫療知識。（攝影：程麗霞）

洗腎是維持生命的必要療程，一旦確診，需終生治療，生活的各個層面皆受影響。慈濟人願作腎友家庭的一股及時助力，讓他們安然度過這道人生關卡。

 　　延伸閱讀

腎友援助計畫 2005年－2019年
全國洗腎病患 6700↑人

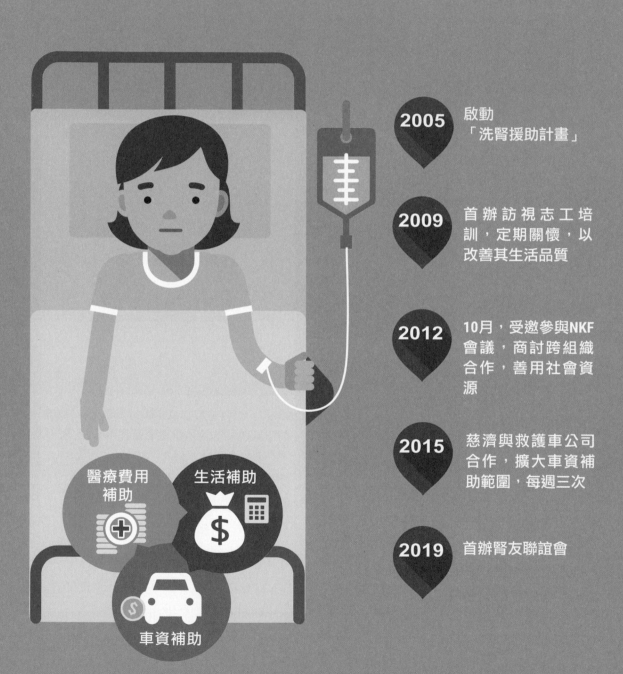

医療費用補助

生活補助

車資補助

2005 啟動
「洗腎援助計畫」

2009 首辦訪視志工培訓，定期關懷，以改善其生活品質

2012 10月，受邀參與NKF會議，商討跨組織合作，善用社會資源

2015 慈濟與救護車公司合作，擴大車資補助範圍，每週三次

2019 首辦腎友聯誼會

補助共 **5,854** 人次
志工共 **18,286** 人次，費用為 **565** 萬↑

/人

洗腎病患補助案數

400
350
300
250
200
150
100
50

2009　2010　2011　2012　2013　2014　2015　2016　2017　2018 /年

87　57　94　114　189　316　392　202　325　311

對象

短期援助
☑ 公民
☑ 等待其他福利
　　團體審核補助

長期援助
☑ 公民、永久居民
☑ 無法獲得其他
　　福利團體補助

心蓮之約
愛滋病友關懷

早年，新加坡社會對愛滋病的認知不普及，容易產生誤解、排斥，甚至歧視，使患者身心孤立無援。2018年，新加坡衛生部統計，愛滋帶原者（HIV）達8,000人。

1990年，新加坡實施3M醫保制度，無力承擔醫藥費的民眾，可透過醫院社工申請「保健基金（Medifund）」。然而治療愛滋病藥物昂貴，政府未納入藥物津貼；一旦患病，病患很快就陷入生活困境，大大衝擊個人與家庭的經濟。

新加坡第二大醫院——陳篤生醫院，為國內通報愛滋的中心機構之一，當診所或醫院驗出愛滋患者，即可轉介至該院治療。院內下設「傳染性疾病中心（簡稱CDC）」，中心社工也積極為無力償還醫藥費的愛滋病患尋找援助。

一、堅持要助人

1998年，一位感染愛滋的患者——陳先生，面臨無力負擔高昂醫藥費的窘境，太太為了籌措丈夫的醫藥費，走遍大大小小慈善機構，都沒有得到援助。

10月，陳太太前往慈濟牛車水會所求助；11月，陳先生成為新加坡慈濟分會第一例愛滋病補助個案。

自陳先生案例後，分會又陸續接到提報並開案補助，善行引起陳篤生醫院社工何麗萍的注意。何麗萍的經驗裡，國內的援助組織與團體對愛滋患者的援助，多屬一次性，無法支付患者長時定期服藥的需求，而慈濟從未延遲為個案支付藥費。

1999年3月，何麗萍主動聯繫慈濟社工林祖慧（慈毅）問：「慈濟是什麼團體？為什麼會願意幫助這群病患？」何麗萍希望也能為其他病患尋求幫助，但是愛滋專利藥物的費用非常貴，慈濟為什麼能這麼做？她說：「我工作這麼多年，只有慈濟從未過問患者得病的過程，只要有需要，慈濟就來幫助。而志工自己的生活卻非常節省、簡樸，這是值得學習的。」

9月，CDC正式發函尋求慈濟合作，提議轉介個案請慈濟補助。分會督導劉銘達（濟雨）親訪陳篤生醫院，9月11日，正式補助第一例轉介個案。自此，

分會兩個月一次的「心蓮之約」活動，邀請愛滋病患與家屬參與；執行長劉濟雨膚慰感動落淚的家屬。（攝影：鄭錦輝）

凡接到 CDC 轉介的個案，訪視志工即親訪評估。開案後，根據病患狀況，每月提供每戶約新幣 100 元至 1,700 元的醫療費，定期將支票匯款至醫院。截至 2014 年底，累計補助 9,979 人次、總補助金額達新幣 2,456,097 元。

何麗萍一度誤解慈濟資金雄厚，觀察後才知道，慈濟人為了慈善救濟，真誠與謙卑地募款，每一分錢都是善心的匯聚。慈濟在新加坡並非唯一援助愛滋病的團體，卻是一個不設門檻，不分種族、宗教，只要達到援助規定就給予幫助的慈善組織。分會與 CDC 長期合作，

建立轉介模式，成為國內最大的愛滋醫療補助的民間團體之一。

為耕耘這塊福田，分會內外都承受壓力。早期人力不足，對外需追蹤訪視，為醫藥費用奔走募款；對內要安撫因不瞭解而恐懼，不敢接觸個案的志工。分會特別聘請專業醫師舉辦醫療講座，增進訪視志工愛滋病的瞭解。

資深慈濟委員張秀蘭（普多）坦承，十多年前她也缺乏信心，但想到志工人力不足，捨我其誰，才硬著頭皮做家訪。「我告訴自己，要放下心中的恐懼，畢竟這條菩薩道是我要走的，走下去就

對了。」一念悲心起，加上醫療講座培養正確觀念後，讓她更安心地投入愛滋病患的關懷工作。

慈悲心支撐著慈濟人不退轉，即使一度因藥費高昂而限額補助；但是在執行長劉銘達的呼籲下，志工仍堅定地給予愛滋病友最大支持，二十年不曾間斷。

二、心蓮茶會凝聚情

慈濟人稱這群病友是「心蓮之友」。蓮花代表清淨、善意和感恩，志工把病患當作自己的朋友，除了經濟援助，還定期居家訪視，讓他們感受社會溫情。

2001 年，分會負責人張紅玲，為鼓勵病友踏出家門，和社會保持聯繫，提議舉辦愛滋病友聯誼會。訪視組考量多數病友參與大型慈善發放日的意願不高，因此規劃以小聚會，陪伴他們逐漸消弭心理障礙。11 月 14 日，於牛車水會所舉辦第一次愛滋病友聯誼茶會，名為「心蓮之約」。

後續不定期舉辦，邀請病友與家屬敞開心房，分享人生。志工也會帶動祈禱，啟發善念，將證嚴上人的法語，結合勵志影片，如「謝坤山」、「吉隆坡雙溪毛糯痲瘋村」等，帶給心蓮之友正向的省思。麥女士說：「我們有手有腳，比起影片中的人還幸運。他們什麼都沒有，卻還可以做環保來幫助人。他們做得到，為什麼自己做不到呢？我以後也想來做志工。」

十年來，有四十一位心蓮之友成為慈濟會員。也有病友主動加入做環保，如印尼籍法蒂瑪，因志工的關懷，樂觀面對未來，她以環保材料製作手提袋，捐給慈濟義賣。

2010 年 1 月，新加坡衛生部修訂保健基金條例，擴大補助愛滋病專利藥劑，因此，慈濟援助的愛滋個案逐漸減少。「心蓮之約」於 2012 年 5 月停辦，轉而邀心蓮之友參加分會的發放日活動。

同年，第一例補助個案陳先生主動聯繫慈濟，希望停止接受補助。陳先生感恩慈濟，不但照料他的健康，也陪伴他

2001 年起，兩個月一次的「心蓮之約」活動，邀請愛滋病患與家屬參與，分享彼此的人生際遇。（攝影：新加坡分會提供）

社工林祖慧（左三）與志工探訪關懷個案，除了補助醫療費，也鼓勵病友發心行善（攝影：蕭耀華）

家走過生命低谷。如今兒子已長大，也成為慈濟會員，投入環保，貢獻己力。

身為穆斯林的卓女士說：「剛拿到慈濟的輔助時，我非常惶恐，很擔心有一天慈濟會說『你拿了我們的錢，要信奉佛教』。但慈濟三年來除了給我醫療輔助外，也常來開解我，真正關心我的病，關心我的家人。」

長年陪伴的社工林祖慧說：「看到病友重新站起來，表面上是在幫助一個人，無形中也幫助了他的家人，其實就是幫了一個家庭。」慈濟人的陪伴，不但守護病友走出人生低潮，也鼓勵病友發心行善、轉業為福。

三、難行能行　跨心牆

2009 年 3 月，分會接到監獄部門來電，監獄署長官何金澤主動邀請慈濟為獄友提供援助。因為在監獄受刑的愛滋病患，無法用自己或家人的保健儲蓄支付醫療費用，也無法獲得保健基金的補助。4 月，慈濟開始接受獄方轉介，以直接向藥商月結付款的方式，補助受刑人的愛滋藥物。

林祖慧進一步詢問，能否將靜思語課程帶入監獄，因為身陷囹圄的受刑人其實更需要心靈資糧。獄方同意，但有一條件，關懷的志工必須接受培訓課程，

取得監獄志工資格，以瞭解監獄規範及應注意事項。自此，分會關懷層面擴大到愛滋病受刑人，因服務受到獄方肯定，關懷觸角延伸至三處集管區。

2009 年至 2018 年，約有二十位志工投入監獄關懷行動，總受惠 2,897 人次，每人每月平均新幣 170 元藥費。

進入監獄關懷，主要由退休或工時彈性的資深志工組成，能夠全程配合監獄關懷。每個月兩小時，主要以《靜思語》延伸分享，進而瞭解每個受刑人的個性和背景。新加坡是多元信仰的國家，用生活化的方式詮釋《靜思語》，可避免宗教色彩，讓不同人都能接受。換個角度去談普世共通的價值觀，最能夠引起共鳴，而最大的發現是受刑人的改變，少了情緒，多了省思。

在監獄中茹素不太容易，需視身體狀況，並獲醫生批准，最重要的是，一旦選定素食，就不能反覆。2011 年初，徐雪友（慈婷）與受刑人分享愛地球就要茹素的觀念，有五位受刑人受到啟發，主動向獄方申請改變飲食。

受刑人每月只能對外寫兩封信，在配額有限的情況下，分會仍經常收到受刑人的信，表達對上人、對慈濟的感恩。這份情誼，志工無不動容。

四、入獄膚慰重預防

愛滋受刑人出獄後，慈濟仍持續關懷他們的生活、給予緊急補助與陪伴。然而，更積極的做法是「預防」。2013 年 7 月，慈濟應獄方之邀，拓展關懷服務，定期為即將出獄的受刑人宣導愛滋病防治，也在講座中分享慈濟精神與志業；分會與新加坡保健促進局也簽署諒解備忘錄，特為愛滋病做防治教育講座。

佛教慈濟健檢中心（福慧中心）也於同年 7 月免費為社區民眾進行 HIV 檢測，慈濟是八家可匿名檢驗的機構中，首個免費的機構。多年的關懷，慈濟也獲得獄方數次表揚，2012 年更受邀參與第八

志工定期進入監獄與愛滋病的受刑人互動；經年累月，奠定互信基礎，他們出獄後，也會尋求慈濟的協助。（攝影：楊嘉珮）

屆新加坡愛滋病研討會，分享歷年關懷病友的成果。

更生人 Lily 因曾服刑，又是愛滋病患，求職困難；擔心出獄後，自己又受毒品誘惑，所以主動找慈濟。「我見到以前的朋友，他們問我要不要幫忙兜售毒品，我說不要再碰毒品了。最糟的是還會染病，這是一個很失敗的經驗！我已經沒有時間可以浪費，只想好好生活。」Lily 在慈濟與其他慈善團體的協助下，打零工賺取生活費。

受刑人對「竹筒歲月」印象很深，有的出獄找到工作後，還會定期到慈濟捐款、做環保。2012 年 4 月，加尼山出獄後在高爾夫球場當清潔人員。5 月中，他帶著新幣五十元來捐。志工擔心捐款對加尼山造成生活負擔，建議他存竹筒每日行善，待竹筒滿了再捐。隔月，加尼山還是來了，但這次他是帶著竹筒來捐款，這樣的善心不曾間斷。2013 年 5 月，加尼山成為慈濟長期捐款會員。

五、榮耀歸功大愛

2006 年 7 月 26 日，陳篤生醫院慈善基金會首次舉辦表揚典禮，分會獲得「金圈之友獎項」（Golden Circle of Friend Award）。這個獎項是頒發給長年貢獻、護持醫院與病患的個人或團體。

2014 年 9 月 5 日，新加坡監獄署舉辦

志工每月入監獄關懷心蓮之友，心蓮之友受刑人寄感謝信，感恩志工無私付出。（攝影：林祖慧）

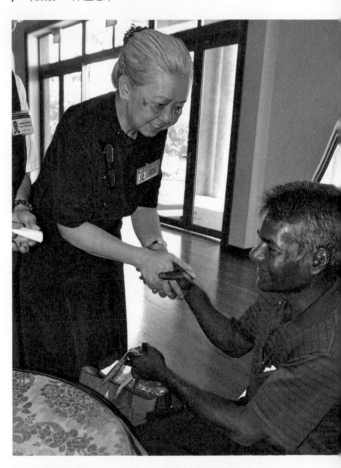

加尼山出獄後，每個月仍堅持來慈濟捐出自己愛心，善心不間斷。（攝影：陳柔潔）

| 傾聽與關心，是最好的關懷方式。（攝影：新加坡分會提供）

「義工頒獎典禮」，表揚長年關懷受刑人的個人或團體。分會連續三年獲得表彰，另有四位志工獲頒個人獎項，其中兩人為「建國一代義工服務獎」。

2016年12月3日「第十屆新加坡愛滋病研討會（The 10th Singapore AIDS Conference，SAC）」中，慈濟獲新加坡愛滋病行動小組（Action For AIDS，AFA）頒發「紅絲帶獎」，由衛生部高級政務部長許連鏇博士頒予。

這些獎項和榮譽，都是對慈濟辛勤耕耘愛滋福田的肯定。而慈濟人將這一切榮耀歸功於上人的大愛精神。執行長劉瑞士（濟悟）說：「上人教導我們付出無所求，在付出關懷的當下，受益的是我們，因為看到苦相，就會心生警惕。本著做對的事，我們無所畏懼；愛滋病並不可怕，可怕的是錯誤的觀念。病友承受被他人輕視的心理壓力，遠比身體的病痛更痛苦。」

走過二十年關懷路，即使大眾對愛滋病還未完全除去歧視，但在新加坡，慈濟人依舊以愛與尊重關懷這群人。截至2018年，慈濟新加坡分會的愛滋關懷，共服務13,314人次，補助醫藥費用總額超過新幣334萬元。

上人說，新加坡慈濟要發展不容易，因為地方小，國家福利不少，沒什麼貧困人。深入其中才發現，暗角仍有許多苦難眾生。慈濟人用菩薩心去接近愛滋

分會受邀參與第八屆新加坡愛滋病研討會（The 8th Singapore AIDS Conference，SAC），展示多年關懷與補助愛滋病友的成果。（攝影：王鈺琪）

病人，膚慰他、輔導他、幫助他，讓落寞的心情、悲悽的人生，有一線溫暖。

陳先生 1996 年染上愛滋病，家庭窮、藥很貴。當時政府沒有給予愛滋病醫藥補助。他沒有工作，身體受病痛折磨，心靈受自卑感折騰，人們也與他隔離。直到他的太太求助慈濟，補助他們的醫藥費。從此，政府和醫院知道慈濟人願意接受愛滋病人，訊息漸漸傳開。後來醫院社服有個案就報給慈濟；慈濟來者不拒，親自到感恩戶家去瞭解。接的愛滋病個案多了，除了補助藥費，還幫助家庭，陪伴、膚慰病友的心靈。

新加坡慈濟人二十年前所接觸的第一個愛滋病人，到現在還生活得很好。所以慈濟人用智慧，讓社會認識、理解，愛滋病不可怕，只要防範做得好，都沒有問題。不要聽到就害怕，把愛滋病患隔離、棄捨。

  延伸閱讀

愛滋病友關懷 1998年—2019年

全國HIV帶原者 **8,000↑**

每年增加約 **450** 病例

愛滋病友補助人次

/人									
20	37	119	214	240	233	196	268	677	
1999	2000	2001	2002	2003	2004	2005	2006	2007	

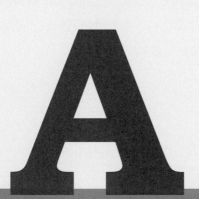

A

善啟動
Acceptance

1998 首例愛滋病患者
醫療補助個案

I

開心門
Initiate

2001 舉辦病友聯誼會，
稱心蓮之約

補助共 **13,314** 人次
費用為 **334** 萬 新幣

- 醫院轉介補助
- 監獄補助

1039
579 581 634 736 620 625 609 483
473
281 398 267 281 250 279 246 225

2010 2011 2012 2013 2014 2015 2016 2017 2018 /年

D

愛循環
Dignify

2009 獄方轉介個案
2010 病友做環保、當志工

S

防護網
Shelter

2013 為即將出獄的人，
宣導愛滋防治

教育不能等
新芽獎助學金

「蘇栢爾（Shukor）先生，請問您知道孩子上學的出席率很低嗎？」

面對學校老師的來電，蘇栢爾說：「是我叫他們不要去學校的，因為家裡沒有錢，連上學的車費和午餐都沒有，所以叫他們留在家裡啊！」

2008 年金融海嘯席捲全球，新加坡人力部統計，全國失業率從 2008 年第一季的 1.9%，到 2009 年第三季已倍增為 3.3%；為因應經濟萎縮，政府採取多重措施，教育部也額外撥款，提供學生更多教育儲蓄補助金。新加坡小學原本就免學費，只需負擔課本、制服和考試等費用。但許多弱勢家庭在金融海嘯衝擊下，連餐費及交通費都成問題，不僅阻礙孩子的成長發育，也影響課業表現。

教育是社會的希望，為讓學生安心就學，分會自 2009 年 2 月啟動「慈濟新芽助學金計畫」（Tzu Chi Seeds of Hope Program，簡稱「新芽計畫」），補助清寒學生的交通費和午餐費。對象不分種族與宗教，名額不設上限，範圍從中小學逐年擴展至工藝教育學院和大學。

在新芽計畫下，分會延伸出其他短期慈善項目，例如：補助收容所學生、德樂小學「閱讀治療」課程費用等。隨著社會經濟復甦，學子的需求改變，分會數度調整助學模式，截至 2018 年 12 月止，共嘉惠清寒學子 129,242 人次，濟助總額高達新幣 7,819,693.72 元。

志工走訪新加坡各角落的中小學，邀約校方加入新芽助學金計畫。（攝影：劉素方）

一、清寒學子補助

　　新芽計畫推動之初，分會僅設定為期一年專案，若景氣復甦則暫止，因此先在平均家庭收入較低的島國西部推行。

　　清寒學子雖可申請教育部及校方的助學補助，但不包含交通費和餐費，尤其課後參加課外活動的學生更為需要。有些家庭的收入略超出社會福利機構的申請資格，或缺乏求援管道者，都無法獲得補助。有別於其他機構，新芽計畫並沒有直接給予學生現金，而是提供餐券及車費儲值。

　　為了蒐集車資和餐食費的確實補助金額，志工攤開地圖，詳細核對每張申請表上的地址與學校的距離和所需車資；有志工還特別到學校食堂用餐，精確估算學生的餐費。

校訪 一個都不能少

　　志工走訪學校，講解新芽計畫，邀校方參與，取得學生名單及家庭資料後，逐一家訪，經審核評估即開案補助。為與學子保持互動、表達關懷，及定期觀察補助成效，分會採用一般慈善組織少有的動員模式，由志工每月進入學校，將當月餐券親手分發給學子；收取車資卡，一一儲值，趕在學生放學前歸還。

　　2009年新芽計畫走訪的七十三所中小學中，接受補助的學校有二十八所，計

新加坡分會展開新芽助學金計畫，經學校提供清寒學生名單，志工穿梭在組屋區，進行訪視關懷。（攝影：劉素方）

651名學生，逾半數為馬來族。

　　初次接觸，多數學校對慈濟是陌生的，甚至懷疑慈濟可能是要來傳教。但志工的誠懇熱心，讓校方願意配合。有一位校長說，慈濟是第一個要幫助人，還親自上門說明的團體。不僅如此，助學金沒有名額限制，這樣的悲心和慷慨，讓校方感動。對於志工親自家訪，校方表示認同，這不僅彌補校方關懷深度與觸角不廣的侷限，還能進一步走入學生的家庭，給予適切的援助。

家訪 不是訪查是關心

　　展開地毯式家訪行動前，數百份申請書依學生住址進行分區。學生的家庭用

語也是志工分配的考量之一，如馬來語或英語的配對，確保雙方溝通無礙。

深入關懷後發現，名單上的家庭多是低收入戶，經濟來源只靠一人。有打零工為生，而子女眾多者；有單親家庭，家長獨扛家計；有多次婚姻的複雜家庭；而更多的是因金融風暴引發的經濟問題，家中先是停水斷電，再來就是直接影響孩子求學的開銷。

「我的車卡沒錢，就不能去上學。」患有癲癇症的諾哈奇拉（Noorhazilah）說，每回都要轉三次巴士才能到學校。父親打零工，母親替人看顧小孩，家裡為負擔她龐大的醫療費，經濟已十分拮据。他們曾向政府機關申請補助，卻因不符合標準遭拒。就在求學之路即將受阻時，新芽計畫的出現，讓他們得以繼續求學。姊姊諾哈斐深刻覺得，因為有了車資費與餐券的補助，她能每日安心上課，不再像以前一樣餓肚子。

當新芽計畫擴展至全島中小學，志工透過家訪，發掘出更多有需要的家庭。2009 年志工家訪亞都拉欣時，一家六口就住在一房式的租賃組屋，屋內陳設簡單，沒有桌椅。四個孩子中，兩個上中學，一個上小學，最小的才一歲。上學的孩子在學校吃的午餐，就是一日唯一的一餐，在家裡只能啃餅乾充飢，導致孩子們長期營養不足、發育不良。亞都拉欣很感恩慈濟不分宗教種族的大愛精神，新芽計畫讓他的生活得到了改善。

新芽計畫推展初期，雖因語言障礙導致溝通困難、記帳繁複、人力調度等，遭遇重重困難，但慈濟志工從做中學，努力克服。

二、克服種種考驗

家訪的挑戰之一，是聯絡不上家長。曾經有一戶，上門三、四趟都找不到人，志工幾乎要放棄了；但想起孩子就學的困境，就提起「一個都不能少」的信念，終於在深夜十一點聯繫上家長。

由於申請人數多，又必須在期限內完成家訪，才能在開學前給予補助；審核前的幾個星期，志工幾乎全體總動員，以三、四人為一組，天天都要出勤。最高紀錄單日出動 8 輛車、39 位志工，一天走訪 119 戶。

志工多是上班族，在人力安排上，就是一個挑戰，要考量「能配合的時段」、「有無交通工具」、「語言能力」、「路線安排」等等。有時下班後根本來不及用餐，有時即使一晚只拜訪到兩家，大家也沒有怨言。

因應新芽計畫需動員大量志工，分會於 2010 年 4 月，首次結合慈善訪視及新進志工培訓，號召了 546 位志工參與；7 月為新芽志工舉辦培訓課程，共 687 人出席，其中會員和新進志工各有 200

多人，無形中也成了人間菩薩招生的方法之一。

新芽計畫自 2010 年延伸到全國中、小學及兒童和青少年收容所，2012 年還增加了工藝理工學院學生。

車資與餐券補助

到地鐵站儲值車資卡，或與學校食堂攤主結帳，對志工而言也是新的學習。

起初志工毫無經驗，頻頻遭遇困難；因為手上拿著大疊車資卡到地鐵站排隊，工作人員擔心造成他人不便，不讓志工單次全數儲值。志工只能不斷道歉，禮貌地問：「我們每月都要儲這麼多的數量，請問您什麼時候比較方便？工作不繁忙的時候，我們再來好嗎？」為免引起困擾，志工各分五張車資卡輪流儲值，當有民眾來排隊時就主動先讓位。後來，工作人員知道這是助學金計畫時，願意配合慈濟，除了另設櫃檯來服務志工，還主動加入會員並鼓勵自己的孩子參加慈濟活動。

在學校方面，行政人員原本也不解「志工為何要親自為學生車資卡儲值」？多次接觸後，也被志工的用心感動，樂意代收及轉發車資卡給學生。2011 年，第三屆新芽計畫開始，慈濟與通聯公司（Transit Link）合作，改為由學生自行為車資卡增值。

學校食堂一般是先向助學生收餐券，再和志工結帳。剛開始，少數攤主因手續多而起煩惱，志工只能道歉又不斷解釋，後來攤主也被感動，不僅招呼志工，也有人發心加入會員。雅茲娜（Aznah）是武吉巴督中學食堂攤主，她在慈濟舉辦慈善義賣會時，也發心承擔一個攤位，還特別調整食譜，做出素食口味的馬來麵食。

三、助學金頒發典禮

新芽助學金頒發典禮於每年開學前舉行，典禮中會播放慈善影片，分享知足、感恩、孝順的觀念。當學生上臺領取餐券和結緣品時，志工深深彎腰並雙手將結緣品頒給學生。受西化教育的新加坡，大部分的學生雖不太熟悉鞠躬的禮儀，但在當下氛圍相互感染，不少孩子也立即回以深深的一鞠躬，來表達感恩，此舉令在場的貴賓們動容。

樹群中學的拉惹老師（Chelva Rayah）認為，有別於以往直接將支票交給學生，慈濟的助學金頒發典禮給人感受完全不同，真正傳遞了慈悲與關懷。若能藉此珍惜他人的幫助，對孩子是很好的啟發，希望學生們日後也能回饋社會。退休校長馮煥好女士說：「希望慈濟的新芽助學金與頒發儀式，對社會起帶動作用，因為這不是單純給錢，而是超越金錢的關懷。」

後期，志工發現有學生因受助而感到自卑；為導正他們感覺低人一等的錯誤觀念，慈青及教聯會老師在典禮中特別以中英雙語話劇演出，讓在場的學生與家長能理解，接受幫助並不可恥。更教導學生，如何幫助生病的父母、協助家務事，並鼓勵大家努力，考取好成績，學習好榜樣。

四、延伸關懷觸角

2010 年，新芽助學金計畫延伸至九家兒童及青少年收容所；這些收容所的學生多是來自問題家庭或弱勢家庭，其中包括父母離異、家暴、孤兒、邊緣少年等。至 2013 年，慈濟共補助 484 位收容所青少年，後因政府補助更完善，於2014 年結案。

2011 年，德樂小學有 105 名學生受惠於新芽助學計畫，校長黃景沄在瞭解慈濟的慈善與教育理念後，主動聯絡時任執行長的劉濟雨，希望慈濟能幫助英文閱讀困難、課業落後的孩子，補助課外輔導費用。經訪視評估，慈濟從 2011年 5 月至 2012 年 10 月止，給予特定的小三至小六學生「閱讀治療」課程全額補助，計有 305 人次受惠，同時也列為長短期教育援助個案。為能與受惠學生達到更好的互動，志工每月進行家訪並與學生一起閱讀，鼓勵孩子積極參與「閱讀治療」課程。

志工在家訪過程中，不僅適時為困窘的家庭打氣，若發掘到急需幫助的弱勢家庭，也會進一步提報為長期濟助的關懷個案。13 歲的愛米拉（Amirah）是新芽助學金的個案，媽媽羅絲（Rose）左腳背上長了一顆小腫瘤，卻因為經濟因素而無法就醫，慈濟志工安排她到義診中心開刀治療。痊癒後，愛米拉一家人從此投入環保，以實際行動回饋社會。

原本從事建築業的亞督卡利（Abdul），一家九口住在四房式組屋。2008 年金融風暴失業，經濟開始入不敷出，於是白天當電錶檢查員，晚上兼職披薩派送員，日以繼夜辛苦地工作。妻子不忍先生一人辛苦撐家，也想外出工作，但孩子還小，需要送往托管中心，但苦於繳不出托兒所費用而向慈濟求助。由於大女兒是新芽受惠學生，慈濟瞭解狀況後，補助托管中心的費用，讓這對積極為生活打拼的夫婦，能夠安心上班。

五、深度化轉型

隨著社會經濟復甦，學子的需求改變，新芽計畫醞釀轉型，從廣度走向深度。2014 年慈濟在助學金之外，增設「慈濟新芽獎勵金」項目，從現有助學生中遴選有潛力、需鼓勵的孩子，透過定期家訪和舉辦成長營，連結家長和學校，更深入陪伴學子。

慈濟特別舉辦說明會，向各校師長

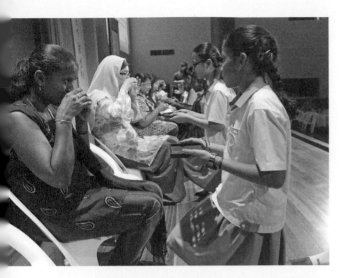

慈濟獎助學金頒發典禮，特別安排助學生為家長奉茶的儀式，表達感恩。（攝影：蔡長盛）

志工在家訪過程中，若察覺家庭急需幫助，就會進一步提報為長期濟助的家庭。
（攝影：潘寶通）

志工深深彎腰將結緣品與獎助學金頒給學生，體現感恩與尊重的慈濟人文，學生也立即回以深深的一鞠躬。（攝影：潘寶通）

說明計畫轉型的意義。「慈濟新芽獎勵金」項目設有「學業進步獎」和「品德獎」兩種獎項。評比項目包括：家務分擔、待人禮儀、衣著衛生、節約水電、生活規律、準時交作業、課業成績等。鼓勵孩子，即使身處困境，也要養成良好的生活習慣和學習態度，以正向的方式，肯定學生在學業和品德的進步。執行長劉濟悟認為，增設這兩個獎項別具意義，他深信有感恩心的孩子，對未來的社會有幫助。

因應教育部經濟輔助計畫（Financial Assistance Scheme）將補助範圍擴大到全國中小學餐食、交通費，2017年新芽計畫轉型為慈濟照顧戶的「助養金計畫」以及「獎勵金計畫」，為學子提供更多教育資源，帶動家長重視孩子的學習。

此外，慈濟自 2014 年與新加坡管理大學合作，提供助學金。截至 2018 年已擴至新加坡科技設計大學、新加坡理工大學和南洋理工大學共四所大學。

六、善的循環　愛的回饋

瑪諾——瞞父母上學

愛讀書的瑪諾（Noh）因為無法支付交通及午餐費，父親叫他不要每天去學校，這對於瑪諾來說是件痛苦的事。他經常瞞著父母，向鄰居借腳踏車去學校上課，即使沒錢買食物，在學校整天沒有吃東西也不以為苦，但是不穩定的出席率，還是讓瑪諾跟不上學習進度。2011 年，慈濟開始補助瑪諾後，他的成績大幅進步，甚至拿到全年級第一名，還獲得學校贈予電腦作為進步的獎勵。瑪諾說：「可以上學真好！我要努力考好 O 水準考試（高中聯考），希望每科都考獲 A，這樣就可以申請航空工程學科，找到好工作來幫助我的家庭，報答父母。」

不少學子則以響應竹筒歲月和環保作為回饋。2013 年助學金頒發典禮，就讀醒南小學的梁峻培及梁峻豪兩兄弟，帶著竹筒前來。母親許燕芳去年參與新芽助學金頒發典禮後，受到「竹筒歲月」的啟發；一年來，她教導兄弟倆每天把部分零用錢投入竹筒，也上網搜尋並播放慈濟救濟貧窮國家的影片給孩子看，教導他們惜福，幫助更需要的人。「慈濟這樣幫我們，我們也要感恩，幫助那些更窮的人。」

慈濟每年舉辦義賣會籌募慈善基金，很多新芽受惠學子都會自動自發來當志工。巴西立洛陽中學的助學生周惠寧和周文賓，邀請同學符凱詩和林鈺婷一起來幫忙清洗碗盤。周惠寧說：「因為你們幫助過我，所以我要來付出。」符凱詩則是因為同學受助而認同慈濟的大愛精神，每逢慈濟的資源回收日，必定到

環保點投入資源分類活動。

瓦妮──回饋社會

圖拉西（Tulasi）於 2010 年成為新芽助學金的受惠學生，媽媽瓦妮（Punusamy Vanidah）因此認識慈濟。她很感恩慈濟的補助，讓女兒能安心讀書，也開始參與慈濟環保、共修、培訓等活動，瓦妮做得開心，帶動兒女一起付出。「雖然經濟上無法付出，但是可以化為行動，盡本分回饋社會。」瓦妮於 2012 年成為慈濟環保志工，長期投入付出。

學生得到慈濟的幫助，也讓老師感動。務立中學林玉玲老師平常會把竹筒放在教務處，鼓勵其他老師一起投，累積點滴愛心。不僅如此，許多學校也響應環保回收，如義順中學、裕廊聚英中學等，老師常會帶領學生參訪慈濟社區環保點，學習資源回收分類；甚至陪同志工一同走入居民住家募集回收物。

多所學校如培德中學、尤索夫依薩中學、女皇鎮中學等，皆對慈濟的助學善舉陸續頒獎予以表彰。

女皇鎮中學的王家輝副校長說：「慈濟志工提供的不只是物質援助，更重要的是美好人生價值的分享，比如學習互相尊重，還有鼓勵學生回饋社會。我們需要體認到，只有尊重和人文，才能建立一個更美好的社會。」

東岸小學學生事務部主任 Mrs. Kris Hay 表示，自從 2012 年與慈濟合作助學計畫後，學生的出席率明顯提升。因此校方除了在行政方面全力配合外，也勉勵受惠學子以感恩心協助發放典禮的進行，並積極響應竹筒歲月。

在立化中學服務的三位清潔員工，主動加入慈濟會員；雖然薪資不高，還是發願每個月捐出兩日工資所得。海莎（Haisyah）懇切地說：「看到介紹慈濟的影片時，內心深受感動。捐出這些錢，我還可以生活，是誠心要捐獻的。」

經過多年的互動，有上百位學校師長、行政人員與食堂攤主加入慈濟會員，也有多位學校老師加入慈濟教師聯誼會，愛的效應激起美善漣漪。

延伸閱讀

新芽獎助學金 2008年－2016年
—— 教育不能等　為學子的夢想鋪路

2008 金融風暴　家庭經濟陷入困境
　　　學子無法安心上學

逐戶家訪：
利用下班時間
志工家訪
評估學子家境

2009 走訪73所中小學
　　　簡稱「新芽計畫」

2010 擴大援助至全國中、
　　　小學、收容所

2011 與交通公司TransitLink合作
　　　學子儲值交通卡更方便

2012 總計援助58所中學、19所小學
　　　3所工藝學院、9間收容所共3890位學子

2014 慈濟增設「新芽獎勵金」
　　　政府補貼學子零用金

2015 政府撥款1100萬援助學子
　　　慈濟停止工藝學院、小學援助

2017 新芽計畫轉型

截至2016年，援助 **7,685,943** 新幣
補助 **128,263** 人次

餐券補助：
志工每個月親手
將餐券交給學子

車資補助：
志工每個月排隊儲值
近 **80** 張交通卡

政府為低收入家
庭(月薪不多過
$1500)的學童提
供學費補助

慈濟補助
交通費
餐費

家長自付
課本、考試、
制服費用

醫療士志業篇

1972
慈濟貧民施醫義診所於臺灣花蓮成立

1996
新加坡分會於寶光佛堂，每月為照顧戶義診施藥

1999
新加坡慈濟人醫會成立

2004
義診中心於牛車水成立

2016
接管「湖畔全科醫療診所」營運，正式結合公共醫療體系

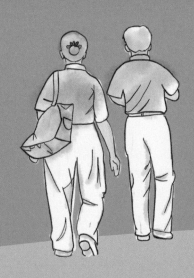

義診、往診、鋪網絡

醫療志業發展

1998 年，臺商廖年吉捐贈牛車水丁加奴街 25 號（梨春園舊址），作為分會的新家，即開始規劃籌備義診中心，拓展醫療志業。

一、佛教慈濟義診中心

1999 年 9 月 4 日，新加坡慈濟人醫會（簡稱人醫會）成立。

人醫會召集人馮寶興醫師（惟志）曾因新加坡醫療資源豐富，認為沒有必要再設義診中心。但是，他在 1999 年 7 月參加慈濟菲律賓義診，8 月到花蓮謁見證嚴上人後，看法改變了。慈濟義診的經驗，給馮醫師很大的震撼，也讓他更篤定，要在新加坡設立慈濟義診中心，為人醫會提供一個學習人本醫療的場所，同時推動「志為人醫、守護生命」的精神理念，讓慈濟的醫療人文，能在新加坡生根。

2000 年 4 月，分會正式向衛生部申請，於牛車水會所成立義診中心，但因位處古蹟保留區，未被批准。2001 年 2 月，原擬在巴西立靜思堂規劃人醫會辦公室，卻因建築工程再三延遲；設立義診中心一事，又被擱下。

2003 年初，馬六甲分會執行長劉銘達（濟雨）同時兼任新加坡分會執行長，

衛生部長許文遠先生參加啟用儀式後，執行長劉濟雨與醫師們向部長介紹中心的設備。
（攝影：新加坡分會提供）

積極探討在新加坡推動醫療志業的可行性。4月，透過林深耀醫師介紹，劉銘達拜會了衛生部許文遠部長。

8月，分會舉辦十週年成果展，邀請許文遠部長主持開幕；許部長讚歎慈濟服務親切，工作有效率，也表達「如果慈濟願意在醫療體系上貢獻，他將給予支持」。劉銘達與人醫會討論後，擬訂兩個目標：短期設立義診中心，長遠則響應政府，開設社區醫院。

9月，劉銘達、馮寶興醫師、林深耀醫師等五人前往衛生部，表達推動社區醫院的意願。許部長建議慈濟先籌設義診中心，衛生部將給予協助。劉銘達返臺請示上人，獲得同意。

第一間義診中心

2004 年 8 月，「佛教慈濟義診中心 Tzu Chi Free Clinic（Singapore）」（簡稱義診中心）於牛車水會所啟用。四百位來自新加坡、馬來西亞、印尼、菲律賓、泰國等國家的人醫會及慈濟志工參與，再次由許文遠部長主持啟用典禮，為新加坡慈濟醫療志業掀開嶄新的一頁！

義診中心規模不大，每週兩小時門診，提供內科、中醫和牙科服務，對象是慈濟照顧戶與牛車水的獨居長者，每月平均有七、八十位病患前來就診。對於行動不便的長者，志工會親自到家，用輪椅推著他們來看診；或由人醫會醫

牛車水義診中心規模不大，每月平均有七、八十位病患前來就診。
（攝影：新加坡分會提供）

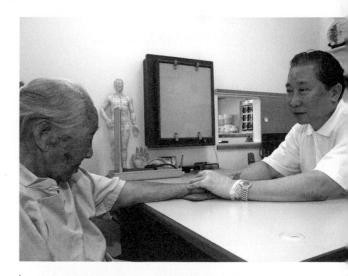

牛車水獨居紅頭巾老人因腰扭傷至慈濟義診中心看診，中醫師郭忠福為她針灸多次；阿嬤開始信任醫師。（攝影：王綏喜）

師往診，有時還會為長者整理居家。讓身體不適的長者們，感受到如家人般的關愛和照料。

遷址紅山

2005 年 10 月，巴西立靜思堂落成啟用。牛車水舊會所也於 2007 年底回歸業主，義診中心的服務暫告一段落。同年 5 月，新加坡人醫會將巴淡島義診歸回印尼分會辦理。

為持續推展醫療志業，志工邱建義（濟澍）在牛車水附近社區，積極尋找合適的地點。邱建義是中藥商，常在西南區走動批藥；看到紅山弄（Redhill Close）大牌 90 組屋底層，很適合辦理義診。紅山是老年社區，六十歲以上的居民佔四分之一，收入也相對低。於是，分會積極申請使用證，2008 年遷移紅山，11 月 1 日啟用。

遷址後的義診中心比原來大五倍，周一到周五提供社區民眾免費健檢，星期日早上則開放給獨居長者、低收入家庭、慈濟照顧戶等看診。平日也做為慈濟的社區道場，間接推動分會會務。

從牛車水到紅山，義診中心還有一項不間斷的服務，就是為新加坡智障人士福利促進會 (MINDS) 的學生進行牙科治療。每幫助一位院友洗牙、補牙或檢查，都需要四至八位志工，一般診所無法找來如此多幫手。十年來，醫護團隊和志工透過與院友邊互動、邊看診，忘卻看牙醫的恐懼。

義診中心啟用後，志工三度到社區愛灑，鼓勵附近居民接受健檢服務。然而健檢人數始終不理想。2010 年 8 月，裕廊東的佛教慈濟健檢中心（福慧中心）啟用，義診中心才於 2011 年 1 月 1 日停止健檢服務。

從就醫習慣中發現，紅山區的長者們對中醫的需求相對高，因應所需，義診中心計畫開辦中醫服務。中醫師黎顯維（濟竑）加入後，11 月正式增設中醫門診，免費提供針灸、刮痧、拔罐等服務。連同人醫會的八位中醫師、六位中藥師，組成中醫團隊，每天施藥駐診。若察覺病患需要更多照顧，就會在病歷卡別上小字條，讓值班志工接力關懷。

郭連才和周小平（惟皓）醫師觀察到很多照顧戶礙於行動不便，就診時有時無，即著手籌備「慈濟中醫居家往診計畫」，把觸角伸到更需要之處。

二、佛教慈濟健檢中心

2007 年，慈濟與裕華民眾俱樂部聯辦數次免費健檢活動，慈濟人展現的人文及紀律，獲得傅海燕部長肯定，請西南社區公民諮詢委員會主席莊輝煌到分會，討論慈濟在西南社區成立義診中心及書軒的可能性。

劉銘達認為能搭配政府的政策，也能成就社區道場，這的確是一大良機。場地幾經勘查與討論後，確認為裕廊東大牌 328 組屋底層。分會原提出「西南慈

濟社區人文教育中心」企畫案，以推動全民健康，提倡「預防醫療」的觀念為主。但在衛生部及傅海燕部長的力薦之下，最後以「義診中心」規格申請，並順利獲得批准，定名為「佛教慈濟健檢中心（福慧中心）」（簡稱健檢中心），於 2010 年 8 月 21 日正式啟用。

健檢中心為社區民眾提供免費健檢，週六下午則由人醫會的醫生解讀檢查報告。因健檢者多，為免延誤，中心開始邀請專業醫護團隊進駐。2011 年 5 月，參加人醫會八年的林文豪（濟誠）毅然決然加入醫療志業，成為駐診醫師。有了林醫師的固定門診，病情較重的病人就能即時被診治，不必轉介看診，減少病患的看診流程。7 月，健檢中心改制為「佛教慈濟健檢暨義診中心」。

專業醫護團隊陸續進駐後，林醫師與團隊積極和外界合作，力求醫療全方位、服務社區化。2012 年，政府針對慢性病年輕化的現象，放寬醫療補助條件，實施「社保援助計劃」（Community Health Assist Scheme，CHAS），民眾可到認定的私人診所看病，看診費相等於政府綜合診所的費用。

劉銘達認為，隨著政府補助條例的放寬，中心也要調整義診門檻，才能真正幫助到需要的人。2012 年 6 月，健檢中心順利加入社保援助計畫，持有福利卡的民眾前來看診，無需再做內部評估，中心還能轉介病人到政府醫院的專科。

三、用愛鋪醫療網絡

居家醫護服務

秉持上人「苦難的人走不出來，有福的人就走進去」的精神，義診中心在牛車水時，就為無法前來複診的病人安排往診；後來遷至紅山社區，也增設「慈濟中醫居家往診計劃」。健檢暨義診中心成立後，醫護團隊更為無法外出就醫的病患，提供往診和居家護理服務。

林文豪醫師從社區「流動診所」和健檢中心的經驗中，瞭解到居家醫護服務的需求日增，主動接洽護聯中心，希望拓展服務。2012 年 6 月，護聯中心應邀前來健檢暨義診中心，介紹社區醫療保健基金 (TBCHF)[1] 及資助方式。同年 10 月，護聯中心八名成員前往臺灣花蓮拜會上人，並和花蓮慈濟醫院進行居家醫護的研討交流。

根據護聯中心的統計，新加坡西部已有三家志願福利團體提供 682 項服務，尚缺 404 項。2014 年慈濟獲資助，開展為期三年的養成計畫，預計為西部 320 戶貧病居民提供免費居家醫護服務，減輕該區中長期護理機構 (Intermediate and Long-Term Care) 的壓力。11 月 5 日，分會於義診中心舉辦「慈濟居家醫護服

務」推介禮。衛生部許連碹部長、陳振泉部長、護聯中心執行長李玉珠及分會執行長劉瑞士（濟悟）為此專案揭幕。

「慈濟居家醫護服務」辦公室設在紅山義診中心，2016年遷到湖畔全科醫療診所。第一年的前置費用，以及三年內的運作經費，如醫療用品、行政開銷、人資費用等，由護聯中心補助80%，20%由慈濟承擔。醫護團隊登門探訪病患，除了提供各項醫療照護，也輔導病患家屬照護模式；團隊也會視病人所需，啟動居家打掃或慈善補助等，讓病人安身，也讓家屬安心。

居家臨終護理服務

2016年分會進一步增設「慈濟居家臨終護理服務」。醫護團隊經常以上人的智慧法語開解病患，成為家屬與病人的橋樑，支持他們走向善終之路。

藉由居家醫護項目的開拓，醫療服務和心靈關懷更深入而到位。林文豪醫師說：「不只是病患受益，醫護團隊通過家訪，見苦知福，感受到自己是有福的人。當我們付出越多，我們的心態和言行也會改變，更有同理心和愛心。」

四、湖畔全科醫療診所

新加坡政府早在2012年即公佈「醫療保健2020（Healthcare2020）」總藍圖，以「就近看診、優質醫療、原地養老」為目標，逐步擴充完善醫療體系，打造以病人為中心的綜合保健護理模式。從醫院、社區醫院、療養院、家庭醫生和社會服務機構，為國人提供「無縫隙」的醫療服務。

全科醫療診所是「醫療保健2020」總藍圖下的基層醫療新模式，目標是推動家庭醫生照顧慢性病患，讓病患就近求醫，減輕公共醫療系統的負擔。全島僅有七間全科醫療診所。

2016年，護聯中心邀請分會參與「湖畔全科醫療診所」的投標計畫。該診所是由裕廊保健集團於2013年成立，病人大多由臨近的黃廷方綜合醫院、裕廊社區醫院轉介，每年服務約一萬人次。

11月23日，分會正式接管「湖畔全科醫療診所」營運，慈濟醫療志業正式結合公共醫療體系，成為基層醫療的一員。於此同時，「健檢暨義診中心」西醫門診服務終止；原有空間經衛生部核准，改建為「慈濟日間康復中心」，於2017年4月啟用。

經十多年的耕耘，分會在島國西南部逐漸連結成了醫療網絡，涵括全科醫療診所、日間康復中心、居家醫護服務、居家臨終關懷服務等。2019年分會承接衛生部的委託，分別於武吉巴督（Bukit Batok）和先驅（Pioneer）設立「慈濟樂齡長青館」，配合老齡化社會的趨勢，同

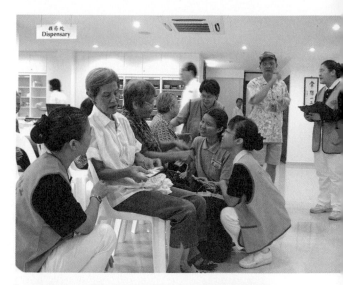

2008 年 11 月 1 日，新加坡慈濟義診中心從牛車水搬至紅山社區，遷移啟用典禮。（攝影：王綏喜）

2008 年，義診中心遷至紅山，繼續服務社區低收入戶與長者，有志工作伴是慈濟的醫療人文。（攝影：蔡長盛）

2016 年，分會與裕廊保健集團合辦湖畔全科醫療診所，邁向「人本醫療尊重生命」的願景；主要為慢性疾病患者提供醫療與護理服務。（攝影：新加坡分會提供）

時也將「預防醫療」的概念融入社區，提供延緩老化、預防失智的服務。

五、醫病 醫人 醫心

2008年義診中心從牛車水遷移到紅山社區時，陳振泉市長在區內家訪，就經常聽聞年長者讚歎慈濟的醫療服務。陳市長感恩慈濟的付出，他形容義診中心如一顆種子，經數年耕耘，終於開枝展葉蔽蔭眾人。不只義診，慈濟每天做的事，都在播種——種善因、得善果，讓人感受到更多溫暖和希望。

護聯中心發言人曾偉鴻認為：「慈濟讓我們感動的是發自內心的付出，可以提供良好、慈悲和完整的照護。慈濟團隊都是有堅定信仰、來自各行各業的人士。有這樣多元能力的團隊組合，必然能提供良好的服務給需要的人。」

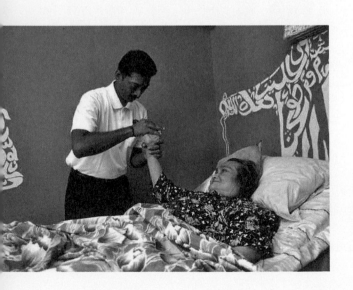

林佩秋——忘服藥的阿公

八十二歲的獨居長者林佩秋阿公，雙耳失聰、單眼失明，還患有輕度的失智症及肝硬化。行動不便加上記憶不好，平時只能透過簡單的手語和文字與旁人溝通。「慈濟居家醫護服務」團隊每隔三、四天就上門關懷，檢查其健康和服藥狀況，並隨手幫忙清理家居，瞭解阿公的生活習慣。

阿公每天要服用五種藥，但他經常忘記，為此，醫護團隊製作了服藥告示，一天一張貼在牆上，還把藥丸一份份打包好，用透明袋子貼在告示下方。

志工張愛萍更為阿公裝了一個會發光的彩色門鈴，讓失聰的阿公知道門外有客人。阿公的居家環境年久失修、雜物堆積，醫護團隊號召人醫會和志工進行清潔打掃、油漆粉刷和更換新床褥等等。無法言語的阿公露出燦爛的笑容，還在交流本上簽名，表達感恩之情。

哈蜜妲一家心門開

哈蜜妲 (Hamidah) 中風偏癱十四年，由么兒洛曼 (Lokman) 獨力照護，洛曼自己也患有糖尿病、高血壓和白內障，被

2015年，「慈濟居家醫護服務」團隊送來自控式電動床，物理治療師維諾（Vinoth）協助鍛鍊肌力和平衡力。（攝影：陳柔潔）

醫生診斷為不適宜工作。為節省開支，母子倆沒有繼續求診，洛曼還因為暈眩而害怕外出，連帶把心門也關上了。

接獲個案提報翌日，「慈濟居家醫護服務」團隊即上門關懷。為減輕洛曼的負擔，同時改善哈蜜姐的居住條件，醫護團隊送來自控式的電動床，還花了兩小時幫她徹底清潔身體和理髮。

儘管哈蜜姐錯過了物理復健的黃金時期，但醫護團隊仍提出復健方案，循序漸進地引導她鍛鍊手部、腰椎的力量，以及身體的平衡力，讓她能進一步達到自立。兩個月後，哈蜜姐在四名醫護人員的扶持下，第一次重新坐起身，堅持了五分鐘。洛曼當場激動得掉淚，也備受鼓舞，願意重新振作。

經醫護團隊五個月的陪伴和勸說，洛曼終於鼓起勇氣，踏出門到醫院求診。洛曼起初質疑慈濟是否另有目的，在幾次家訪後，「感受到醫護團隊的真誠，超越了宗教和膚色。」他形容這份不離不棄的陪伴「超越了家人」。

如上人對新加坡醫療志業所說，新加坡人醫會從初期跨國義診，到成立兩座慈濟義診中心，秉持為病患拔苦予樂的心念，醫病也醫心。在義診活動中，也帶動慈濟人文，讓慈善和醫療零距離。名醫到處有，良醫卻難覓。新加坡人醫會醫師以愛付出，愛的醫療並非單憑口頭說說而已，需要結合眾力，才能營造出愛的大環境。醫療志業體主管們平時以身作則，帶領醫護人員參與義診、往診、關懷，帶動、啟發職工的愛。社會上的良醫愈多，就是大眾的福音。

註：

1. 為期三年的養成計劃，護聯中心從硬體設備和軟體培訓方面，協助醫療服務提供者建立或加強預防式、中長期照護服務體系。

 延伸閱讀

醫療志業 2004年－2019年
——醫病 醫人 醫心

每年服務約 **43** 萬人次
中醫 **14,423** 人次
西醫 **29,532** 人次

約 **779** 位
醫護志工

約 **8,601** 位
醫療志工

驗血

中醫

健康檢查

居家往診

牙科

預防失能
與失智

復健

居家護理

2004　佛教慈濟義診中心啟用（牛車水）

2008　義診中心遷址紅山

2010　健檢中心（裕廊東）啟用，
　　　2017改制為日間康復中心

2012　與新加坡國立大學醫學生展開合作，
　　　關懷社區健檢

2013　啟動「慈濟中醫居家往診計劃」

2014　正式展開「慈濟居家醫護服務」專案

2016　增設「居家臨終護理服務」

2016　合作湖畔全科醫療診所

中醫義診中心（卡迪）
2019

樂齡長青館（武吉巴督）
2019

樂齡長青館（南洋）
2019

日間康復中心（裕廊東）
2010

湖畔全科醫療診所
2016

義診中心（紅山）
2008-2014

義診中心（牛車水）
2004-2007

重生的曙光
捐髓宣導

1993 年 5 月，血癌病患溫文玲小姐到臺灣花蓮靜思精舍謁見證嚴上人，請求慈濟能呼籲捐骨髓，救血癌患者。10 月 20 日慈濟成立「臺灣骨髓捐贈資料中心」（簡稱「慈濟骨捐中心」），並展開「尊重生命，全球齊步走」計畫。新加坡慈濟分會緊隨臺灣腳步，12 月 26 日在寶光佛堂舉辦茶會活動，由新加坡國立大學微生物學教授任宜喆博士及新加坡骨髓中心主席龍仕強主講，教育民眾對骨捐有正確的認識。

一、推動驗血捐髓

其實，早在 1993 年 2 月，新加坡骨髓捐贈中心（Singapore Bone Marrow Donor Programme，BMDP，簡稱「骨髓中心」）籌備時，龍仕強主席[1]即聯繫志工賴玉珠（慈真）討論合作，請分會協助舉辦宣導講座、驗血活動和籌募骨髓基金。

5 月，分會與骨髓中心在大悲佛教中心聯辦說明會，李志成（濟模）同修，也是血癌康復者郭玉琴（慈範）受邀見證分享。現場聽眾深受感動，三百位與會者，有近四分之一參與驗血活動。

1994 年，分會定期與骨髓中心合辦講座及驗血活動，也在衛塞節等特殊慶典宣導，讓民眾認識骨髓捐贈的意義，呼籲並鼓勵年齡介於十八至五十五歲[2]的民眾驗血捐髓。

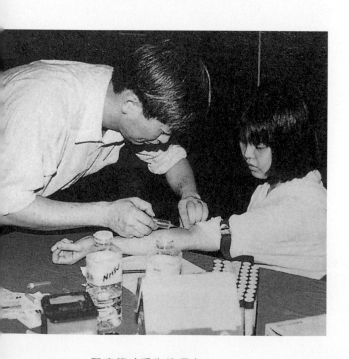

1995 年 11 月，分會與骨髓中心聯辦第四次「髓緣布施」活動，國立大學微生物學教授任宜喆博士（左）為會眾抽血。
（攝影：新加坡分會提供）

分會透過各種方式傳播骨髓捐贈的訊息，有的志工到各大書局、素食館及商店張貼海報；也在地鐵站前發傳單，宣導邀約；同仁則寫公函，邀請各機關團體前來，如寺院、學校、政府機關等，連鄰國馬來西亞的志工與民眾，也受邀一起來響應。

累積多年經驗，分會開始與身心障礙或其他特殊機構合作，如日愛之家療養院、心理衛生學院、喜樂之家、慈懷日間護理中心、國大醫院兒童癌症基金會和新加坡痙攣兒童協會。

骨髓中心為民間團體，成立初期需大筆經費，劉桂英（靜蓮）與志工積極奔走，多次舉辦義賣義演活動。龍仕強主席說：「我參加過許多慈善團體所舉辦的活動，但像慈濟人這樣盡心盡力的付出，是最令我感動的。特別是拍賣會上，有些人得標之後又將物品捐出來，這種付出只有在慈濟才能見到。」當時，馬六甲分會四十多位慈濟人亦前來助緣。這次的骨髓基金，共募得新幣22萬餘元的骨髓基金。

1994 至 1996 年，分會所募之骨髓基金善款，全數捐給骨髓中心；1997 年之後的捐款，則用以補助血液病患尋找骨髓的血液化驗費。1996 年 1 月，新加坡電視機構遠赴臺灣花蓮慈濟醫院，拍攝新加坡與慈濟骨捐中心的連線計畫。

2003 年 12 月 21 日，分會在牛車水會

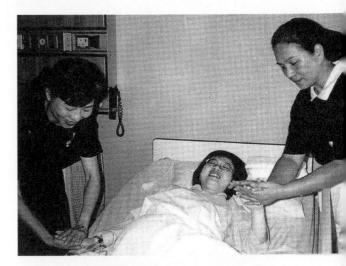

1994 年，馬六甲首宗配對成功的骨捐者林秋麗，特地到新加坡為血液病患做取髓手術。圖左簡慈露，右劉靜蓮。
（攝影：新加坡分會提供）

2003 年首次與新加坡骨髓中心合辦驗血活動，慈青葉仁輝等在地鐵站、巴士車總站入口處廣邀民眾。（攝影：郭有義）

所，首開先例將骨髓捐贈驗血與捐血活動合併辦理，期許能號召更多愛心人士

捐血同時驗血，不只救助需要輸血的病患，更讓血液病患多一分重生的曙光。

二、骨髓之愛跨國界

許多鄰國重病者或血液病患選擇前來新加坡尋求治療，分會除了對骨髓捐贈的宣導不遺餘力，也向血液病友伸出援手，不分國籍、宗教和種族，提供手術費補助及家屬住宿安排，陪伴病患與家屬走過最煎熬的時期。

首例跨國捐髓

1994 年 9 月 26 日，由新加坡、馬來西亞和臺灣三地接力送愛，為罹患「再生障礙性貧血」的十六歲華裔少女吳素蓓，進行第一例「非親屬」跨國骨髓移植手術（Hematopoietic stem cell transplantation，HSCT）。

吳素蓓九歲罹病，飽受折磨，不斷進出醫院接受治療，在多次化療後，仍不樂觀，故醫師建議做骨髓移植。當時馬來西亞尚未建立全國的骨髓資料庫，政府醫院也沒有做非親屬骨髓移植手術，居住在馬六甲的吳家只好向新加坡及其他華人骨髓庫尋求配對，直到透過慈濟馬六甲分會安排，在臺灣慈濟骨髓資料庫找到合適的骨髓捐贈者——十九歲的陳雯琪。

臺北榮民總醫院腫瘤科蕭秀護理長、骨髓資料中心饒慧萍及志工陳乃裕，帶著延續生命的骨髓抵達新加坡，進行手術。新馬兩地慈濟人在骨髓移植前後，多次前往新加坡中央醫院關懷吳素蓓及家屬。然而吳素蓓在骨髓移植前，肺部已出現問題，術後第七十一天，因肺炎併發症不幸往生。

部長幼兒成功受髓

新加坡前外交部長楊榮文幼子三歲時罹患血癌，經過化療，癒而復發，直到 2004 年十歲時進行骨髓移植才康復。2011 年 6 月，楊氏夫婦帶著孩子親往花

1994 年 9 月 26 日，新加坡首例跨國非親屬骨髓移植手術在中央醫院完成。基金會陳乃裕師兄與臺北榮總醫院的醫護人員，親自將臺南女學生的骨髓送來。

（攝影：新加坡分會提供）

蓮，拜會上人，向慈濟及捐髓者致謝。

「非常感佩證嚴法師及慈濟人在全球各地行善，儘管與對方完全不相識。」楊榮文部長表示，當初幼子病發時，兄姊間都找不到合適的骨髓配對，從新加坡、香港到美國，繞過大半個地球也找不到，沒想到在美國接受治療時，連線到了慈濟骨髓資料庫，成功配對。

上人說：「哪裡有需要，有能力的人就去幫助有需要的人，是最幸福的人。看到孩子恢復健康，是最令人感到欣慰的事，同時也要虔誠祝福所有受髓與捐髓的人。」

三、 兩萬分之一的生機

早期，「骨髓捐贈」對一般民眾而言是個陌生的醫療觀念，再加上當時的骨髓中心只是民間組織，民眾瞭解不足。1996 年 8 月，分會特邀龍仕強和任宜喆博士，參加由臺灣骨髓捐贈資料中心在花蓮靜思堂舉行的「骨髓移植國際研討會」。同時，新加坡、美國、澳洲及臺灣骨髓庫簽定連線合約，增加亞裔待髓者配對機會，也為往後鋪下合作機會。

2014 年，在新加坡骨髓捐贈建檔者中，約 30％的人在得知骨髓配對成功後，卻改變主意，不願捐。骨髓中心代表珍尼·普賴爾（Jane Prior）說：「我們自稱生活在文明與現代的社會，但是觸及到生死等話題時，仍有許多人抱持傳統回避的態度，因此我們更需要教育民眾，增加他們對捐贈骨髓的認識。」慶幸的是，經多年宣導，新加坡骨髓捐贈建檔人數從 2014 年約一萬人，2018 年增至 101,761 人。

新加坡平均每天有六人被診斷罹患血液疾病，而骨髓配對非常不易，只能在兩萬分之一的機率中尋找生機。截至 2019 年 8 月止，成功獲「慈濟基金會骨髓捐贈資料中心」捐髓的新加坡病例有 142 人，接受臍帶血捐贈的有 4 例。期待社會大眾能持續參與驗血建檔善行，為血液病患帶來重生的希望。

註：

1. 龍仕強因愛子血癌早逝，投身推動骨髓中心運作。

2. 2012 年，捐贈者年齡延至 60 歲。

延伸閱讀

骨捐驗血 1994年－2007年

—相遇在第六對

新加坡慈濟歷年推動骨髓驗血

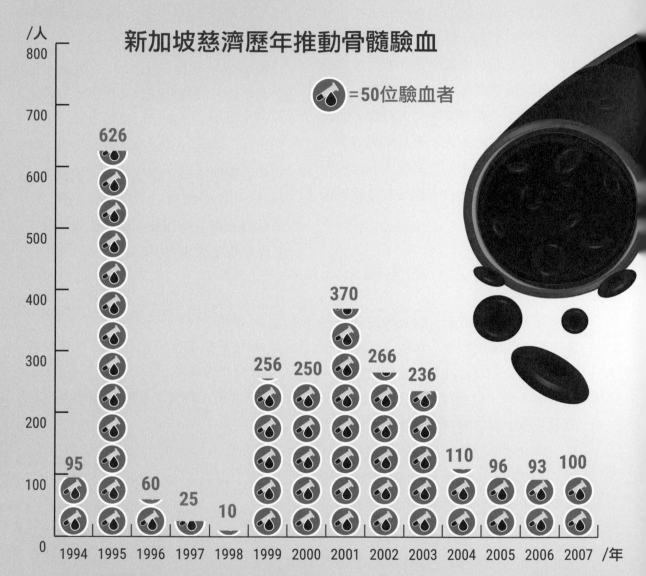

/人

=50位驗血者

- 1994: 95
- 1995: 626
- 1996: 60
- 1997: 25
- 1998: 10
- 1999: 256
- 2000: 250
- 2001: 370
- 2002: 266
- 2003: 236
- 2004: 110
- 2005: 96
- 2006: 93
- 2007: 100

/年

新加坡血癌病患
配對成功機率 1/20000

新加坡
每日患血液疾病  6人

臺灣慈濟骨髓資料庫

436,104 志願驗血者

5,378 全球受髓者

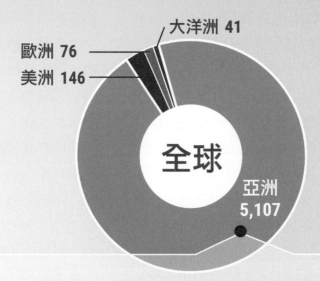

大洋洲 41

歐洲 76

美洲 146

全球

亞洲 5,107

中國	2,293
臺灣	2,151
韓國	235
新加坡	**138**
香港	120
泰國	70
馬來西亞	35
其他	65

新加坡慈濟分會
舉辦「骨髓驗血」活動

15 場

「骨髓驗血」活動
參與人數

2,593 人

妙手 妙法 妙人醫

人醫會

新加坡也有很多優秀的醫師，為什麼不把他們也組織起來做善事？

1996 年，在新加坡的臺灣實業家蔡麗琳（慈滔）隨同臺灣人醫會參與海外義診，看到美國及菲律賓陸續成立慈濟人醫會（Tzu Chi International Medical Association，TIMA），深受感動。

1998 年，蔡麗琳返臺向證嚴上人請示，擬成立新加坡慈濟人醫會，上人給予祝福。隔年蔡麗琳寫了一百封邀請卡，邀請新加坡各大醫院的醫師出席慈濟茶會；在臺灣慈友會的協助下，分別在 1999 年 9 月和隔年 3 月各舉辦一場，逾百位海內外醫師、企業人士等前來聆聽國際賑災與人醫會分享。

新加坡著名整形外科醫師馮寶興（惟志）對人醫會相當認同。

馮寶興曾參加聯合國、教會等義診不下百次；蔡麗琳對馮醫師的形容是「Dr. Yes」，對於行善助人之事從不說「No」。

為瞭解人醫會的運作，馮寶興特別參與慈濟菲律賓宿霧市義診；馮醫師回憶，當時有數千位病人，醫師們一進去就開始手術，沒有時間休息。這趟義診帶給馮寶興前所未有的震撼。後來，他親自到臺灣謁見上人、參訪慈濟志業體，對慈濟醫學院大體解剖課和人文精神留下深刻印象，發願要將大愛的種子帶回新加坡。

因緣聚合，新加坡慈濟人醫會於 1999 年 9 月 4 日正式成立。首任召集人馮寶興，開始廣邀各科醫師，前往印尼、馬來西亞、斯里蘭卡等地，展開海外義診。新加坡人醫會在馮寶興的帶動下，逐漸漾開善的漣漪。

一、從離島義診出發

新加坡人醫會發展可分成三個階段。
第一，海外義診期（1999 — 2004）
第二，義診中心期（2004 — 2008）
第三，參與其他志業活動（2008 — 2019）

人醫會成立最初，即積極參與鄰國的離島義診。分會的構想是善用新加坡醫師的醫術，結合馬來西亞和印尼的醫療人力，開拓海外義診，為貧病者拔除苦患，也接引更多醫療人員參與。

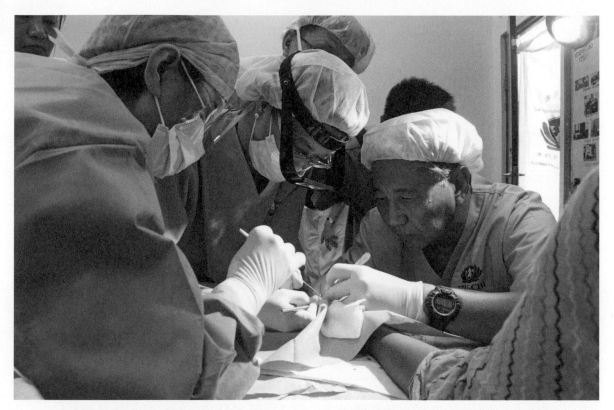

新加坡跨海義診，人醫會召集人馮寶興（右一）醫師與醫護們專心治療，希望義診能拔除病苦。
（攝影：新加坡分會提供）

印尼 最近的島

1999 年 9 月底，馮寶興帶領十六位人醫會成員和志工首次參與海外義診；自此，足跡遍及印尼、菲律賓、斯里蘭卡、柬埔寨、寮國等。人醫會也積極邀約成員參與每年在臺灣花蓮舉辦的「慈濟國際人醫會年會」，與各國醫護人員交流，如何在各國推廣有人文的醫療。

2000 年 1 月，新加坡人醫會赴印尼巴淡島舉行第一次大型義診，得到印尼空軍的支援，為兔唇、小腫瘤、疝氣和牙科等患者提供免費診療。此後，陸續在印尼北干巴魯、民丹島、吉里汶等地展開義診行列，逐步建立海外義診模式與 SOP。

早期的義診團隊，醫護人員少，清點、打包醫療器材等重要的前置作業，須由慈濟志工承擔。2001 年，為提升海外義診的服務品質，新加坡慈濟成立「醫療志工隊」，培訓簡單醫療常識如包紮等，還有基礎印尼文。

2007 年，印尼人醫會日益成熟，也逐步建立義診模式，新加坡海外義診就此

告一段落。1999 年至 2007 年，新加坡人醫會共參與逾二十次跨國義診，嘉惠超過五十一萬人次；其中在印尼巴淡島就有九次大型義診。

獅城 扎根本土

隨著海外義診的拓展，新加坡也發願成立義診中心，幫助更多當地居民。2004 年，佛教慈濟義診中心（簡稱義診中心）在牛車水成立，人醫會的醫療觸角伸向貧病與獨居長者。馮寶興醫師期望，藉由義診中心的成立，帶動「醫病、醫人、醫心」的慈濟人文。

人醫會為義診中心附近的牛車水社區長者提供往診、居家打掃、支援疫苗注射等服務，編織社區醫療網。基於國內外的義診服務成果，新加坡分會分別在 2004 年和 2006 年，舉辦國際慈濟人醫會交流會。

2007 年，巴淡島義診歸由印尼分會負責；同年底，義診中心也隨著牛車水會所歸還業主而暫時告歇。少了海外和國內義診，新加坡人醫會幾近解散；時任分會執行長劉銘達（濟雨）認為應該繼續扎根本土，開始積極尋覓新地點。

2008 年，義診中心遷至紅山社區重新開展；2009 年，因劉銘達關懷斯里蘭卡會務的因緣，人醫會重啟海外義診；此後每年兩次，都前往斯里蘭卡舉辦大型義診，陸續接引當地醫護加入，至 2018

年已舉辦十一次斯里蘭卡義診，足跡更遍及菲律賓、柬埔寨。

同事度 綻新枝

隨著海外義診的開展，醫護人員也啟動同事度，積極招募同行，如驗光師楊水芳教授就招募一批驗光師，注入生力軍。人醫會成員如龐孝蘭（慈孝）、劉玲玲（慈孚）、章愛玉（慈愛）、黃恩婷（懿恩）、黃嬿芯（懿芯）等，開始接受志工培訓，取代醫療志工承擔人醫會的聯絡工作。醫師林文豪（濟誠）和黎顯維（濟竑）發心推動醫療人文，於 2011 年分別成為健檢中心和義診中心的全職醫師，接引人醫會成員成為志業體職工。至 2018 年，人醫會成員共 434 人。

2010 年，佛教慈濟健檢中心（福慧中心）於裕廊東社區正式啟業。2011 年，擴大為「佛教慈濟健檢暨義診中心」（後改制日間康復中心），為中、低收入戶提供免費門診服務；2016 年接管湖畔全科醫療診所。三個醫療志業體帶動人醫會的成長，服務包括：植牙手術、外科手術、醫療講座、捐血活動、內科往診、中醫居家往診等。人醫會的醫療服務隨著健檢中心的開展，邁入社區醫療深度化。

2012 年，分會申請成為符合公益機構（Institutions of A Public Character，IPC）規範的慈善組織，所有善款享有免稅折

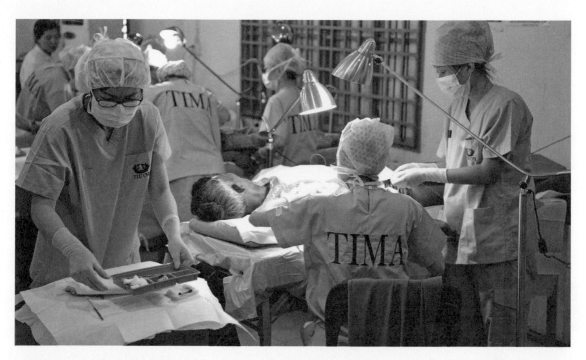

義診設有外科、內科、牙科、中醫、婦產科、眼科六大科別。教室變成手術房，門窗封閉後，設置空調，即可減少感染、隔絕蒼蠅與風沙。（攝影：新加坡分會提供）

2018 年 3 月，臺灣、新加坡、馬來西亞、越南，結合柬埔寨醫護及慈濟志工，組成 348 人的跨國醫療團隊，赴柬埔寨磅清揚省舉行義診。（攝影：新加坡分會提供）

扣，但只能用於本地慈善志業，不得用於海外義診。因此人醫會也將重心和人力投入社區活動。如居家打掃、聞法共修、經藏演繹、環保活動、向獨居長者拜年等，開闢島國醫療的桃花源。

二、分別病相 居家往診

2004 年 10 月，人醫會首次提供新加坡智障人士福利促進會（Movement for the Intellectually Disabled of Singapore，MINDS）牙科義診服務。在家長、MINDS 義工及志工的陪同下，六位小朋友來到義診中心檢查。由於小朋友在等待治療中，可能因焦慮而產生情緒；為安撫他們，醫護人員與志工事先做足了準備，安排豐富的節目，舒緩看診的不安情緒。

此後，義診中心、人醫團隊和 MINDS，約定每年辦理一次牙科義診。2011 年，新加坡兒童慈善總會 (Children's Charities Association) 在年會中，特別頒贈「服務功勳獎項」（MINDS Meritorious Service Award），表達對分會的感謝。

除兒童外，許多獨居長者也是人醫會關懷照顧的對象。他們行動不便，不願出門健檢；或經濟狀況不佳而無法至醫院複診，導致治療延誤，病情惡化。林文豪醫師不捨獨居長者的處境，啟動居家醫療與護理服務。

2012 年 2 月，新加坡人醫會首次採取「流動診所」，為紅山社區的長者進行居家醫療及護理服務。同年 8 月，人醫會首次策劃居家打掃，醫護志工放下身段，體會「以人為本」的醫療理念。2014 年，人醫會與新加坡衛生部護聯中心（Agency for Integrated Care，AIC）合作，推行「居家醫護服務」專案，努力打造以病人為中心的綜合護理模式。

三、深入法脈 勤行宗門

對外推廣慈濟人文

人醫會成員把病患視為親人，回到工作崗位積極落實醫療人文。

章愛玉、黃恩婷、周來好（慈好）、林文豪和楊娟皆受到職場肯定和推薦，曾經獲頒「仁心獎」(Healthcare Humanity Award)。「仁心獎」是自沙斯（SARS）事件後，英勇基金託管委員會從基金撥款，表揚堅守工作崗位的模範醫護人員，2004 年起，每年由國立保健集團主辦、頒獎。

2006 年 11 月，鷹閣私立醫院 (Gleneagles Hospital) 助理護理總監章愛玉在所屬醫院，積極促成慈濟環保宣導講座，成功凝聚管理層和職員重視環境保護。

經一年多的努力，光是護理部的垃圾減量，就幫鷹閣醫院省下新幣三萬到四萬元的垃圾處理費，她也因此獲頒院內

2003 年 SARS 事件後，新加坡「英勇基金託管委員會」開始頒發仁心獎，表揚堅守崗位的模範醫護人員。2018 年 4 月 26 日，林文豪醫師（右三）獲獎，曾獲獎的人醫會成員也出席觀禮。
（攝影：曾美珍提供）

創新計劃二等獎。

2008 年，鷹閣醫院籌辦環保感恩會，邀約其他醫院加入環境保護的行列，吸引六十多位醫療相關人員參加。慈濟人每周都到醫院載回收物，再將回收所得納入慈濟慈善基金，讓愛循環。2013 年，人醫會成員也在陳篤生醫院啟動醫療用品回收計畫，在醫院各部門放置一百多個回收紙箱，鼓勵員工將已開封或過期，但可再利用的紗布、針筒、醫用導管等回收。

上人讚歎新加坡人醫會的環保宣導成果：「凡事並非不可能，是因為人不肯做；只要有心，都能克服重重難關。期待慈濟環保觀念能再推廣，鼓勵大家做環保救地球。」環保推動，最重要的是洗滌心垢，人人回歸清淨本性。

對內凝聚傳法

人醫會成立以來，雖不定期舉辦茶會，但為了凝聚成員共識、接引更多良醫良護，2012 年起，人醫會積極邀約各

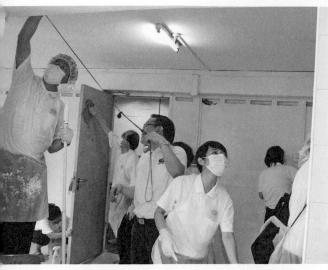

往診過程，人醫會成員發現照顧戶或病人的
居住環境不佳，動員一起大掃除、重新粉刷。
（攝影：吳佳翰）

2004 年，義診中心籌辦人之一林深耀醫師因
癌症往生，但他的精神引領多位同業加入義
診行列。（攝影：新加坡分會提供）

2015 年 3 月 6 日至 8 日，分會於啟奧生物醫藥研究園（Matrix@ Biopolis）首次舉辦「國際慈濟人醫
論壇」，近五百位海內外醫護參與。（攝影：王綏喜）

醫院的醫護人員參加聯誼。每月一次聯誼，出席人數均在四十人以上，不僅鼓舞大家舉辦共修的決心，亦藉由活動重拾行醫的初衷，堅實承擔的使命。共修成員雖然不全是佛教徒，但也參與大型浴佛、經藏演繹等活動，宣揚大愛的精神。2013 年的「法譬如水」演繹，共有55 名醫護成員參與演繹。

四、人醫典範

林深耀醫師──生命勇者

「如果我們不救他們，那誰會呢？」口腔外科林深耀醫師第一次參與慈濟印尼雅加達義診，從入住的飯店進到髒亂河邊、充斥違章建築的義診區時，彷彿天堂到地獄，「看到他們，病的病、痛的痛、苦的苦、傷的傷、窮的窮，我再也回不來了。」從此，林醫師不曾缺席人醫會的義診。即使信仰各異，身為基督徒的林醫師發現上人說的「關懷眾生」和基督說的「博愛」，同樣都是「大愛」；藉由醫療服務，他可以將這份愛分享給更多人。

2002 年 8 月，正當林醫師充滿行醫拔苦的壯志時，卻發現患了胰臟癌。病榻上，他深深體會到患病的苦與痛，發願往後的行醫路更要「視病如親」。他把握付出的因緣，提振精神積極參與義診，更說：「我相信人的一生應當像蠟燭。當我們點燃生命之光時，它將照亮並給予身邊的人溫暖與希望的曙光。」

林醫師前往日本開刀與化療，上人還請日本慈濟人每天回報病情。2004 年，林醫師在新加坡安詳往生，上人讚歎林醫師是一位生命勇者。林醫師在人間的佇足雖短，卻給新加坡慈濟人留下永恆的美善印記。

2015 年 3 月，分會以「邁向醫療人文」為主題，首次舉辦「國際慈濟人醫論壇」，來自十一國、地區，近五百位醫界人士參與。上人讚歎新加坡人醫會的跨國義診：「大醫王們熱誠、有心，發揮妙手妙法妙人醫的精神，不只是在新加坡發展醫療志業，還要弘揚慈濟的愛的能量。」

  延伸閱讀

新加坡人醫會
1999年－2019年

醫護 **363** 人

護理師 **416** 人

藥劑師·醫技 **179** 人

1999　志工蔡麗琳製邀請卡，寄給100位
　　　醫師。整形外科馮寶興醫師參與
　　　慈濟茶會，後為第一任召集人。
　　　9月新加坡人醫會正式成立

2000　赴印尼巴淡島舉行第一次大型義診

2004　義診中心在牛車水成立
　　　為智障人士福利促進會（MINDS）
　　　孩子提供牙科義診

2006　助理護理總監章愛玉在鷹閣醫院
　　　推動資源回收

2007　人醫年會交流會

2008　人醫會參與慈濟人文活動，如居家
　　　打掃、經藏演繹、環保等

2012　展開「流動診所」方式，為社區長者
　　　往診服務

2013　在陳篤生醫院推動醫療用品回收計畫

2015　主辦國際慈濟人醫論壇

2018　主辦牙科論壇

2019　柬埔寨義診

醫療團隊 志工做伴

醫療志工 **8,564** 人次

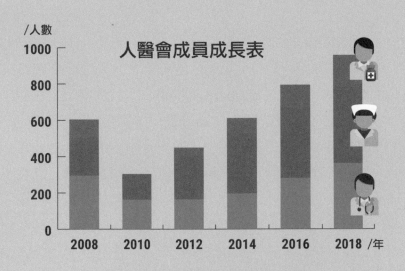

/人數

人醫會成員成長表

1000

800

600

400

200

0

2008　2010　2012　2014　2016　2018 /年

斯里蘭卡義診

11 次　　2,654航空公里

1,253航空公里　　柬埔寨義診

2 次

TIMA人醫會

20 年

34海里

印尼義診

22 次

地緣相近繫長情

印尼義診

印尼廖內群島省和新加坡僅一海之隔，共有上千個大小島嶼，散佈在新加坡海峽，總人口約 40 萬。兩個主要城市是首府丹戎檳榔市（位於民丹島）及省內最大城市巴淡市（位於巴淡島），兩島和新加坡渡船來往頻密，是新加坡人喜愛的旅遊地。十九世紀末，當地經濟尚未起飛，人民平均所得約新幣五十元至二百元，雖與新加坡僅數十分鐘船程，但生活水準相距頗大。

新加坡慈濟國際人醫會在 1999 年 9 月 4 日成立，同年 9 月 25 日馮寶興醫師（惟志）帶領 18 位醫護人員及志工，參與印尼分會於西朗市舉辦的大型義診。當地居民的純樸熱情及醫療困境，讓新加坡醫護團隊感受很深，許下幫助印尼貧病患者的心願。

一、齊心協力　啟動義診

印尼距離新加坡最近的島嶼是巴淡島。因地緣之便，加上印尼分會支持，在新加坡蔡麗琳師姊、馮寶興醫師、雅加達志工陳福成的協助下，2000 年 1 月 22 日，新加坡 90 位醫護人員及志工，與印尼分會在巴淡島聯辦大型義診。

義診在巴淡島 OTORITA 醫院舉行，許多民眾從臨近島嶼搭船尋求免費的治療。新加坡義診醫師以外科及整形外科為多數，馮寶興醫師表示，當地年輕的兔唇患者很多，但是缺乏整形外科醫師，加上整形費用不便宜，有些貧窮的患者一生也無法治療。短短兩天義診，就為 26 位兔唇病患完成手術，84 位病患切除腫瘤，診治 1,525 位病患。

兩地醫護攜手付出，在義診中建立良好的默契。2001 年 5 月 29 日，臺灣本會全球志工總督導黃思賢師兄前往巴淡島及民丹島勘察後，協議新加坡慈濟認養兩個島的義診活動。9 月 1 日在丹戎檳榔市主辦義診，動員 71 位醫護人員及志工，提供兔唇及腫瘤外科手術，兩天共治療 86 位病患。

2002 年 3 月，新加坡 101 位醫護團隊及志工，再次參與印尼分會在巴淡島舉辦的義診，期間也多次參與印尼分會在雅加達、當格朗縣等地區的義診，累積義診經驗並接引醫護人員。

從 2002 年 10 月至 2007 年 3 月，新加坡團隊共在巴淡島主辦六次大型義診、廖內省的北干巴魯及吉里汶島義診各一次。義診科別配合居民需求，提供外科手術，包括腫瘤、兔唇、疝氣等，也有眼科、白內障切除、牙科、內科；後來陸續增加中醫、針灸及驗光配眼鏡。海外義診團隊運作模式逐漸穩定，規模也越來越大。

2007 年由於巴淡島衛生署政策改變，新加坡分會於 3 月最後一次主辦巴淡島義診，嘉惠 4,245 位病患。新加坡、馬來西亞、印尼三地的醫護人員及志工共 452 人，其中 71 位是巴淡島志工；能夠傳承，是新加坡志工最欣慰的事。後續巴淡島義診，回歸印尼分會辦理。

二、眾人攜手　解除病苦

志工團隊　義診後盾

籌備工作不易，短短兩三天的義診，前置作業卻得從四、五個月前展開，包括場地勘查、商借、規劃，醫療器材和藥品的盤點、購買、清理和裝箱，還要聯合當地志工進行事前宣導、安排病患的交通住宿、進行前篩等；義診後更需要當地醫療協助部分個案進行外科手術與複診。新加坡志工人才濟濟，在義診中累積實務經驗，漸漸發展出完備的作業流程及功能組架構；每個科別設有志工小組長，熟練地協調該科的後備工作，讓醫生們能安心看診。志工邱建義（濟澍）從組員到承擔組長，2003 年開始擔任總協調，此後每一場跨國義診都沒有缺席。經營中藥材中盤商的邱建義表示，自己當老闆時間比較彈性，但遇到選擇時，還是以義診為優先。許多志工也都把年假預先安排給海外義診！

義診場地一般在學校、衛生所或醫院，先遣志工包括機動及水電組會提前一兩天到達，除了將所有義診物品搬到診間，還要拉電線、架設空調、裝儀器、裝置清洗手術儀器水盆、佈置等候區等；把桌椅變成病床，辦公室成為手術房，就連地板牆壁也要消毒，如同搬來一間臨時醫院。

幾次義診下來，水電及機動組的志工逐漸成為一個專業的團隊。義診手術燈搬運不易，價格不菲，從事水電行業的志工黎輝田（濟田）用巧思創意，以便宜實用的器材，創作出組裝便捷的手術燈，解決醫師們問題。牙醫鄧國榮醫師說：「有了輝田師兄與水電組，我們非常放心。」馮寶興醫生也說：「水電工人都來參加義診，醫生能不來嗎？」

人醫仁心　展現人文

「印尼有很多貧窮的病患，長了腫瘤卻沒錢看病，才讓病情越拖越嚴重。」

口腔外科林深耀醫師說。林醫師在 1999 年加入慈濟人醫會，義診時看到眾多貧病患者啟發悲心，日後只要慈濟有義診，他都是「全勤」，不曾缺席。

林深耀醫師於 2002 年 8 月發現惡性腫瘤，開始接受治療。當病情稍微和緩，林醫師撐著虛弱的身體，參加 2003 年 3 月份慈濟在巴淡島的義診。林醫師表示，慈濟的醫療團隊和其他隊伍是不一樣的，慈濟人付出無所求及默默的奉獻精神，是醫事工作者值得學習的課題。林深耀醫師於 2004 年往生，但是他的奉獻精神永留於人心。

接引他進入慈濟的人醫會召集人馮寶興，是位知名的外科整形醫師，更難得的是，馮醫師有份慈悲柔腸的胸懷。馮寶興積極邀請醫師參與義診，初期進來的多數是外科醫師，慢慢地牙醫、眼科醫師、中醫師人數增多，如何讓新進醫師體現慈濟人文也是一項挑戰。

「當時醫師們參加義診，規定要穿制服、行進要整齊排隊、全程素食，也是不容易。然而志工付出無所求、支持和用心，感動了醫護人員，他們慢慢習慣也就接受了。」總協調邱建義回憶。

參與多次慈濟義診的眼科醫生吳瑞瓊，為了讓眼科手術更迅速、安全地進行，募集了一批朋友，在巴淡島義診時捐贈兩架眼科手術顯微鏡。吳醫生說：「錢可以再賺，但是多了設備可以幫助更多人，何樂而不為？」起初只是因朋友馮寶興醫師的邀請，想說來幫幫忙。但在義診過程中，慈濟志工的真誠和體貼，讓她非常感動。

麻醉師莫罕默醫生（Dr. Mohamed）非常認同慈濟跨宗教和種族的理念。巴淡島居民大部分是回教徒，新加坡慈濟動用那麼多人力、物力前來義診，就是跨

到了當地，首要任務是接水拉電，佈置場地，讓臨時義診所能在學校、衛生所等順利進行。
（攝影：邱采靈）

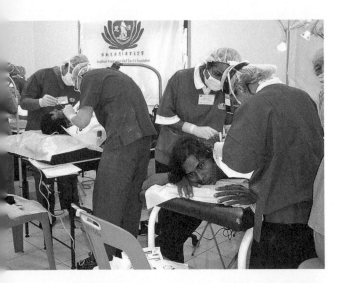

從 2002 年 10 月至 2007 年 3 月，新加坡團隊共在巴淡島主辦六次大型義診、廖內省的北干巴魯及吉里汶島義診各一次。

（攝影：新加坡分會提供）

2000 年，慈濟首次在巴淡島義診，人醫會醫師安排兔唇個案蘇西到新加坡做手術。

（攝影：新加坡分會提供）

慈青在巴淡島義診中，常被分配到關懷組的崗位，除了語言能通，他們也為等待看診的居民與孩子帶來歡樂，以團康、衛教和孩子互動。（攝影：王綏喜）

宗教大愛最好的證明。新加坡中央醫院的卡瑪麗亞（Kamariah）是回教徒，她表示：「能當志工，幫助貧病者感到萬分的高興，每次都做得非常歡喜」。

三、醫病情 互感恩

2000 年時，整個廖內群島區域僅有三間中型醫院，醫療設施匱乏，當時慈濟在巴淡島及附近島嶼的義診，無論是縫合兔唇、切除身上的腫瘤，還是為年長病患摘除白內障或配置眼鏡，義診意義非凡。無法在義診現場手術的個案，志工盡量為其尋覓就醫機會，轉送到印尼、新加坡、馬來西亞的醫院，或臺灣的慈濟醫院，不放棄任何救助的希望。

蘇西——首個跨海治療的個案

蘇西是 2000 年 1 月巴淡島義診的個案，天生唇顎裂，由嘴唇分開兩個岔道，延伸至眼睛下面，由於狀況嚴重，現場無法手術。評估後，轉介到新加坡竹腳婦幼醫院進行手術，馮寶興醫師免費為她動刀。經過兩次冗長的手術，終於修補嘴唇及顏面。

蘇西的父母來自中爪哇，離鄉背井到巴淡島工作，每月薪資僅有新幣一百元，雖然心疼女兒總是被鄰居孩子嘲弄，卻無力支付昂貴手術費用而放棄治療。手術圓滿成功，蘇西的父母感動流淚，「我們的孩子終於可以像一般孩子一樣，正常地上學，不用再被其他孩子稱為魔鬼了！」2005 年的義診，已經長高的蘇西和父母來到現場探望大家，並協助清潔環境，當環保小志工。

諾文狄——首個轉送臺灣治療個案

遇見諾文狄是在 2002 年巴淡島義診，當時父親前來求助，卻因為溝通有誤而耽擱。隔年，志工找到諾文狄，分會執行長劉濟雨安排並親自陪伴，跨海到臺灣花蓮慈濟醫院進行手術。

經醫院診斷，諾文狄罹患「巨大型齒堊質瘤」（Gigantiform Cementoma），是全球年紀最小、腫瘤最大的患者。慈濟醫院組成醫療團隊，分四次手術進行，前後共耗時三個半月。變臉手術後，臉上重達一公斤的腫瘤消失，諾文狄的雙眼可以看得見、嘴巴可吞食，經過復健，雙腳漸能走路，甚至會跳舞。個性不再易怒，慢慢恢復兒童該有的天真活潑。

諾文狄的案例受到國際醫界的重視，英國廣播公司也前來記錄。當他出院返鄉時，大批新加坡媒體及印尼媒體前來採訪，見證臺灣的醫療水準及慈濟人的愛心。遺憾的是，2005 年因腫瘤再度增生，諾文狄在睡夢中不幸往生，其父母等候新加坡志工到來才舉辦告別式，感恩慈濟給予諾文狄一段幸福的時光。

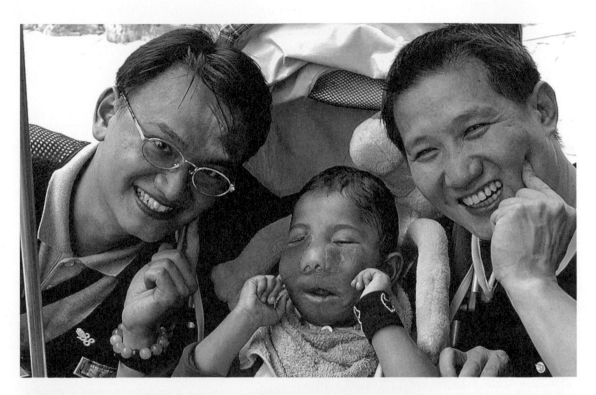

2004年6月，諾文狄「變臉」成功，以全新的面貌回到家鄉，新加坡慈濟人、媒體也都在機場等候歡迎。臺灣大愛電視臺也全程拍攝、紀錄，陪同回到家鄉。（上圖左為鐘江波、右為陳友朋）

（攝影：新加坡分會提供）

爹迪——助人真歡喜

2007 年 3 月的義診來了位特別的志工，仔細一看，原來是曾受助的爹迪。爹迪罹患淋巴水腫瘤，2006 年 2 月在分會幫助下，在新加坡中央醫院進行截肢手術，並為他裝上義肢，保住當時岌岌可危的生命。

得知慈濟人來到巴淡島義診，爹迪起了個大早，滿心歡喜地前來當志工。拐杖放一旁，穿上志工背心，裝上義肢的爹迪，側著身體坐得很端正，熱心地在掛號處為病人量血壓。

遇上慈濟人之前，爹迪不懂得如何展開笑顏。切除了累贅多年的大象腳，裝上義肢，人生才有了嶄新的開始；爹迪找到了工作，能自食其力，生活起居也可自理。爹迪說，過去受人幫助，現在能助人，感覺真歡喜。

慈濟八月——感恩命名

「哇！」手術房內傳出一陣宏亮的嬰兒啼哭聲，讓大家都笑了。初為人父的羅伊（Roil）停下默念的祈禱文，抱著健康漂亮的女嬰，激動地對慈濟團隊致謝：「幸好有你們啊！」

2004 年義診，一位產婦由於骨盆太小，羊水流出超過二十個小時還無法順產，在當地的醫院痛了一晚。「太太必須剖腹生產，我一時無法籌措三百萬印尼盾（折合新幣三百元）的手術費，醫院產科醫師說這裡有義診活動，但想不到你們願意幫助我太太接生。」先生羅伊滿懷感恩地說。

羅伊身上的錢只夠買一個奶瓶，慈濟志工們為他們張羅嬰兒用品，還教羅伊如何幫寶寶更換尿布、餵奶和洗澡等。為感念這份救命恩情，羅伊把出生的女兒取名為「慈濟八月」(Tzu Chi Augustine)。當慈濟八月滿月時，慈濟志

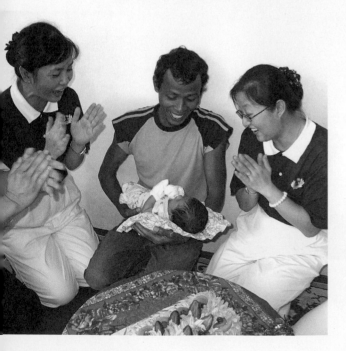

巴淡島第六次義診，有位難產的婦女緊急開刀；父親將女兒取名為「慈濟八月」，表示永遠感念慈濟。志工楊淑元、林祖慧等為「慈濟八月」慶滿月。（攝影：何鴻冠）

工還到家送上滿月禮物，羅伊感動地說：「我一定永遠記得『慈濟』這兩個有意義的字。」

四、義診繫巴淡緣

2002 年 3 月的義診中，巴淡島居民呂保璇帶著剛收養幾日的嬰兒，來到義診現場求助。女嬰的母親是年輕未婚媽媽，女嬰出生後，一直啼哭找不出原因。知道慈濟舉辦義診，呂保璇好意幫忙帶來做檢查。經過醫生初步診斷發現是疝氣，但由於年齡太小，醫生建議到醫院做詳細檢查及治療。

新加坡竹腳婦幼醫院檢查發現，女嬰不僅有疝氣的問題，心臟、耳朵甚至腦部都有狀況。醫生說：「長大後也許不能站立走路，生活無法自理。」

當呂保璇將女嬰帶回巴淡島時，女嬰的母親已經不知去向。育有四個兒女的呂保璇是單親媽媽，不知如何是好？「或許就是要來度你的。」執行長劉濟雨鼓勵她，此外兒女也承諾要幫忙一起照顧女嬰，呂保璇決定將女嬰留下，並取名為恩惠，表示上天帶來的禮物。

因為義診及女兒恩惠的因緣，呂保璇感受到慈濟的大愛精神，在劉濟雨鼓勵下，呂保璇將自己經營的餐廳作為巴淡島志工的聯絡辦公室，逐步在當地推動慈濟。巴淡島聯絡點在 2003 年 7 月成立，呂保璇為首任負責人。

有了聯絡點，加上新加坡幾次的義診活動接引本地志工，濟貧工作也陸續展開。新加坡志工每個月輪流到巴淡島帶動訪視，傳承及分享慈濟精神理念，傳授志工培訓技巧。巴淡島數次舉辦幸福人生講座、歲末祝福、義賣會，新加坡志工都會前往助緣，兩地交流頻繁。

2007 年 3 月份義診結束後，會務改由印尼分會接手，然而法親的情誼長存。2018 年，巴淡島靜思堂啟用，回憶當年在此義診的點點滴滴，欣慰菩提種子終於成林。

延伸閱讀

人醫會跨國義診 1999年－2007年

──在印尼的這些年

9 次巴淡島義診
9 次雅加達義診
4 次印尼其他區義診

22次義診

走在最前，做到最後

義診前4-5個月
場勘協調
醫材盤點
藥品採購、打包
志工招募、行前叮嚀
安排病患交通住宿
前篩、病況分診

義診前3天
配水電、裝空調
儀器組裝
改裝桌椅成病床
空間規劃
牆壁、地板清理消毒

義診後
後續醫療協助
術後追蹤、複診

9次
吉里汶島　巴淡島

北干巴魯　**9**次　西加里曼丹

雅加達

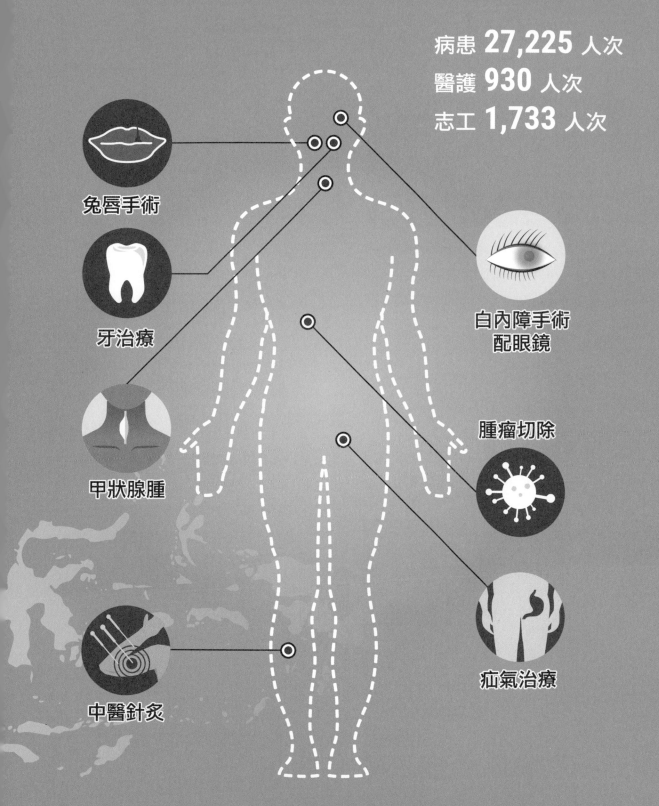

病患 **27,225** 人次
醫護 **930** 人次
志工 **1,733** 人次

兔唇手術

牙治療

甲狀腺腫

中醫針灸

白內障手術
配眼鏡

腫瘤切除

疝氣治療

一袋血 護生命

捐血運動

新加坡衛生科學局（Health Sciences Authority，HSA）的國家血庫與紅十字會（Singapore Red Cross）是推動國家血液計畫（National Blood Programme）的合作夥伴。2001 年起就由紅十字會主導國家捐血運動，而衛生科學局負責國家血液收集、處理、測試、臨床諮詢、免疫學檢查，並保障供應安全。

根據衛生科學局年度報告顯示，2002 年 4 月至 2003 年 3 月全國共收集了 68,406 袋血，而 2013 年 4 月至 2014 年 3 月的捐血量則增至 111,626 袋。雖然過去十年的捐血量成長了六成多，但是

衛生科學局估計，新加坡所需的輸血量每年增加 3％－5％，到了 2030 年將超過 22 萬包血。為了應付未來所需，新加坡設立三家衛星血庫[1]，分別位於裕廊東西城大廈（Westgate Tower）、兀蘭（Woodlands）和多美歌（Dhoby Ghaut）。

一、因為 SARS 來襲

2002 年 6 月，紅十字會邀請分會參與國家青年理事會聯辦的捐血活動。由於血液的來源以校園或團體為主，而 6 月適逢學校假期，血庫存量減少，因此紅十字會邀約各個團體響應捐血。

時任分會督導的劉銘達（濟雨）認為捐血應為長期性活動，一救人，二擴展觸角，讓民眾有更多機會認識慈濟，因此主動聯繫紅十字會，討論合作方案。

2003 年，新加坡血庫因 SARS 疫情而供不應求。紅十字會與慈濟首次聯辦捐血活動，募得 191 袋血，至今不曾間斷。（攝影：曾少東）

時隔半年，合作議案因分會活動多而停滯。2003年SARS疫情肆虐，新加坡血庫存量也因而銳減，嚴重短缺；紅十字會再次緊急呼籲，希望更多團體組織能合辦捐血運動，以緩解血庫缺血的窘境。分會再度與紅十字會聯繫，決定於6月14日在牛車水會所舉辦首次捐血活動。當天共募得191袋血液；此後，雙方每三個月合辦一次捐血活動。

二、設點聚愛

紅十字會提供醫療器材，醫護人員負責捐血醫療作業；志工擔起登記、宣導和關懷的角色，鼓勵民眾就近捐血。

2003年12月21日，分會聯同紅十字會和骨髓捐贈中心（BMDP）攜手合作，首開先例，將捐血運動和骨髓捐贈驗血活動同時舉行，期望讓血液病患多一分重生的曙光。

2005年10月，巴西立（Pasir Ris）靜思堂啟用，會所從牛車水搬遷至新地點。12月3日，第十一次捐血活動就在新地點展開。

裕廊醫療中心捐血點

裕廊醫療中心（Jurong Medical Centre，JMC）自2006年12月啟用後，有意承辦捐血活動，但人力不足。分會、紅十字會與裕廊醫療中心三方達成共識，由

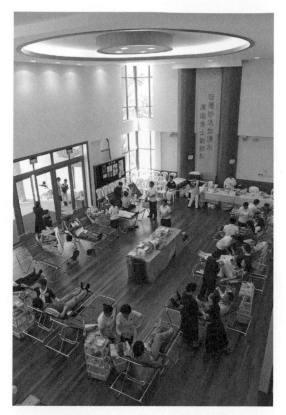

與新加坡紅十字會聯合舉辦捐血活動，靜思堂大廳來捐血的人潮。（攝影：王綏喜）

裕廊醫療中心每三個月借出一樓門診部，讓慈濟舉辦捐血運動。

2007年9月1日，裕廊醫療中心與靜思堂同步舉辦捐血。短短一個月的籌備，西南互愛組總動員，展開一系列「按門鈴」捐血宣導，兩個週休日加上五個工作日晚間，總共愛灑五十八座組屋共6,227戶人家。愛灑即是為了讓更多人知道：做好事不能少我一人。

由於捐血運動的因緣，裕廊醫療中心活動負責人還主動提出，希望慈濟在裕

廊西圖書館附近設立環保點。這是分會首度與醫療機構合作成立的環保點。

工作日捐血

血庫顯示，五百多萬新加坡人口中，每年只有 1.8% 的捐血者，而其中大部分是第一次捐血的人，分析歸納原因，主要是捐血地點太少，人們不會主動到捐血中心捐血。

因此，紅十字會希望開發更多點，方便民眾捐血。慈濟自 2003 年積極推行捐血活動，紅十字會有目共睹，然而，紅十字會週末幾乎已出動所有醫護及工作人員，週六、日場次飽和，只能在平日舉辦。故紅十字會與分會探討協辦「工作日捐血運動」的可行性。

分會自 2005 年 10 月推動「四合一」架構，各社區動員迅速，分會認為應有基礎人力，於是決定與紅十字會合作。開闢這項福田，除了鼓勵民眾參與工作日捐血外，更藉由活動與社區結好緣，同時為人間菩薩大招生努力。

首次的「工作日捐血活動」於 2009 年 7 月 31 日在大巴窯民眾俱樂部舉辦。此後義順東民眾俱樂部、慈濟健檢暨義診中心、淡賓尼民眾俱樂部、信佳凱秀民眾俱樂部也陸續展開每月、每季工作日捐血運動，促使更多居民就近捐血。

隨著捐血運動愈來愈社區化，截至 2014 年 12 月止，分會每季舉辦一次的

週末捐血點共有三處，分別在靜思堂、裕廊醫療中心及信佳凱秀民眾俱樂部。

「不一樣」的感受

為走入人群鼓勵民眾捐血，志工想盡各種管道積極宣導，如懸掛橫幅、廣發短訊；更到人潮集中的地方，如地鐵站、巴士站、菜市場、購物中心等，呼籲、力邀民眾響應捐血，還安排專車載送至捐血地點。

民眾踏入捐血點，從進門的接待，到捐血後的陪伴關懷，皆能感受到志工的關心。志工也把握機會分享慈濟，無論在多麼小的捐血場地，都設置看板區和人間菩薩招生區，讓民眾捐血後歇腳，吃點心、喝茶，聽志工談慈濟。也有民眾聽了志工分享後，加入大愛行列，成為慈濟志工。

對合作單位來說，與慈濟合作的感受很特別。紅十字會的領隊甘秋詩（Wendy），與醫療人員來到慈濟的捐血點，大家都覺得很震撼。因為慈濟人以熱情的歡迎曲接待他們，這是不曾有過的待遇。紅十字會許多醫護人員都很喜歡參與慈濟的捐血運動，因為這裡的志工都很友善，也樂於配合。

裕廊醫療中心營運經理林愛慧（Ivy Lim）對於志工的組織力、效率和責任感，印象深刻。活動前的佈置，捐血當日，每一站都有和藹可親的志工服務，

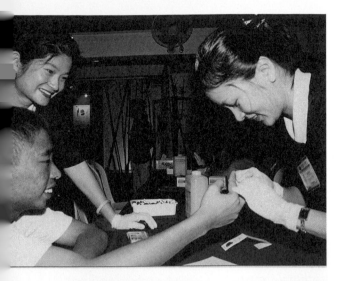

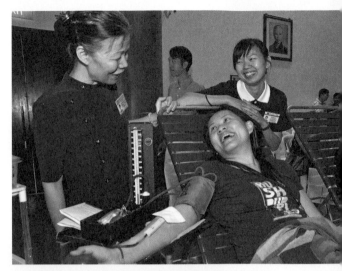

分會早期的捐血活動,也同時舉辦骨髓捐贈
驗血活動。(攝影:郭有義)

慈濟與紅十字會在全島合辦捐血運動,也藉
由活動與社區居民結好緣;捐血活動有接待
組志工,讓人感受到與眾不同的慈濟人文。

(攝影:何鴻冠)

志工積極向民眾宣導捐血活動,交通車會接送捐血者前往慈濟健檢中心捐血。(攝影:潘寶通)

四處洋溢著濃濃的溫情。當初評估合作時，裕廊醫療中心總裁陸聖烈先生也告訴她，慈濟是可以放心合作的對象。

三、捐血心語

志工響應

2003年，五十四歲的志工林淑婷（慈獻）身形瘦小，看似弱不禁風，但她很堅定地說著自己的願望。為了能夠捐血，她堅持不讓自己生病，尤其是捐血前的三個星期，她更是小心翼翼。至2014年，六十五歲的林淑婷，總共捐了三十四包血。

在英國念書的新加坡慈青詹啟舟說：「一包血不算什麼，但對需要的人很重要！」因為多年前，他的母親生病時輸了很多血，所以從1997年起，他便開始定期捐血；甚至到了國外深造，每次假期回新加坡，都會到紅十字會捐血。得知慈濟也定期舉辦捐血運動，他很高興地響應。

這是我唯一能捐的

「目前我唯一有能力捐出來的東西，就是我的血液。」

慈濟的照顧戶伊斯馬迪（Ismadi）因為一場意外導致脊椎骨間盤受損，不能夠久站，因此失去工作能力。慈濟人即

時的經濟援助及關懷，讓他感受到無限的信心與支持，也希望以實際行動回饋，因此前往靜思堂捐血。他說：「我認為愛是需要行動，而不是空口說，一個笑容也許微不足道，卻可以是另一個人的天堂。」

四、不只是一份榮耀

從2003年6月至2018年12月止，慈濟總共募集了29,513袋血。十六年來，分會年年受邀出席由新加坡紅十字會及衛生科學局聯合舉辦的「捐血之友表揚大會」，也屢次獲頒「十大活躍主辦捐血運動團體」金獎殊榮。以2010年為例，分會全年總共募集3,333袋血，是所有與紅十字會合作團隊之冠。

2013年「捐血之友表揚大會」中，紅十字會副秘書長陳麗蓮說：「過去的十年，慈濟扮演了很重要的橋樑角色，連接了流動捐血站和民眾。流動捐血站，有場地但沒有足夠人力去邀約民眾，而民眾也不曉得捐血的意義；所以慈濟志工宣導力邀。民眾瞭解後，才會養成捐血習慣，持續的捐血才能確保血庫存量，從而挽救更多人的生命。」

分會獲得表揚，不只是一分榮耀，而是更大的責任。守護生命的路，還要不斷向前邁進。

新加坡慈濟獲頒「十大活躍主辦捐血活動團體」金獎，多次得獎，因志工積極邀約民眾捐血。由唐菁悅師姊（慈菁）從衛生部政務部長許連碹博士手上接過獎項。（攝影：陳文宗）

註：

1. 衛星是英文 satellite 的直譯。座落在 HSA 大廈的血庫（Bloodbank@HSA）是總部，其餘的都是衛星血庫（Satellite Bloodbank），如 Woodlands、Jurong East 等衛星城市 (Satellite Town)。

延伸閱讀

捐血運動 2003年－2019年
—— 一點加一滴 生命延續

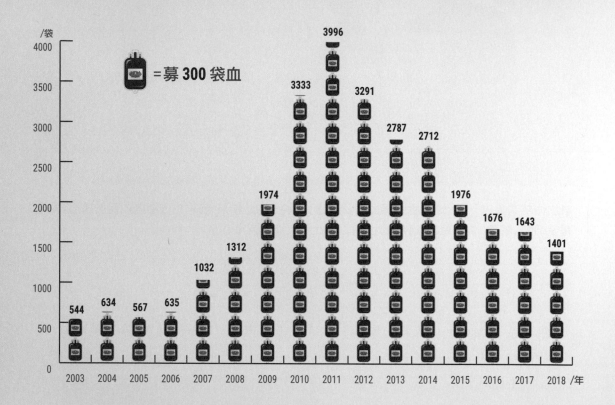

/袋

=募 300 袋血

年	袋數
2003	544
2004	634
2005	567
2006	635
2007	1032
2008	1312
2009	1974
2010	3333
2011	3996
2012	3291
2013	2787
2014	2712
2015	1976
2016	1676
2017	1643
2018	1401

處處宣導 　　專車接送 　　捐血關懷 　　接待陪伴

16年募得逾 **3** 萬袋血

2003年SARS疫情，血庫危機，首次與紅十字會合辦捐血

2008年至2018年，每年獲流動捐血金獎

新加坡每年需
逾 **11** 萬袋血

手術

54%

一般用藥

31%

血液疾病

9%

意外事故

6%

新加坡
每年捐血人數

少於 **8** 萬人

僅 **1.8**% 國人

口腔健康從「牙」起

牙科義診

新加坡慈濟國際人醫會在 1999 年 9 月 4 日成立，海外義診足跡遍及印尼、斯里蘭卡等地。隨著更多醫護人員加入，新加坡義診中心也陸續成立。

口腔外科醫師林深耀是義診中心籌建團隊之一。2004 年林深耀因罹患胰臟癌往生，在告別儀式上，同窗鄧國榮（惟正）牙醫認識了分會社工林祖慧（慈毅）及慈濟志工。林祖慧向他提及，義診中心的籌備工作尚未完成，但啟用已迫在眉睫。翌日，鄧國榮會見執行長劉銘達（濟雨），開始承擔義診中心牙科室的籌備工作。

2004 年 8 月 1 日，慈濟義診中心於牛車水成立，每週日開始為貧病與獨居長者提供免費治療。隨著牛車水會所於 2007 年底回歸業主，義診中心服務暫告一段落，直到 2008 年 11 月 1 日遷移紅山後，重啟每星期日的半天義診服務。

義診中心牙科部每星期日至四提供義診，全由人醫會成員輪值服務，無償承擔。服務對象包括藍色社保援助計畫卡持有者、建國一代卡持有者、機構轉介的特別病患或慈濟照顧戶等。

義診中心是落實醫療人文的重要所在，為民眾守護健康、守護生命，尤其是在一般診所不易得到治療的病患。

一、牙科義診

另一個長達十多年的約定，是為新加坡智障人士福利促進會（MINDS）院友提供一年一次的牙齒護理服務。2004 年 12 月 19 日人醫會牙科團隊及慈濟志工，

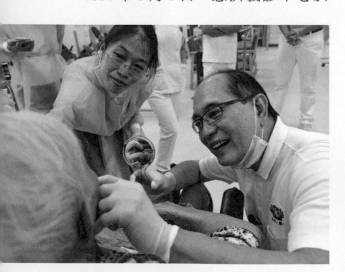

鄧國榮醫師（右）2004 年投入規劃慈濟義診中心的啟用，2008 年開始承擔人醫會副召集人。（攝影：潘寶通）

首次服務了該院六名院友。

　　自此，義診中心幾乎每年迎來MINDS院友，為他們檢查牙齒、洗牙和補牙。由於院友在接受治療時可能會產生焦慮，為了讓院友能以放鬆的心情配合治療，醫護人員和志工事先做足準備，如安排娛樂節目。

　　即使義診中心從牛車水搬遷到紅山，也不曾停止為MINDS的院友服務，鄧國榮表示：「每次開始服務前還是會緊張，面對MINDS學生的不同反應，我一直提醒自己要靜下心，訓練自己的快和準。」從2004年12月19日至2017年12月10日，人醫會共提供十一次牙科義診，嘉惠157名院友。

　　2011年，MINDS在兒童慈善總會年會中特別頒贈「服務功勳獎項」（MINDS Meritorious Service Award）予慈濟，向義診中心表達謝意。

　　2014年仁慈醫院與慈濟簽訂合作備忘錄，邀請人醫會為院友提供牙科往診服務。兩年的牙科往診服務，深獲院方肯定，2016年4月23日，仁慈醫院再度與分會簽署備忘錄，每月一次為該醫院旗下療養院提供牙科服務。

　　新加坡有半數的療養院或安老院都沒有牙科服務，雖然一些團體提供免費牙科服務，但是院友必須親自前往診所接受治療。當長者需要牙科治療時，家屬需付費讓院方安排救護車，載往醫院

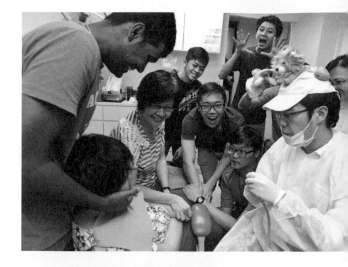

志工以輕鬆方式，讓MINDS的院友們放鬆接受牙科治療。（攝影：潘寶通）

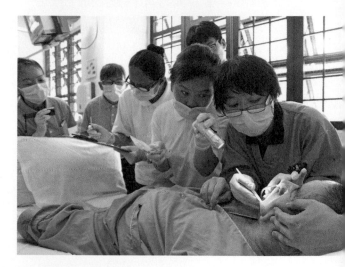

人醫會牙科醫師前往仁慈醫院，為病友治療。（攝影：李光城）

或牙科診所；有些院友家屬無法承擔費用，有些甚至沒有家人，加上人力安排吃緊，對於安老院而言是一大挑戰。

　　2017年6月24日，人醫會首次為李亞妹安老院提供牙科往診服務，也於同

日簽署合作備忘錄。李亞妹安老院負責人鄧金源表示：「這三、四年來，我們嘗試尋找慈善團體提供牙科往診服務，都無法找到。」慈濟願意提供往診服務，無疑為院友帶來很大的方便。

二、海外鄉親的約定

牙科是慈濟海外義診重要的醫療服務之一。從印尼巴淡島、柬埔寨、菲律賓和斯里蘭卡義診，都可以看到人醫會牙科團隊身影。海外牙科義診除了拔牙、補牙、洗牙，還為有特別需求的鄉民提供根管治療服務。

2004 年南亞海嘯後，慈濟多次到斯里蘭卡舉辦義診，除了內外科和眼科，牙科組也發揮極大的功能。2010 年 8 月 6 日至 8 日，分會首次移師到卡拉瓦納勒拉基地醫院（Karawanella Base Hospital）義診，由七位牙醫師、四位牙科助理與四位志工組成的團隊，帶來了洗牙與拔牙服務。

牙科區的前置作業不簡單，除了清洗場地，還需安裝各種牙科器材。牙科召集人鄧國榮累積多年海外義診經驗，因應不同國家與地方的需要，為義診做出相應的調整，包括改善看診流程、採用可攜式牙科綜合治療機等。

鄧國榮表示，以前是用同一個儀器洗牙和補牙，一旦儀器損壞，全部服務都要停止。現在採用專用功能儀器，洗牙和補牙可以個別進行，也可以服務更多病患及縮短等候時間。有些儀器是臺灣牙科團隊研發的，如手提式牙科診療箱，輕巧方便，還可以空運，在義診發揮極大的功能。

居住貧困村的鄉民比較不注重衛教，所以普遍牙齒都不健康。因此在鄉親等候治療時，醫護團隊與志工也把握機會互動，拉近彼此距離，藉機講解正確刷牙方式及口腔衛生的觀念，贈予牙膏和牙刷，鼓勵養成良好的口腔衛生習慣。

三、牙科論壇

2018 年 8 月 26 日，新加坡慈濟分會於烏節大酒店（Orchard Hotel）舉辦「手中術・心中醫」牙科論壇（TIMA Dental Conference），共吸引 478 位牙醫、牙科護理人員和學生參與。

除了牙科領域知識的分享，論壇課程更注入慈濟醫療人文。來自新加坡國立大學解剖學副教授黃以光分享在新加坡推動「無語良師」的過程與心得。「這個論壇所分享的，對我來說是全新的思考。我以為今天來聽的是一些牙科最新發展與趨勢，但真的很震撼。不是有關牙齒、頭或頸部，而是關於環境以及在這環境裡生活的人。」來自美國的牙醫瑪麗娜（Marina Spector）認為這是關於生

命的一堂課，讓患者的生活過得更好，這些都是醫師能夠做到的。

對於瑪麗娜而言，慈濟醫療人文課是個全新的學習，「無語良師」讓她知道要感恩；國際賑災、跨國義診以及新加坡的牙科義診與往診，每一個付出，讓她看到尊重。更讓她覺得不可思議的是，醫師在論壇宣導素食環保的理念，這些概念來自醫師，並非來自環境保護局人員。

牙科論壇的感動，源於人醫會長期深耕社區、跨國送愛的慈悲身影。慈濟的醫療，不分科別皆展現出對患者的愛與關懷，醫人、醫病又醫心的情操，也接引更多有志一同的醫療人員，加入大愛行列，幫助社會上有需要的人。

新加坡人醫會呈現手語〈白袍禮讚〉，為 2018 年 8 月 26 日的牙科論壇揭開序幕。

（攝影：許景盛）

四、鄧國榮醫師

鄧國榮醫師雖然是基督教徒，但是跨越宗教，在人醫會中積極投入付出。

除定期在義診中心輪值，也於 2008 年開始承擔人醫會副召集人。此外，鄧國榮經常參與海外義診，足跡遍及柬埔寨、斯里蘭卡、印尼和菲律賓等地，發揮專業，守護病人健康。

鄧國榮在接受新加坡媒體《聯合早報》採訪時透露，善用自己的專業改變別人的生活是他堅信的理念，同時希望透過身體力行，改變外界「醫生只會賺錢」的負面看法。鄧國榮記得林深耀醫師曾對他說過，要把自己當一支蠟燭，只要燭火不熄滅，就要繼續燃燒下去。

延伸閱讀

賑災結緣續守護

斯里蘭卡會務關懷

斯里蘭卡是南亞印度洋上島國，西元四世紀開始，為東西貿易站，十分繁榮。但因各國勢力入侵，先後被葡萄牙、荷蘭及英國殖民，直到1948年獨立，定國名為錫蘭（Ceylon），1978年8月改名為斯里蘭卡民主社會主義共和國。斯里蘭卡的教育因免費而普及，人民的文化水準不低；1983年因種族衝突白熱化，爆發和淡米爾伊拉姆猛虎解放組織（簡稱淡米爾之虎）內戰，戰火一度蔓延到可倫坡。長達二十六年的內戰，使得經濟停滯、建設落後。

一、驚世海嘯一擊

2004年12月26日早晨，南亞印尼蘇門答臘西北外海發生芮氏規模9.1強震，引發海嘯。斯里蘭卡受到海嘯衝擊，長達一千六百公里的海岸線，有百分之七十受創，超過四萬一千人罹難、七十八萬人淪為難民，各種基礎設施和經濟活動受到重創。

臺灣慈濟基金會於海嘯發生後的3天內，即組成三十六人的醫療賑災團，於12月29日前往重災區漢班托塔。新加坡分會執行長劉銘達（濟雨）當時正在美國，一接獲花蓮本會電話，即刻和首批的賑災團會合，前往斯里蘭卡進行醫療、物資發放及心靈重建。

醫療賑災團隊與當地政府接洽、合作，於漢班托塔基地醫院（Hambantota Base Hospital）旁一處棄用的房舍設置醫

12月29日，慈濟醫療賑災團在海嘯後的七十二小時內，抵達重災區漢班托塔；膚慰災民、探討重建。（攝影：新加坡分會提供）

2006 年 4 月，漢班托塔第一期大愛屋入厝，共 649 戶；隨即展開第二期的學校與公共建設的營建。
（攝影：新加坡分會提供）

療站。志工將空間多功能運用，作為臨時辦公室，處理急難個案。

慈濟各項援助及志工真誠的付出，讓當地居民感受深刻，自願協助翻譯、當志工。第一梯次賑災團義診結束後，政府將空間無償借給慈濟當作義診醫療站，2005 年 3 月成立「慈濟漢班托塔辦事處」處理大愛村興建事項，任職的都是曾參與海嘯賑災的當地志工。劉濟雨認為，海嘯災民需要在地志工持續關懷，故啟發人人善念，帶動更多人加入大愛行列。

二、走在最前 做到最後

短、中、長期災後重建工作在漢班托塔陸續開展，本會宗教處、營建處職工，及臺灣慈誠隊輪批駐守監工，劉濟雨也帶領新加坡、馬來西亞兩地的職工、志工，輪流到斯里蘭卡協助災後重建陪伴和帶動。

新加坡職工黃崇發（濟崇）2005 年外派到斯里蘭卡。首次駐留，黃崇發連續半年沒有返國，日日穿梭在漢班托塔各村落與村民互動，帶動慈濟人文。由於

駐留人員人數少，處理事件瑣碎繁多，他和馬來西亞職工李文傑（濟山），儼然將斯里蘭卡當成家鄉。

2008年5月，隨著國立慈濟中學、職訓所及醫療所等移交當地政府後，災後重建告一段落。新加坡分會因為地緣靠近及志業發展穩定，在證嚴上人慈示下，劉濟雨持續關懷斯里蘭卡會務。

劉濟雨考量漢班托塔地廣人稀、交通不便，多數居民生活條件貧窮落後，濟貧的福田很大，於是在2011年增設可倫坡辦公室，同步推動慈善志業，積極接引志工。可倫坡志工阿羅沙（Arosha）、偉傑納亞格（Wijenayaka）、庫馬拉(Kumara)等深受感動投入，阿羅沙也在2014年承擔斯里蘭卡據點聯絡人。

訪貧經驗傳承

自災後重建開始，慈濟就展開訪貧濟助工作，提供照顧戶生活、醫療補助及精神關懷。2009年8月，劉濟雨帶領志工前往漢班托塔，進行第一次濟貧個案總複查，針對濟助金額、醫療狀況作調整。此後持續關懷，2012年由新加坡志工組長林翠蓮（慈泰）、章愛玉（慈愛）負責訪視的關懷與經驗傳承。

斯里蘭卡訪視職工蒂牧圖（Dimuthu）說，當照顧戶生活狀況改善後，最困難的是不知如何向他們說明停止補助。新加坡志工傳授方法，耐心、婉轉地分析，讓照顧戶感覺到慈濟人的真誠。悲智雙運的態度，讓蒂牧圖受益良多。

從2008年至2018年，漢班托塔和可倫坡每月大約各有50戶個案接受援助，累計援助的戶數超過224戶。可倫坡志工也從2010年底開始，定期到維多利亞殘智障院為院友沐浴、打掃及精神關懷，讓孤單的院友感受到愛的溫暖。

人間菩薩招生

災後重建期間，駐守當地的新、馬及臺灣同仁帶動當地職工和志工，每日恭聽上人開示，也舉辦共修會。重建計畫完工後，劉濟雨及新加坡志工舉辦志工聯誼，分享靜思法脈、慈濟故事，也跟

斯里蘭卡志工培訓，培養本土職志人才。
（攝影：陳清華）

2012 年，新加坡志工承擔起斯里蘭卡的訪視與關懷，傳承經驗；當地人形容他們就像媽媽一樣，一直陪伴，至今不間斷。（攝影：新加坡分會提供）

隨本會的模式，因地制宜，舉辦歲末祝福、浴佛典禮、愛灑茶會等。

2011年8月28日首次在可倫坡的大型茶會就招募172位會眾參加。志工偉傑納亞格剛到臺灣參加「全球四合一幹部精進研習營」歸來，牢牢記住上人「回去後要多找志工一起來做慈濟」的叮嚀，他一人就邀約了80位親友參與。

新加坡志工也帶動當地的培訓計畫。2012年5月6日，101位本地志工參與斯里蘭卡首次舉辦的志工培訓。司儀用辛哈拉文教大家練習禮佛及問訊的儀軌，培訓課程由新加坡志工以英文分享，再透過當地志工翻譯成辛哈拉文，雖有語言的障礙卻不影響求法的堅定。

三、義診開跑

斯里蘭卡早年發展快，醫療在南亞國家算發達，全國有健全的衛生保健網，但是公立醫院設施老舊、專業醫師不足。劉濟雨觀察，當地人看病雖免費，但若有重大疾病需手術，有時要等上數月或數年，導致延誤病情。於是規劃由新加坡人醫會舉辦大型義診，協助患者解除病苦，並以此方式接引當地志工。

義診規劃

2008年，劉濟雨親自拜會總統幕僚長，也是總統胞弟的巴素先生（Mr. Basil Rajapaksa）。巴素先生因為南亞海嘯賑災和慈濟結緣，知道慈濟要辦義診，大力支援。他建議在離可倫坡三小時車程的薩巴拉加穆瓦省（Sabaragamuwa Province）拉納普拉（Ratnapura）舉辦義診，那裡的居民多以採茶、採礦維生，是個貧窮的省份，迫切需要醫療。

第一次大型義診於2009年8月在拉納普拉縣卡哈瓦達基地醫院（Base Hospital Kahawatta）進行，獲得良好迴響。第二次義診於隔年的3月在同一地點舉行，共有12位斯里蘭卡籍的醫師及48位護士參與。第三次義診就在距離首都兩小時的卡拉瓦納勒拉基地醫院（Base

義診現場病患成群，有的住附近，有的要轉搭好幾個小時的車程來看病，為的就是希望被救治。（攝影：鄭錦輝）

斯里蘭卡人民普遍貧窮，眼科設備也極匱乏，所以費用偏高。眼科義診為貧民帶來希望與光明。
（攝影：王綏喜）

2010 年 3 月，在卡哈瓦達基地醫院舉辦第二次義診，除了外科，還有眼科、牙科、內科等，嘉惠超過兩千位鄉親。（攝影：王綏喜）

Hospital Karawanella）舉行，此次義診開始有可倫坡志工承擔翻譯。而後，參與義診的當地志工人數越來越多。2011 年第四次義診，即由斯里蘭卡職工阿羅沙承擔總協調，帶領當地志工規劃義診。

斯里蘭卡知名眼科醫師阿瑪拉頓亞（Shamintha Amarathunga）多次協助慈濟義診病患的後續護理。2012 年 10 月的義診，阿瑪拉頓亞帶著 29 位經驗豐富的醫護團隊參與義診，平均每四分鐘就完成一個白內障手術，短短兩天共診治 296 位白內障患者。阿瑪拉頓亞醫師說：「看到病人的眼睛恢復視力，這份滿足感比金錢還重要，病人的開心就是我最大的滿足。」

詹德拉──十八年未抬頭

十八年前，居民詹德拉（Chandra）因為打翻煤油燈而嚴重灼傷，當時沒有及時治療，也沒有錢繼續就醫，燒燙的疤痕緊縮，造成脖子肌肉捲曲萎縮，頭部無法左右轉動。因為自卑，不論天氣多炎熱，她都用衣服將傷疤掩蓋，個性更加內向膽怯。

新加坡人醫會馮寶興醫師為她開刀，將頸部皮膚切開，再用腹部的皮來填補。手術後，麻醉藥還未全退，但詹德拉已帶著虛弱身軀，雙腳跪下向馮醫師頂禮道謝！十八年來，她第一次感受到脖子能轉動，發自內心的感恩！

第五次義診增加配對眼鏡服務，57 歲的居民瑪達薩米（Maadashami）左右兩眼近視、老花高達 2000 度，他常看不清巴士車號、搭錯車。他的工作是橡膠園割膠，因為視力的關係，導致常跌倒或弄傷自己。義診時，驗光師為他找出視力模糊的原因，也為他配上眼鏡，解除多年的困擾。

人醫會成立

大型義診不僅為斯里蘭卡民眾治療身體病痛，也帶動當地醫護人員投入及付出。2009 年 8 月首次義診過後，該省衛生局長卡皮拉（Kapila）、卡哈瓦達基地醫院院長迪沙帕雷拉（Tissa Perera）和社區醫療主管潘迪達（Panditha）受邀到臺灣，參加 2009 年慈濟人醫會年會，並成為人醫會的一員。同年，慈濟在拉納普拉舉辦人醫會茶會，卡皮拉等人向當地醫護人員分享參加人醫年會的心得及震撼，獲得熱烈迴響，出席的 83 人中，有 54 人立即加入人醫會。

2010 年 3 月拉納普拉縣的義診結束後，約 60 位當地醫護人員被授予人醫會制服，斯里蘭卡慈濟人醫會正式成立。迪沙醫師說，自己曾在多個地方服務，每天只是上下班，期盼多賺些錢，在加入人醫會以前，覺得醫師只是一種職業，加入後，才瞭解身為一名醫師不只有職務，還要有真誠的奉獻與承擔。

四、認同慈濟 以愛接力

慈濟義診活動吸引在地媒體的注意，除了當地 Lakbima 日報的報導，國家電視臺及 Divaina 報紙也都派員採訪，介紹慈濟在南亞海嘯的賑災概況，以及漢班托塔的災後援助，如援建大愛村、推展慈善、醫療志業等，讓更多人瞭解慈濟的付出。

2011 年 3 月，義診首次在可倫坡近郊的班達拉伽瑪區域醫院（Bandaragama District Hospital）舉行。起初慈濟人向西部省份衛生局長（Provincial Director of Health Services Western Province）西瓦（Dr. Amal Harsha de Silva）表明舉辦義診的意願時，他尚懷「有待評估」的態度；然而在義診當天看到先進的醫療設備、經驗豐富的醫護團隊，還有慈濟志工的熱誠，他一掃疑慮及擔憂，且深受感動。

翌日，西瓦在未事先通知的情況下，現身義診現場，還帶家人同來參觀，言詞之間表達對於慈濟的高度認同，同時約定下次義診依舊在班達拉伽瑪舉行。西瓦說：「非常謝謝慈濟志工所做的一切，同時啟發了本地醫護人員要行善、付出愛心、耐心對待病人。」同年 9 月，西瓦與三位醫界人士遠赴臺灣參加慈濟人醫會年會，感受慈濟醫療人文。

從 2008 年至 2018 年止，新加坡志工在斯里蘭卡共舉辦十一次義診，嘉惠超過兩萬四千位病患。慈濟志工以愛接力，拔除病苦，更重要的是啟發當地善念、善行，廣撒大愛種子。

上人肯定新加坡人醫會義診，簡易的外科手術，為貧苦人割除困擾已久的腫瘤；眼科的白內障手術，讓患者復明，同時為之去除心靈的腫瘤、開啟「心眼」，讓許多人受感動、受啟發。這次義診讓這麼多人的病苦得以減輕或拔除，身、心皆受撫慰，實為功德無量！

延伸閱讀

斯里蘭卡義診與會務關懷

——因為一場世紀災難

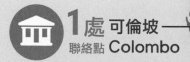
1處 可倫坡
聯絡點 Colombo

卡拉瓦納勒拉縣
Karawanella Base Hospital

義診 ×1

義診 ×2 卡魯塔拉縣
Kalutara

拉納普拉縣
Ratnapura

義診 ×3

安班南托塔
Ambalantota

漢班托塔 ——
Hambantota

發放 **7** 次
139,121
人次

2004 12月26日南亞大海嘯

2005 大型物資發放,每人兩個月物資,
逾8萬人

2008 援建漢班托塔大愛村、職訓所、
國立慈濟中學、托兒所、鄰里中心、
大愛集會堂及醫療診所
災後重建工作告一段落

2009 新加坡人醫會開辦跨國義診

義診 **16** 次
51,889
人次

2005年－2019年

2,656 公里

4 小時

斯里蘭卡　　新加坡

1處
聯絡點

1所
職訓所

1間
醫療診所

649戶
大愛村

1所
學校
20間教室
700學生

2011　可倫坡聯絡點成立，斯里蘭卡菩薩大招生

2016　大雨引發土石流，四國慈濟人前往為800戶
　　　家庭發放1,400張福慧床、2,200條環保毛
　　　毯；提供1,493位學生學習用具

2019　臺灣、新加坡與斯里蘭卡本土志工，
　　　首次為當地貧戶舉行大型濟貧發放，
　　　兩天共4,465戶家庭

教育志盛業篇

1989
臺灣慈濟護專創校開學

1993
新加坡分會每月舉辦快樂兒童精進班

2014
新加坡慈濟大愛幼教中心啟用

2017
新加坡慈濟大愛安親班開課

教育志業 1993年－2019年
──培育人才，發揮良能

自2014年

大愛幼教中心

品德教育
生活教育
人文教育

671 學生

自2007年

大愛媽媽

以媽媽的心
愛別人的孩子

70 位

自2005年

社會教育推廣中心

修身養性
終生學習

6,558 人次

自1993年

兒童班、親子班

做事自動自發
學做小菩薩

1,540 人次

自1994年

青少年班

學習服務
合群勤修養

1,234 人次

自1999年

教師聯誼會

老師心 菩薩心

200 老師

自1999年

大專青年聯誼會

藉事練心 發揮生命功能

500 人

撒播好命的種子
兒童班、青少年班

一、慈濟兒童精進班

新加坡分會──兒童學佛精進班

1993 年 3 月 14 日，分會開辦「兒童學佛精進班」，7 月劉桂英（靜蓮）回花蓮觀摩「慈濟兒童、青少年學佛夏令營」；12 月於彌陀學校舉辦四天三夜的「慈濟快樂兒童學佛生活營」。透過靜思語，讓小學生學習「慈、悲、喜、捨」的精神，融入學佛行儀，將佛法生活化，引導孩子敬老尊賢。

雖然缺乏場地，曾經借用彌陀學校、光明山普覺禪寺與寶光佛堂，兒童學佛精進班仍每月舉辦。1994 年 11 月，兒童學佛生活營結合青少年生活營舉辦，共 160 位中小學生參與。

文化中心──快樂兒童精進班

1989 年，臺灣的吳淑貞（慈立）隨夫到新加坡經商，1995 年末，她在臺北分會聽到證嚴上人談及臺北十歲國小生僅參加過兩次兒童班，就能將靜思語應用在生活上；甚至班上一位同學來不及到廁所，排泄在外，孩子竟然自告奮勇幫同學清洗。這種樂於助人的舉動，讓吳淑貞發願在新加坡推動兒童班。

過程中，臺北慈濟委員楊茹芸（慈有）鼎力相助，把兒童班作業簿改為簡體版，並結緣背包與教案。初期兒童班借用其他場地，普覺禪寺廣聲法師甚至出借藏經樓、萬佛塔，讓慈濟作為快樂兒童精進班場地。

第一屆「慈濟快樂兒童精進班」借彌陀學校週日空間舉辦，透過靜思語，學習「慈、悲、喜、捨」的精神。（攝影：楊雯婷提供）

從初期 50 位學員，兩年內增加至 102 位，班媽媽也增加至 20 幾位。為讓運作更有共識，每個月舉辦兩次「快樂媽媽研習班」。班媽媽也回臺灣尋根，參加學佛營培訓課，再到慈濟醫院當志工。慈濟的人文精神，在口耳相傳下，獲得家長肯定，紛紛將孩子帶來報名。

合併——慈濟快樂兒童精進班

1998 年 12 月 30 日，分會遷入牛車水會所，隔年「慈濟兒童學佛精進班」和「慈濟快樂兒童精進班」合併為「慈濟快樂兒童精進班」（簡稱兒童班），於會所辦理。2000 年，教聯會老師也加入一起推動靜思語教學。

兒童班課程每個月為不同主題，採用靜思語五段式教學法——體驗、講故事、省思、靜思及實踐，讓小學生將靜思語落實在生活中。不論環保、人文、禮儀等，觀機逗教的讓小菩薩在有趣的環境中吸收，在潛移默化中得到啟發！

轉型親子成長班

2001 年，兒童班已有 120 多位參與者，班媽媽卻只有十多位；為凝聚共識，隔年開始每兩個月固定舉辦隊輔媽媽聯誼。執行長劉銘達（濟雨）建議和孩子一同報名兒童班的父母，其中一人必須是兒童班的工作人員，成為日後成立親子班的契機。

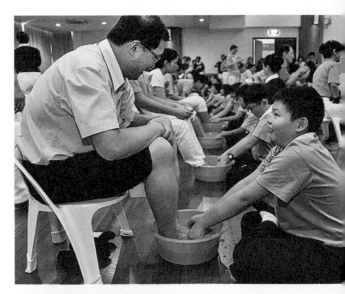

親子班顧名思義是讓孩子與父母一同上課，課程還設計為父母浴足，讓孩子感受與感恩父母日常的辛勞。（攝影：蔡佑良）

父母陪同上課，一起學習手語。
（攝影：蘇月嬌）

2005 年 10 月，新加坡分會遷至巴西立靜思堂，兒童班有了寬敞的活動空

間。2009 年，分會開始籌備第一屆「親子成長班」。同年 7 月，為凝聚兒童班、親子班、慈少班、慈青、教聯會及大愛媽媽等教育志工團隊，開始每月一次的「教育組志工共修會」。

2011 年，為整合隊輔、課務等人力，正式將「兒童精進班」及「親子成長班」合為「快樂親子成長班」。這模式一方面增進親子關係，讓父母瞭解孩子在慈濟所學，同時接引父母成為慈濟志工。

靜思語教學不僅影響孩子，也改變了家長的觀念。家長羅智勝分享：「孩子就是我們的鏡子，可以看到我們的缺點，要將心比心，要求自己做好榜樣，以身作則，教導孩子。」羅智勝難忘雙親節時，親子班課程安排孩子為父母浴足和奉茶，「要保留的是傳統的道德倫理觀念，如禮義廉恥和孝順，這比追求學業成績更重要。」

二、慈濟青少年班

1994 年分會首次辦理青少年生活營，迴響良好。1995 年 2 月開始不定期辦理慈少班活動，初期於寶光佛堂、光明山普覺禪寺等地舉辦。1997 年 8 月，開始每月定期在星期天舉辦慈少班，學員人數約一百位。

上學期課程以正面價值觀為主，如環保、如何面對考試壓力等，納入慈濟志業主題，讓孩子瞭解。下學期安排戶外教學，如農場參訪、登山踏青等，帶領孩子涉獵各個領域。

為適應青少年的特質，課務團隊意識到，慈少班不能只用單向的方式教學。2005 年，執行長劉銘達建議，生活教育可再進一步落實，讓慈少學習付出。2010 年，慈少開始參加發放日、環保、社區免費健檢、喜樂之家服務等活動。

2012 年，慈少從「聽課」的角色，轉為「付出」的工作人員，在靜思堂設大愛點播站、環保教育站、素食用餐區和人文演出等籌募慈善基金。此次經驗讓團隊意識到：「有付出，才會有成長」，更相信慈少也能成就大事。因此實施一

每年的慈濟青少年營是慈少班的一大特色。
（攝影：陳清華）

系列「慈悲計畫」，讓慈少上街宣導素食、環保。透過實踐，讓慈少為社區付出，體會自己雖然年輕，卻能發揮大良能。2013 年，慈少參與「法譬如水」經藏演繹，演出時的虔誠與專注，讓在座的家長與課務團隊感動不已。

慈少手語隊

慈少手語隊起源於 2003 年，由慈青加上慈少組合而成，參與校際觀摩賽，曾連續兩年得獎。手語隊經常在活動中呈現，不只讓人感受慈濟人文，更增加慈少的信心和舞臺經驗。

考前祝福會

2005 年起，慈少班為參與中學劍橋 O 水準會考及小六會考的同學，舉辦「考前祝福會」。慈青學長帶領慈少討論學業問題、升學目標，分享自己的學習經驗。課務志工則與家長交流，分享如何陪伴孩子度過升學階段。

孝親月

慈少班課程加入雙親節主題，以攻站方式學習按摩、烹飪、做家務、手工藝品等，鼓勵慈少回家落實孝道。為了讓慈少瞭解父母的辛勞，志工教導慈少縫紉，慈少教導志工操作電腦。通過彼此不熟悉的事務互相教導，讓慈少省思與父母的互動模式。

手語是慈濟人文特色之一，透過手語演繹，加深人文的認識。（攝影：蔡佑良）

慈少還走入社區展開「慈悲計劃」，向民眾宣導環保理念，「五省運動」。（攝影：倪志豪）

見學之旅

每年慈少班安排不同參訪,如南洋理工大學、武吉知馬山、垃圾焚化廠等。2001年起,慈少於學校假期,到臺灣參加「新馬華裔青少年華語人文營」。兩個星期的見學之旅,慈濟大學附屬高級中學的老師以各種課程,帶著慈少認識中華文化,體會人文精神。

慈少升慈青

慈青積極招募畢業慈少投入慈少班課務團隊。2010年,就讀理工學院、初級學院、工藝教育學院等的慈青組成「學院」學府(JIPOS),多由畢業慈少組成。翌年,學院學府發願成為慈少和慈青的橋樑,正式將慈少活動納入慈青會務。

三、班爸爸、班媽媽

有人說,當媽媽難,當慈濟的班媽媽更難!每月的慈少班、親子班,需要許多志工一起來成就。因此志工的聯誼與培訓更顯重要。執行長劉銘達勉勵志工教學相長,面對叛逆期的孩子,需要用智慧開導,從關懷的角度,讓孩子願意敞開心胸,實踐善的行為。

陳昭雲(濟昭)與王渼娟(慈渼)夫婦於2003年接觸慈濟。2006年,孩子升上小學,加入兒童精進班,王渼娟成為班媽媽。班媽媽主要負責每次上課的報到,在課程中隨時注意孩子的狀況及安全,帶動孩子參與課程活動。過程中,王渼娟學習如何與其他的孩子溝通,從而瞭解自己的孩子,收穫很多。2007年,分會啟動齋戒月,她的兒子響應發願,從一個月、兩個月到全素食,成就全家長期茹素的善舉。在慈濟的薰陶下,陳昭雲也開始改變自我,投入環保志工,接受培訓。他們甘願做、歡喜受,單純地堅守在教育組的崗位上,只因認同上人「教之以禮,育之以德」的教育理念。

四、菩提種子長大了

在慈濟長大的孩子從小耳濡目染,心中植下善的種子。長大後,他們依然在慈濟路上前行,接受志工培訓而受證委員慈誠。來自臺灣的李俊賢(誠賢),因在慈濟感受到家的溫暖,慈少畢業後加入慈青,繼續留在慈少班服務,回饋付出。李俊賢在2011年受證慈誠,成為第一位受證的慈少。

幫師公扛天下米籮——張佑平

同樣來自臺灣的張佑平,十一歲隨父母來新加坡定居。因雙親投入慈濟,他於2005年報名慈少班。中學畢業後,他以慈青身份回到慈少班承擔課務,長

達八年，也是「初級學院」（JC）和工藝學院（ITE）慈青聯絡人。初級學院慈青曾一度面臨只剩下張佑平與兩位慈青學長的窘境。為突破困境，張佑平與學長建立了「慈少升慈青」的陪伴機制。

為加深慈少的學習效果，張佑平在2012年嘗試以「嘉年華」的模式與團隊籌劃慈少營。慈少在為災民募款的承擔中發揮良能，促成慈少班「做中學」的教育方式。2015年，張佑平回到臺灣本會宗教處服務，希望能「幫師公上人扛天下米籮」，延續慈濟精神。

慈濟的孩子——楊雯婷

楊雯婷是第一屆兒童精進班畢業生，爾後加入慈少及慈青，後來到臺灣慈濟大學就讀大眾傳播系，是慈濟大學第一位外籍學生。畢業後，選擇留在臺灣本會工作，透過整理上人開示、編纂慈濟歷史，步步瞭解上人的思想脈絡。

在慈濟長大的楊雯婷，尤其堅持「環保、素食」，也落實在生活中。一年趁著春節回到新加坡，天氣炎熱讓她直想喝冰咖啡，見她在臉書貼上一張提著水壺買咖啡的照片，寫著：「慈濟人，我們要環保下去呀！」楊雯婷以身作則，帶動年輕人，以行動帶動。

上人說：「我們要為年幼的小菩薩鋪好一條路，立一個人生目標，使他們朝正確的方向前進，那麼未來的社會一定

慈青張佑平向慈少們講解肉類食品的加工過程，同時鼓勵慈少應以素食來救地球。
（攝影：彭佩文）

很光明。」慈濟兒童班、親子班多年來將一顆顆好種子播入學生的心田，加強父母與孩子間的互動，彼此成長。慈少班則以多元化的活動帶動青少年，從中啟發善與愛，引導邁向積極的人生。

延伸閱讀

青年覺醒與承擔

慈青聯誼會

1992 年 5 月 31 日，慈濟大專青年聯誼會（簡稱「慈青」）在慈濟臺北分會成立。證嚴上人對慈青有三項期勉——利用課餘時間做慈濟、培養悲天憫人的胸襟、學習與各式各樣的人相處。

一、慈青 在獅城發芽

陳立基、詹啟舟和韓正國是推動新加坡慈青的最早成員；陳立基、詹啟舟是在新加坡深造的臺灣留學生。1996 年 6 月，陳立基在分會負責人劉桂英（靜蓮）的鼓勵下，舉辦了首次慈青茶會，接引了護士林麗君，成為後來志業發展的重要推手。年底，他們首度回臺灣花蓮參加慈青營隊。

1997 年新加坡國慶日，慈濟文化中心借光明山普覺禪寺，舉辦慈青一日營，參與者有 68 人。1998 年 6 月，新加坡慈濟參與國際書展，三位年輕人著手策劃編輯「慈青特刊」，作為年輕人認識慈濟的首份簡介。

爾後，慈青在 1999 年創立慈青會訊，2000 年發行紙本刊物《牛車水慈青行》。2006 年起，新加坡三所大學慈青社各自製作中、英文版的電子刊物，透過電郵推廣慈濟。

二、校園招生 架構齊備

1999 年，馬來西亞博特拉大學畢業慈青黃章威（濟威）因工作來到新加坡，成為慈青會務的重要推手。黃章威中學時，在一次幸福人生講座中，看到慈濟

1999 年 5 月 30 日，慈青第一次在牛車水會所舉辦迎新茶會。（攝影：新加坡分會提供）

援助華東水災畫面，很感動；十八歲到老人院參訪，覺得個人的力量太微薄；參加慈濟大專青年營後，一再反問：「年輕的我們，能為社會做什麼？」

黃章威到了新加坡，發現慈青很少。秉持著「拓荒者」的精神，他發願號召更多年輕人加入為社會付出的行列。黃章威與幾位新加坡慈青，先去參與馬來西亞的慈青營隊，把經驗帶回新加坡。他們以迎新茶會為起點，從南洋理工大學開始聚集善的力量。同年，在分會負責人張紅玲的引導下，新加坡慈濟大專青年聯誼會正式成立。

開始的招募並不容易，慈青們要更誠懇、主動，才能招募到有心的當地青年。在手機不普及的年代，黃章威還用公共電話，一一邀請同學出席慈青活動。「我們的累比起上人的累，不算什麼，歡喜心是推動力。」逐步發展架構，讓每所學校都有聯絡窗口、每位慈青都有歸屬的組別，參與人數因此增加。

牛車水分會與南洋大學、新加坡大學仍有一段距離，為方便大家就近開會、討論與共修聞法，也借用慈青學長租賃的組屋，設立「慈青之家」。

隨著慈青人數增加，慈懿校輔於2003年2月走入各校園陪伴，成為慈青和學長的橋樑。慈青學長在校輔的帶動下，朝社區志工的方向邁進。三力相「協」，共同推動慈濟的青年組織。

2000年1月，黃章威、李健群（誠群）等慈青終於在牛車水分會舉辦第一屆「慈濟大專青年生活營」，提倡行善、行孝兩大觀念，同時帶青年們到老人院關懷，啟發大學生的良知良能。爾後每年固定於大學開學前夕，舉辦為期三天兩夜的營隊，不曾中斷。唯2003年、2004年因牛車水會所空間不足，將營隊帶到馬六甲靜思堂舉辦。每年的營隊都由慈青幹部規劃、承擔，經由每次的合作，培養出一梯又一梯的新加坡慈青種子。現在分會許多志工與功能組負責人，都是因慈青營隊而加入慈濟。

突破困境

慈青架構雖已完整，也持續著機構關懷、營隊活動，但是校內慈青人數卻逐年下降。2008年，推動小組和執行長劉濟雨多次檢討，發現慈青發揮的場域雖然不少；比如配合分會的捐血活動、獨居長者關懷日、資源回收、印尼義診等。可惜經過多屆交棒，大部分慈青對於定位越來越模糊。劉濟雨建議頻繁舉辦慈青共修，透過會議傳承理念、共識善念，緊扣知行合一的目標。

新加坡慈青原本多是馬來西亞籍和臺灣籍。2010年，理工學院（Polytechnic）及其他學院的聯絡網整合成「學院」聯絡網；學院聯絡網的成形，漸漸深入本地，接引更多新加坡籍的青年學子，與

慈濟志工的孩子，開啟新加坡慈青本土化的步伐。

三、喜樂之家關懷行

1999 年，黃章威從報章報導中看到義工團體在喜樂之家付出的畫面；他發願，有朝一日也要走入這片大福田。2000 年 12 月，二十五位新加坡慈青到花蓮參與全球慈青日、海外慈青幹部訓練營，參訪了新莊的痲瘋病院——「樂生療養院」。此行激勵慈青們，回國一定要承擔起機構關懷的工作。

「新加坡痲瘋病救濟之家」是新加坡唯一的痲瘋病院，建於 1971 年，位在東北部。早期的平房多以鋅片為頂，木板作牆，經數十年風雨，不但老舊，還有蟻患。院內八十多位早期罹病的院友已屆暮年，平常少有人探訪，生活平靜而寂寥，2001 年 2 月 25 日，慈青首度入院關懷。「喜樂之家」是慈濟人取其英文諧音「Silra Home」（Singapore Leprosy Relief Association）而名，希望院友能撥開病苦，喜樂常在。

慈青初來，院友抱著觀望的態度與戒備的心理，因為他們太久未與外界接觸，多數不喜熱鬧。慈青和志工以一對一隨側陪伴的方式，將年輕人的活潑熱忱發揮在餵食、按摩、團康帶動中，慢慢和他們建立感情。慈青總會畢業，為

讓關懷一棒接一棒，學長姊還為每位老人建立個資檔案本。

除了每個月的關懷，幫忙清理居住環境，慈青還會陪伴老人家走出戶外，安排靜思堂志業參訪、音樂手語劇觀賞、植物園出遊等活動，也會因應節日舉辦慶祝與表演。

「沒人來參訪時，生活一天天過去；你們來了，不但開心，也覺得日子不再那麼漫長。希望年輕人的青春活力，能讓這群被遺忘的老人重享天倫之樂。」喜樂之家負責人 Emily Soong 回憶。

2005 年 9 月，喜樂之家從甘榜式舊建築遷至萬國埔（Buangkok Green）大樓，環境改善，慈青也無需再為院友打掃環境。關懷喜樂之家的團體也變多了，尤其每逢佳節更熱鬧，而早年關懷的八十多位痲瘋病老人僅餘三十多人。商討後，慈青於 2009 年 12 月最後一次關懷，在喜樂之家的服務也圓滿結束。

慈青九年不曾間斷的關懷行，也帶動院友的愛心善念。2008 年 5 月，四川汶川大地震、緬甸納吉斯風災接連發生，喜樂之家的院友也為受難的災民祈福。宋國華（72 歲）和洪阿林（80 歲）兩位阿公，雖僅領取政府每月提供的福利金，卻將沉甸甸的竹筒捐出。

上人勉勵：「人生最感動人的行動就是愛，新加坡的慈青利用時間關懷老人和痲瘋病人，協助清理。年輕人懂得自

在早期學長姊的號召下，2001 年開始，慈青每月到喜樂之家關懷院友，發揮青年良能。（攝影：黃順偉）

早期的喜樂之家，院友與慈青相聚的大廳是以鋅片為頂，木板作牆；慈青來訪，都讓老人們歡喜無比，如祖孫一般的情誼。（攝影：新加坡分會提供）

新加坡「慈青之家」於 2003 年 4 月 6 日啟用；早期的慈青除了到牛車水分會共修、開會，也會到學長學姊租借的房子討論、聯誼。（攝影：何鴻冠）

愛，不僅能讓父母安心、歡喜，更是報父母恩，這才是真正的有智慧。」

四、素食英雄推廣

為落實上人「用鼓掌的雙手做環保」的呼喚，慈青除參與每個月的環保日、海邊淨灘外，南洋理工大學慈青更於2003年6月第一次入校園推廣環保；新加坡管理大學慈青也於2004年9月舉辦第一次的校園素食義賣會。2006年，管理大學和國立大學的慈青在校園帶動慈濟愛護環境的理念。

2010年適逢慈濟環保二十年，臺灣和馬來西亞慈青分別發起「時代青年千萬素，減少百萬CO2」，邀約改變飲食，減緩地球暖化。新加坡慈青於2011年4月啟動「素食英雄」計畫（Veggie Hero，簡稱VERO），將環保及素食議題融入所有活動，這成為新加坡慈青年年舉辦的運動。

2011年，「素學地理跑透透」活動，VERO們街訪民眾對茹素的看法，同時傳達素食護地球的觀念。

2012年，慈青以年輕人的角度出發，從「素食料理大挑戰」，到蔬果批發市場計算蔬果里程，啟發大學生珍惜食物、珍惜地球。手機普及的時代，慈青也發起「攝在好食」，讓青年們將美味的素食拍照上載臉書。

2013年，慈青實踐素食八分飽，節約用餐金額，將剩下的兩分投入竹筒，布施給更需要的人。VERO核心團隊開始深耕校園，在跨校活動中分別融入四個主題，「減兩分口欲，增兩分善念」、「減兩分浪費，增兩分功德」、「減兩分享受，增兩分福慧」、「減兩分抱怨，增兩分感恩」。

2016年，「VERO GO！」活動，慈青們以地鐵站為中心，搜尋附近的素食料理，並與店家互動。大家開始發現，原來生活圈裡有這麼多特色素食。

2017年，「VERO 7.0」活動，慈青們以環保知識拼湊地圖，找尋提示，為勸素努力發揮巧思。

新春義賣，慈青舉著小型看板，穿梭在人潮中，分享環保、八分飽的理念。（攝影：潘寶通）

| 慈青 VERO「素食英雄」將環保和素食融入所有活動，這是新加坡慈青的標誌。（攝影：蔡岳國）

　　從環保結合素食，慈青運用創意結合素食的理念，除了為年輕人策畫素食活動，也承擔起分會推廣素食的責任。2018年春節，配合慈濟新春慈善義賣會，慈青以素食為主題，讓大家從遊戲中學習，如何改變原有的飲食生活習慣，減輕地球的負擔。

五、淨心演繹

　　2014年，慈青發起「浩瀚父母恩」音樂手語舞臺劇演繹。從臺前到幕後，九個月的企劃與籌備，是慈青團隊歷來最大的承擔，動員近三百人，包括演出的75位手語和64位戲劇演繹人員。

　　2013年10月香港分會舉辦「法譬如水」經藏演繹，新加坡「法譬如水」團隊前往觀摩、取經。慈青學長余承翰（誠肯）、學姊許翠琴（懿羚）深深感受入經藏的意義與影響，當下萌起帶領慈青入經藏的念頭。同年11月，慈青達成共識，發願完成一場經藏演繹。

　　2014年4月，大學考試期間，慈青啟動邀約模式走訪校園宿舍，送考前祝福

慈青「浩瀚父母恩」音樂手語劇首次總彩排。（攝影：潘寶通）

2014 年，新加坡慈青十五周年，慈青策劃在南洋理工大學舉辦三場「浩瀚父母恩」演繹。
（攝影：陳清華）

包，同時邀約同學參加演繹。考試後，南洋理工大學（NTU）、新加坡國立大學（NUS）、其他大專院校及畢業慈青成立校園推動小組，極力邀約同學參與慈青的讀書會與演繹。

有願有力

語言是新加坡慈青入經藏最大的挑戰，《父母恩重難報經》偈頌文雖然淺顯，但對於慣用英語的年輕人而言，要深入經文確實不易。更何況要用華語將經文意境透過手語來教導，更是難上加難。為了加強對經文的理解，慈青人文真善美團隊將偈頌文重新排版，製成中、英對照的手冊，方便大家閱讀。

慈青以「入經藏」的願心，在各大專學府共舉辦十八場讀書會，深入佛典內涵；並推動一〇八天齋戒，體現身心的虔誠。延續 2011 年推動「素食英雄」運動，勸素深耕校園的作法。為配合演繹，VERO 團隊轉型成「齋戒推動組」，利用每一場讀書會前十五分鐘，循序漸進勸素主題宣導，推廣身口意的清淨。

齋戒推動窗口鄭慧玲說，一開始，她所認知的齋戒只停留在以慈悲心出發的護生觀而已，但齋戒推動組推廣的齋戒觀，如減碳救地球、素食吃得營養均衡，讓她大開眼界。

慈青雖有願力但歷練不足，許多早期的畢業慈青紛紛歸來，陪伴和傳承經驗。邱麗蓮（懿蓮）曾籌辦 2004 年和 2006 年的音樂手語劇，雖然需兼顧工作，她仍當不請之師，投入陪伴年輕的導演群。邱秉柔（懿可）曾承擔演繹手語種子窗口，對於統籌手語名單和安排練習有經驗；她召集同學開共識會，培養團隊默契。

經歷八個月籌備，9 月 20 日至 21 日終於在南洋理工大學南洋大禮堂公演三場，共 4,250 位會眾參與。演繹人員有在籍慈青、慈青學長姊、懿德校輔爸媽以及社區志工，另外還邀請到國會議員楊木光同臺。

青年如準備展翅高飛的小鳥，稚氣但有無限勇氣；成為慈青，有諸多因緣讓他們承擔與考驗；精舍法師的指導、校輔爸媽的關懷使他們備足養分，在人生旅程中，有智慧面對更廣闊的未來。

  延伸閱讀

慈青發展史 1999年－2019年

—— 新加坡青年，有愛

1999 新加坡慈濟
大專青年聯誼會
正式成立

每年於大學開學前
辦理慈青營隊

2000

慈青靜思營

YOUTH CAMP

2001

喜樂之家關懷

SILRA HOME VISITS

慈青承擔機構關懷
為痲瘋病患服務

ERO

素食英雄歷年人數
慈青營隊歷年人數

約 500 位慈青

利用課餘時間做慈濟
培養悲天憫人的胸襟
學習與各式各樣的人相處

2004、2006、2013年
參與《父母恩重難報經》
「法譬如水」演繹
2009、2014年承擔
「浩瀚父母恩」演繹

2010

素食英雄

VERO

開始將環保
及素食議題
融入所有活
動未曾間斷

2004

經藏演繹

DHARMA AS MUSICAL

傳承慈濟
歷史的腳步......

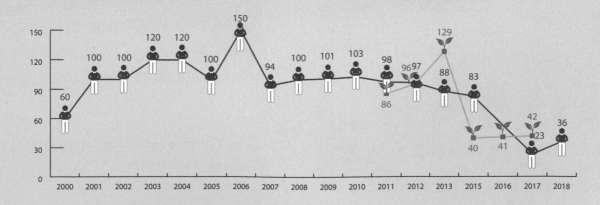

深耕靜思語教學

教師聯誼會

1992年，「慈濟教師聯誼會」（簡稱教聯會）成立，以團體研討的方式，將靜思語落實在教學中；希望能培養學生正向的品德和修養，學會待人處世的方法，以彌補道德教育的不足。

1998年7月，臺灣教聯會一行十人，由吳秀英老師帶隊，參與由新加坡華文教師總會及福建會館聯合策劃舉辦的「德育教學成果分享研討會」，約九百位老師出席，會中分享靜思語教學，反應極佳。同年11月，華教總會再辦「靜思語德育教學研討會」，廣邀華文科部主任、華文老師及家長參與。12月，四十五位新加坡中小學校長和老師來臺灣觀摩「靜思語」教學。

教師聯誼會成立

1999年7月，分會邀請臺灣教聯會舉辦「靜思語教學成果分享研討會」。當時的培群學校校長，也是華文教師總會會長陳經源（Chen Keng Juan），非常認同靜思語教學，希望能積極促成新加坡德育教學的深度化。

7月26日，陳校長起草寫章程，向教育部提議，將靜思語德育教學納入教育體系。7月30日接到新加坡教育部回函，表示慈濟的道德教育、教學方法與新加坡「公民與道德教育」課（Civics and Moral Education，CME）內容相似，無法納入正規課程。

8月，新加坡「慈濟教師聯誼會」成立，共有三十餘位臺灣教聯會教師出席。教聯會陸續舉辦各項靜思語教學研討會，更於2000年12月舉辦「新加坡

1999年7月，臺灣教聯會到新加坡舉辦「靜思語教學成果分享研討會」。
（攝影：新加坡分會提供）

教師靜思語教學觀摩尋根之旅」。

推動困境

初期教聯會的活動很少，只要有臺灣
講師過境新加坡，或是馬來西亞有教師
研習營，新加坡教聯會便會積極促成交
流。執行長劉濟雨認為教聯會的目標，
應以教師接引教師，多在校園舉辦靜思
語教學研討會；只有教師改變自己，才
能改變學生。靜思語教學的精髓，在於
老師心中對學生的愛，沒有愛，什麼都
做不到，教師才是校園的種子。劉濟雨
說：「人應用雅言正語，靜思語是一種
精神內涵，不是教學技巧；是一帖良藥，
不是一把鑰匙。」

2007 年 7 月，臺灣教聯會總幹事陳乃
裕，帶領十一位老師、十位大愛媽媽及
五位慈濟大學同學從吉隆坡、馬六甲到
新加坡，展開一周的靜思語教學研習課
程巡迴分享。

新加坡教聯會的成長始終不彰，劉濟
雨說：「教聯會主要的推動者應為教師，
若教聯會帶動不起來，教育志業推動會
有問題。即使親子班、慈少班做得再
好，無法接引老師和家長，就該重新思
考推動的方向及調整腳步。上人說要有
願力，我們推動志業也要有願景，必須
化被動為主動。」

2012 年 11 月底，由臺灣曾裕真老師
及教育團隊六人，在新加坡兩天，展開

**1999 年 8 月，新加坡教聯會正式成立，老師
在課堂上以輔助正規課程方式融入靜思語
教學。**（攝影：新加坡分會提供）

**為讓新馬老師們能更貼近靜思語教學的內
涵，早期每年都會舉辦「馬來西亞暨新加坡
教聯會尋根之旅」，親身感受慈濟人文與教
育之美。**（攝影：何瑞昭）

六場大小會議、心靈講座，與本地老師
及志工進行交流；教育團隊也走入菩提
小學，介紹靜思語教學。

一系列研討、深度交流讓新加坡教育

新加坡慈濟史　173

教聯會李美金老師以攻站遊戲讓教育工作者瞭解，全球每年被浪費的食物足以供應 1,800 萬人。
（攝影：卓嘉苓）

志業的方向重新釐清。團隊重整步伐，定期舉辦「靜思語教學分享會」，把推動工作循序定為「優先接引、深入瞭解、力行落實、校園推廣」四項。讓教師在校園內落實慈濟教育理念，而非接引教育工作者投入慈濟活動。

2013 年共舉辦四次「靜思語教學種子老師培訓」，其中兩次由臺灣本會支援，另外兩次則由分會自行舉辦。8 月臺灣教聯會三名講師來到文殊中學，為 230 名老師和大愛媽媽分享「靜思語教學」，這是教聯會步入中學的第一步。

困境中努力不懈

然而，在新加坡的教育體系下，授課之餘，老師得處理許多行政事務，靜思語教學很難在校園內展開。於此同時，校方對於宗教性團體較謹慎，所以有諸多限制。新加坡教聯會無法在當地學校進行靜思語教學，因此轉型承擔兒童班、青少年班的課程教案。

少數教聯會老師仍默默在校園推廣靜思語教學。中正中學紀翠雲老師喜歡在學生作業的空白處寫靜思語；學生拿到

作業簿時，總會好奇地翻到最後一面，先看老師寫什麼，才看題目。此外，學生值日班表、班級壁報也放著靜思語，隨時啟發、種下好的種子。

有個籃球隊學生考試成績差，紅了眼眶。紀老師見狀，用靜思語發短訊鼓勵他：「人生不是球球好球，有歷練的強打者，隨時都可以揮棒。」2008年，念大二的學生回到母校，拿出短訊和紀老師說：「老師您還記得這短訊嗎？我換了四支手機都還保留著！」

新加坡教聯會負責人陳品儒，工作之餘積極以手語、慈濟歌曲、研討會等方式推廣靜思語教學。她也積極在教聯會裡推廣素食。新加坡教聯會雖有重重困境，仍有老師精進不懈，將「靜思語」灌溉到每一株自己接觸到的幼苗，期待有朝一日能茁壯。

上人曾對全球教聯會老師開示：「很多家長也被靜思語影響，使家庭有所改變；因為靜思語教學，加強家長與孩子間的互動，因而解除一些家庭危機。感恩種子老師讓靜思語教學推廣到國外；有香港、新加坡的老師，為了靜思語教學，千里迢迢到臺灣，和臺灣的老師交流教學心得。將一顆顆好的種子播入學生的心田，落實在生活中，開拓出靜思語教學這片天地，這是大家一起用心耕耘、播種，才有的成果。」

分會每年邀請臺灣慈濟教聯會老師蒞臨分享靜思語教學經驗，也帶動手語團康，切磋正向的教學模式。上圖新加坡靜思堂，下圖彌陀小學。（攝影：陳清華、伍振洲）

延伸閱讀

終身學習有法度

社會教育推廣中心

一、人間菩薩招生

1993 年，新加坡分會成立。上人慈示新加坡當以人文、教育為發展方向，致力於人間菩薩招生。2002 年 2 月 23 日，新加坡靜思堂舉行動土典禮，在規劃時，即特別著重教育的需求空間。分會執行長劉銘達（濟雨）認為，應延續臺灣社會教育推廣中心（簡稱社教中心）的功能；以慈濟人文為核心，落實生活教育，接引民眾，進而影響家庭，達到社會祥和的目標。

2005 年 12 月 18 日新加坡社教中心啟用。這是慈濟繼馬六甲、吉隆坡及檳城後，在海外成立的第四個社教中心。

克服小空間

新加坡寸土寸金，社教中心在靜思堂只有兩間教室，且需與各項活動共用，因此僅於週一至週五上課，週末則全部作為分會活動使用。

教室少不是障礙，社教中心將每一個空間發揮得淋漓盡致，如素食烹飪班在齋堂，瑜珈、太極拳在佛堂上課；在一樓大廳彈古箏、在會議室桌上鋪報紙上樸實藝術課等等。老師和學員的應變力，不受空間調動影響；若有大活動，社教中心也會轉移場地或順延。

經營雖艱辛，但大家護持的心卻很踴躍。為了順利開班，若有哪個班級人數不足，教育志工就會自己報名當學員。隨著課程逐漸穩定，班級數也從每學期三班，到最高紀錄近三十個班級。

培育師資

劉銘達強調，社教中心一定要有靜思茶道、真善美花道、手語、心素食儀等慈濟人文課程。慈濟人文也需要老師引介，社教中心聘請專業教師，還特別重視老師的氣質和修養。

2006 年 2 月，社教中心啟用隔年，五位新加坡志工特別到臺灣彰化接受為期三個半月，共九十六小時的「蕙質蘭心」、「靜思茶道」及「真善美花道」等課程的種子老師培訓。

2006 年 2 月至 8 月，臺灣社教中心團隊分別在馬六甲、吉隆坡、檳城及新加坡四地舉辦妙手生華手語、真善美花

志工每年都到臺灣受訓成種子老師。邱旻蕙、李叔靜為手語老師；林慈獻、薛淑如等為素食烹飪班召集人；楊慈翡為靜思茶道召集人；張慮惇為靜思花道老師。（攝影：戴小同）

道、心素食儀師資種子研習營，為培養師資打下基礎，加速海外師資的成長。

志工軟實力

「起立、立正，向老師問好！」依循傳統禮節，每堂課前課後，上課學員都會向老師道感恩。每個班級還有一至三位教育志工伴隨，當老師及學員的橋樑；課前聯繫學員，課中輔助老師、準備器材，還分享靜思語、介紹慈濟理念。志工的細心，就是要營造課室像家一樣的氛圍。

藍桂鳳（慈意）承擔多個班級的教育志工，哪裡缺人就到哪裡補位。「原本先生反對我在慈濟，有一次邀約他來參加結業典禮，看到我付出的喜樂，他慢慢改觀。」晚間課程，藍桂鳳總擔心上班族學員來不及用晚餐，經常準備點心，像照顧家人般貼心，讓學員安心學習。2015 年 9 月，藍桂鳳成為社教中心職工，推廣社教會務不遺餘力。

教育志工是社教中心的軟實力，為提升彼此的共識，職工歐陽婷婷提議舉辦「人文志工共修」。從 2006 年 9 月開始，每月一次的溫馨茶會，無形中接引不少會員及志工。

靜態展

社教課程在每學期結束後，都會舉辦成果展暨結業典禮，邀約學員家屬及會

眾來觀禮，志工也藉此菩薩招生。2015年 12 月，分會舉辦「阿比阿比河鄰里環保展」，社教中心也同步進行成果展暨結業典禮。

當天，白沙榜鵝集選區國會議員張志賢（後為新加坡副總理）等來參觀結業典禮。張志賢先生不只品靜思茶，還當場揮毫，鼓勵大眾參加課程，終身學習，還能膚慰心靈。

二、感動與回饋

許多講師在長期接觸慈濟後，深受慈濟人文感動，成為志工。

廖秀添受到百歲義工許哲女士的影響，五十多歲開始學瑜珈。社教中心成立後，透過志工高美英（慈娤）的介紹前來授課，首次接觸上人的靜思語，非常震撼。她讚歎學員及志工，態度總是和氣、謙卑，尤其尊師重道的精神，是一般坊間教學無法感受到的。

廖老師以身作則，每次上課都和學員一起朗誦靜思語，分享慈濟故事，將慈濟人文融入課程，也積極在課堂中菩薩招生。因此瑜珈班學員加入慈濟，成為會員的比例非常高，廖老師接引的會員就超過 150 位。

另一位譚春文老師從事古箏教學數十年，2006 年來慈濟社教中心授課。慈濟不分種族、宗教，拔苦予樂的精神感動了譚老師。2008 年慈濟為汶川地震及緬甸納吉斯風災募款，譚老師號召同好及學員在兀蘭聯絡所舉辦古箏義演，將門票收入全數捐給慈濟賑災。

三、人文教育在社區

社教中心以課程為媒介，接引無數會眾走入靜思堂，加入大愛行列。2005年，梁玉玲（慈傃）因女兒值叛逆期而苦惱，有一次到中醫診所看病，遇到教育志工；她為女兒報名慈濟青少年班，自己和先生報名瑜珈班。

梁玉玲與先生被上人的悲心感動，開始積極參與慈濟活動，從學員變成教育志工。夫妻同修，在 2009 年受證委員、慈誠，慈濟成為終生的依歸！

靜思茶道課有很多對夫妻報名上課，最高紀錄曾有四對同在一班。有一次上課，學員莫兆新被老師逗得大笑，卻讓同在班上的太太顏麗絲開心地掉下眼淚。顏麗絲已經很久沒有看到先生的笑容。莫兆新說，夫妻一起上課，志同道合，課中有說有笑，解開了壓力。

陳淑麗面對先生罹癌驟逝，獨自撫養一對年幼兒女，心情一時無法調適，脾氣暴躁經常失眠。一家三口參加樸實藝術課程後，情緒得到抒發，也在孩子的作品中，看到孩子的內心世界，藉此改善彼此的緊張關係。

2008 年，首次開設素食料理教學課程。
（攝影：翁如鴻）

社教中心課程不分老少、種族，連馬來同胞
也來學習書法。（攝影：方明音）

花藝作品完成，學員虔誠供花。（攝影：王素真）

靜思茶道三分茶、七分法非常有深度，社教中心開設靜思茶道體驗課，讓民眾也能受慈濟人文薰陶。
（攝影：新加坡分會提供）

學員作品靜態展，有壓花藝術、花道、書法、彩墨、拼布手工及攝影。（攝影：陳清華）

2011 年素食烹飪班開課，張秀珍帶著行動不便的媽媽一起參加。雖然工作忙碌，但是每個星期一定陪伴輪椅代步的母親前來。多年來，每週兩小時的聚會，讓母女的感情更深厚。母親找到生活的重心，兩人也多了共同話題；更開心的是，家人從抗拒素食，到慢慢學會品味素食，這是一大收穫。

四、堅守開課十四年

楊淑元（慈酺）1998 年因為孩子報名兒童班而加入慈濟，原先承擔兒童班的副組長，後來接任文宣組副組長，負責活動報導、期刊編輯等工作，在 2004 年受證慈濟委員。2005 年分會籌備社教中心之初，尋覓合適人選承擔，楊淑元脫口說「我來負責」，而接任和氣社教幹事一職。

社教中心成立不久，她便思考如何將慈濟人文落實在社教中心。除了參加臺灣社教中心為海外志工所舉辦的種子師資培訓課程，也學習經營方式及志工帶動。做中學、學中覺，每次返回新加坡，楊淑元就從逐步摸索及改進運作模式中，深深體會上人成立社區道場的用心及慈悲。

人文教育課程是社教中心推廣的重點，但是海外資源有限、師資人才缺乏。從 2008 年開始，楊淑元每年都帶隊前往臺灣上社教課。回新加坡後，定期舉辦共修。

同時身兼靜思茶道召集人的楊淑元，非常認同靜思茶道的理念，所以也在新加坡社教中心開設靜思茶道體驗課。社教中心課程多元，為達成慈濟人文的共識，偶有團隊磨合不易的考驗。楊淑元好幾次都想放棄，但是看到學員上課後的改變，仍堅定承擔。

楊淑元深刻體會社教中心是個度眾的道場，老師有專業技術，也有人文情懷。學員上課有回家的感覺，自然就能被引入慈濟，這樣的心念讓她一直堅持下去。多年耕耘終於開花結果，慈濟人文課程深受會眾歡迎。

上人說：「世間有許多缺憾，唯有愛能彌補，使缺角圓滿，而社會教育就是彌補缺憾的一部份。課程規劃應以慈濟精神為主，讓對慈濟有興趣、認同的人來進修。慈濟無法在每個地方籌辦正規的教育機構，但慈濟人文的推廣不應遲疑，甚至要積極。」

開辦社教課程，各地或有不同的考驗與困難，但上人始終鼓勵：「對的事，做就對了！」

延伸閱讀

 # 社會教育推廣 2005年－2019年
—— 慈濟人文在新加坡

6,558 人次
社會大眾

- ☑ 學習新技能
- ☑ 認識慈濟人文

社教老師
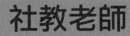
- ☑ 專業課程
- ☑ 課程融入人文

1,221 人次
教育志工
- ☑ 聯繫學員
- ☑ 協助老師
- ☑ 推廣慈濟人文

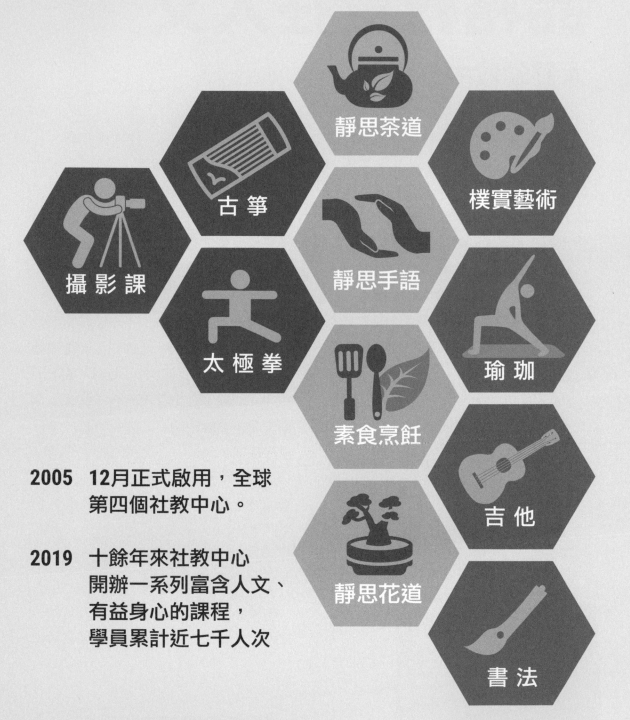

靜思茶道

樸實藝術

古箏

靜思手語

攝影課

太極拳

素食烹飪

瑜珈

吉他

靜思花道

書法

2005 12月正式啟用，全球
第四個社教中心。

2019 十餘年來社教中心
開辦一系列富含人文、
有益身心的課程，
學員累計近七千人次

品格教育在人文

大愛幼教中心

新加坡政府重視學前教育,對於學前中心的地點、環境要求甚嚴,評估考察的條件很多。設在組屋區的學前教育機構,除需爭取該區基層的同意,也要和其他幼教中心競標。

1993年9月,新加坡慈濟分會成立。志工多次提出開辦幼教中心的構想,希望以靜思語教學為方針,將證嚴上人的教育理念落實於當地,但因緣不具足,一直無法開辦。

2005年10月,分會遷到巴西立靜思堂後,又積極詢問設立的可能性,但該區幼教中心已經飽和,提案再度終止。

2011年,透過張智勝律師引介,政府同意租借北部義順忠邦社區的底層空間。分會初步擬定以幼教中心、課後輔導及補習中心為規劃方向。2012年4月,劉瑞士(濟悟)接任執行長後,即刻推動幼教中心的進度。

然而進一步詢問後,才知道成立幼教或托兒中心需經過社區普查,而課後輔導中心及補習中心則不可開辦。劉瑞士和大愛幼教中心主管王碹碧(慈戀)積極奔走,經過數個月的等待,終於獲得政府核准。幼教中心幼兒部於2014年4月1日開課,育嬰部也在5月2日啟用。新加坡慈濟人多年的心願,終於實現!

一、友善空間

大愛幼教中心占地約489平方公尺,從建築外觀到內部裝潢,執行長劉瑞士

新加坡慈濟大愛幼教中心外觀,象徵以人為本的教育目標。(攝影:陳三岩)

凡事親力親為，每週定期與裝修商開會，也用心建構學習空間，特別注意尖角角落，營造最安全的學習空間。

新加坡幼兒中心大多租用組屋底層空間，以簡單的牆壁隔成課室；大愛幼教中心課室特別講究環保，鋪設質樸厚實的木頭地板，白牆上整排窗戶可引進自然光，天花板裝置吊扇，讓空氣對流，力行節能減碳。在古樸木質大門上釘掛人字形屋頂，代表慈濟以人為本的教育目標。門口設置「家長資源角落（Parent Resource Corner），放置慈濟文宣品，幫助家長多方瞭解慈濟辦學理念。

師資重在人文，幼兒中心的老師們也要體驗靜思茶道、花道，學習慈濟人文。
（攝影：楊慈緋）

二、 人文師資

王碹碧在幼教中心籌設初期，即辭去教職，全力承擔幼教中心，並遠赴臺灣和馬來西亞觀摩。2013 年 10 月，王碹碧回臺灣向上人報告籌備進度，上人特別叮嚀師資重在人文培訓。回國後，王碹碧開始為教師安排慈濟人文課，除了恭聽上人開示，還引入社教中心的人文課與慈濟儀軌等，以深入認識慈濟精神。老師們體會到「一花一世界，一葉一如來」的妙法，進而將美感與禮節落實至生活中，運用於課堂上。

2015 年，幼教中心和慈濟大學兒童發展與家庭教育學系（簡稱兒家系）合作，兒家系學生暑假期間到幼教中心實習。來自臺灣的陳佳妤畢業後，就到幼教中心擔任華語老師，教學認真，深受孩子喜歡。

2016 年戴鈺郿（慈邵）接任幼教中心主管，延續培養專業又富人文的師資，她開始鼓勵老師們參加慈濟義賣會、歲末祝福及浴佛節等活動。

三、品德與生活教育

生活品格

幼教中心注重道德教育與人格培養，更重要的是培養良好的生活習慣。老師依學齡，教導孩子摺衣服、收拾被單

等，以及訓練孩子的協調能力、學習團隊精神。家長擔任隨班愛心媽媽，協助叮嚀孩子自帶水瓶、教導將鞋子放進鞋櫃、書包放進櫃子的放法等，真正落實生活教育。

老師劉蓮秋說：「幼教中心注重品德教育，教的時候可能比較辛苦。因為小班孩子聽不懂，但要以身作則，給孩子一個好榜樣，他們才能學習。」園長章愛虹認為，現在的教育重視孩子的成績，但成績不能代表一切，大愛幼教中心注重道德教育與人格培養，讓孩子從小學習正向的價值觀。

每年六月，幼教中心會舉辦雙親日活動，讓三到六歲的孩子製作餅乾、紙花和賀卡，打掃、佈置教室，主持團康遊戲與表演節目，並為父母奉上茶食，表達感恩。家長看到平時活蹦蹦的孩子，竟然可以乖乖地發放入場券、講解遊戲規則、當裁判、頒獎品，都感到驚喜。

茶道花道

幼教中心課程中有多元的動態活動，帶孩子走出教室，向鄰居拜年、宣導環保；到義診中心為長者表演、舉辦運動會及參與慈濟義賣會。戴鈺郿說：「籌備一個動態課程，所花費的時間和人力比課堂教學還多，但是寓教於樂，能豐富孩子的學習面向，是值得的。」

為讓孩子學習待人接物、應對進退禮儀，幼教中心每月幫五歲和六歲班的孩子，安排兩次茶、花道課程。透過花和茶，傳遞慈濟人文，讓孩子親近大自然的真與美，珍惜和感恩身邊的人事物。

靜思茶道老師楊慈翡請小朋友聞聞茶葉的味道，或摸摸茶葉的形狀。為了滿足孩子的好奇心，也特別選用透明的茶具，讓大家可以仔細觀察茶葉用熱水沖泡後，慢慢伸展的過程，同時講述茶葉的故事。

靜思花道老師會在課程一開始，帶著孩子感恩天地萬物；叮嚀小朋友，輕輕地剪花。孩子們跟著老師的示範，小心地把枝葉剪短，再插進花器裡。

環保愛地球

幼教中心常年教導孩子環保及茹素，從小培養敬天愛地、疼惜地球的觀念。耳濡目染，小朋友們不僅朗朗上口，也落實在生活裡。

兒童節，一般人會想讓孩子開開心心放一天假，但大愛幼教中心卻特別策劃淨灘、撿垃圾及環保宣導，以付出行動取代接受禮物。活動前，老師在課堂和孩子分享「為什麼要環保？」「如何做環保？」

活動當天，五、六歲的孩子分成兩組，一組撿垃圾，一組宣導。小脖子上掛著環保標語的小朋友，臉上帶著羞澀，靦腆地說：「Uncle、Aunty 多用環保

老師帶領小朋友到三巴旺海灘公園淨灘。
（攝影：許毓寶）

老師帶領小朋友到忠邦市場向民眾宣導環保理念。（攝影：曾美珍）

慈濟人文課，讓孩子們體驗茶道，學習待人接物和進退禮儀。（攝影：曾美珍）

袋，少用塑膠袋，我們一起做環保。」可愛認真的模樣，讓大人們的心都融化了，紛紛點頭支持。

另一邊負責撿垃圾的小朋友，右手拿著夾子，左手拿著塑膠袋，看到地上有垃圾，猶如看到禮物般開心。年紀較小的三歲班、四歲班（N1 & N2）小朋友到三巴旺海灘公園（Sembawang Park）撿垃圾。老師和志工的大手牽小手，一起彎腰撿垃圾，渡過有意義的兒童節。

蔬食惜生命

為鼓勵孩子養成素食習慣，幼教中心於 2017 年 6 月，首次舉辦為期三個月的「蔬果星球」活動；透過打造星球、領取蔬果護照、穿越隧道、乘坐太空梭和變身小動物等一系列的體驗課程，激勵孩子在活動期間吃素。

讓孩子從討論到動手製作，體會更深，若和小朋友說多吃蔬菜，對部分孩子來說很不容易。由小朋友自己製作，他們知道食物得來不易，會更珍惜。

9 月，為期九十天的「蔬果星球」活動終於來到尾聲。四歲至六歲的孩子也從扮演的動物角色，回歸到人類身型。雖然「變」回人類，但好多孩子仍堅持茹素；有的家長偶爾試探要孩子吃肉，但被拒絕。理由很簡單，動物死了，牠的媽媽會傷心。

四、愛的迴響

學生轉變

2014 年 11 月 20 日，幼教中心首屆畢業典禮，僅有三位畢業生。雖然如此，師長們仍用心籌備；甘皓日、蔡㟧畯、陸正軒在熱烈掌聲的鼓勵中，一字不漏地說完畢業致謝詞。

蔡㟧畯有注意力集中的問題，學習過程比其他孩子辛苦。2013 年底，離開前一所幼稚園後，母親黃婷婷遲遲找不到合適的學校，直到幼教中心啟用，才為

慈濟大愛幼教中心獲得新加坡學前教育認證框架（SPARK）的認證，為新加坡優質的學前教育中心之一。（攝影：戴小慶）

峮畯辦入學。老師不把峮畯當成特殊學生，讓峮畯找到自信，逐漸融入團體生活，也變得活潑開朗。

甘皓日學會了控制情緒，脾氣也不再那麼暴躁。「慈濟是我心目中理想的幼稚園。」家長成澤菁代表致詞時說道。皓日在家畫畫會要求用廣告紙或環保紙，還會說不要殺生吃肉，所以家中也少吃肉了。

巫睿升從出生就跟隨爸爸吃素，原本個性孤僻，不喜歡與人互動。巫媽媽說：「他情緒失控時，會直接躺在任何地方大吼大叫。」來到幼教中心才半年，睿升有了轉變。以前睿升日常的生活，例如刷牙、吃飯、沖涼等，全由媽媽處理，現在也學會自理。放學回家後，睿升會和媽媽分享靜思語，還稚氣地說：「以前我發脾氣，因為我不懂得尊重，現在我學會尊重了。」從一個讓媽媽頭疼的小孩，到會說感恩、打招呼，這些品行上的轉變，讓巫媽媽深感欣慰。

好的教育環境對孩子很重要，隨著幼教中心成長，畢業典禮也到靜思堂舉辦，讓更多家長見證，孩子的第一個畢業典禮。

成立大愛安親班

2017 年 1 月，分會租用三巴旺女皇道英國殖民時代的黑白屋（毗鄰慈濟大愛人文館）規劃為課後輔導中心，實現多年的計劃。除了交通和托管服務、教導孩子的課業外，也重視生活教育。

老師藉由靜思語教學，與花道、茶道、製作點心和手工等人文課，讓孩子放學後有更多元的實際生活體驗。此外，每日會觀看「人間菩提」，關心世界，啟發孩子的善念。

幼教中心畢業的孩子，有多位進入小學後，也來到安親班，延續慈濟人文的薰陶。人格的培養從小開始，家長陳育梁很幸運孩子在成長階段就接觸到慈濟。看到小兒子在幼教中心的改變，就決定讓三年級的女兒到安親班！

SPARK 認證

除了家長的肯定與支持外，幼教中心於 2017 年 10 月獲得新加坡學前教育認證框架 (SPARK) 的認證，成為新加坡優質的學前教育中心之一。政府對於學前教育有完整的規劃，由慈善機構獨立申請成立幼教中心的過程不易，但難行能行，新加坡慈濟人將繼續努力，傳遞慈濟教育理念，扎根在本地。

延伸閱讀

華族　馬來族　印度族

大愛幼教中心 2014年－2019年
——許一個希望的未來

學生數

2019
151人

2018
140人

2017
119人

2016
109人

2015
84人

2014
68人

1993.09 分會成立，構想開辦幼教中心，
因緣不具足，無法開辦

2005.10 遷址巴西立靜思堂，積極規劃設立幼
教中心，但該區已飽和，再度停緩

2012.04 政府同意租借義順社區一層，
作為開辦幼教中心場所

2014.04 幼兒部正式開課；
嬰兒部託管班於5月啟用

師生比 - - - - - - - - - - - - - - - - - - 1🍼=1兒童

Award

1：5 🍼	**INFANTS**	2個月—18個月	1：2 🍼
1：8 🍼	**PLAYGROUP**	18個月—3歲	1：6 🍼
1：12 🍼	**Nursery 1**	3歲	1：6 🍼
1：18 🍼	**Nursery 2**	4歲	1：7 🍼
1：20 🍼	**Kindergarten 1**	5歲	1：8 🍼
1：25 🍼	**Kindergarten 2**	6歲	1：10 🍼

師生比例低，
是教育質量
的保證

新加坡幼兒培育署規定　　　　　　　慈濟大愛幼兒中心現況

	<1-3歲	≦3歲	4-5歲	6歲	≦12歲
品德	學習愛護他人	愛護動物 奉茶孝親	做事自動自發	孝順父母 尊敬師長 愛護兄弟	樂於助人
生活	學握奶瓶 自己吃飯	自己穿衣、如廁 穿脫鞋襪	摺衣服、毛巾 掃地、擦桌子 整理床鋪	節水省電	
人文	感恩父母 珍惜食物	紙張分類 靜思語教學 手語	環保分類 素食護生 手語教學 靜思語教學	推廣素食 推廣環保 淨灘	靜思語教學 每日觀看 「人間菩提」

走入校園說故事

大愛媽媽

在學校，除教師外，另一群推動靜思語教學的志工團體是「大愛媽媽」。2002年，臺灣教育志工結合教聯會，成立「大愛媽媽成長教室」，接引家長走入校園，透過靜思語故事，推廣生命教育。

2005年，馬來西亞馬六甲分會的大愛媽媽走入校園分享靜思語。分會執行長劉濟雨盼新加坡也能成立大愛媽媽，推廣靜思語教學。

大愛媽媽成立

2007年7月，數十位新加坡教育志工前往馬六甲參與「中南馬靜思語教學研習營」；隨後，臺灣教育團隊南下新加坡與教育團隊交流。8月，新加坡大愛媽媽成立。隔年開始走入校園為小學生說「靜思語」故事。

大愛媽媽以提昇孩子的品性為目標，教導學生正向觀念，如孝順父母、尊重師長等等。初期的二十多位成員多是家庭主婦，部分是兒童班或教聯會幹部。

新加坡小學課程設有每週一堂的《公民與道德教育》課程。大愛媽媽善用這段時間，分別在彌陀學校（自2008年2月）、菩提學校（自2008年7月）和愛同學校（2009年3月至2011年12月）展開靜思語教學與說故事。

2007年9月成立大愛媽媽團隊，自此藉由每周的「公民與道德教育」課程時間，在三所學校陪伴近萬名學子，推動善與愛。
（攝影：伍振洲）

2008 年，大愛媽媽聯誼會，時任執行長的劉濟雨讚歎與鼓勵大愛媽媽繼續將靜思語帶入校園。
（攝影：劉素方）

大愛媽媽無私的陪伴身影。（攝影：楊嘉珮）

大愛媽媽李美霖（明霖）因為在彌陀學校教課外活動，與校長房梅禎非常熟絡。她向房校長提起大愛媽媽與靜思語，讓校長非常認同。願意提供每星期三的教職員開會時間，邀請大愛媽媽為學生們上課，引進靜思語教學。房校長說：「每一個孩子都像一朵蓮花，出淤泥而不染。因為環境的關係，有時變得很頑皮。但只要對症下藥，都是好孩子。」雖然彌陀學校的老師們已經非常努力，但校長更希望透過慈濟，加強德育的教導，讓學生能更好地吸收優質的價值觀。

大愛媽媽聯誼

大愛媽媽陳美鳳（慈敦）、蔡瑞妹等，隨後也促成菩提學校和愛同學校的因緣，在「公民與道德教育」課程或課前半小時教學。大愛媽媽透過故事、戲劇、歌曲、實境體驗等方式，走入校園說靜思語。

為研修教材並提升教學品質，2008年9月起，大愛媽媽每週舉辦聯誼。進入校園的志工必須參與大愛媽媽成長班，或達到聯誼的基本時數，以確保教學品質。劉濟雨勉勵大愛媽媽，要穩定成長與提升素質，培養團隊的默契；另外，也要參加共修與培訓課，往慈誠或委員的菩薩道路邁進，從中吸取法髓，讓自己內修外行都能如法。

2013年，分會共舉辦四次「靜思語教學種子老師培訓」，其中兩次由臺灣本會支援，另外兩次由分會自行舉辦。8月31日臺灣教聯會三位講師首次來到文殊中學，為230位老師和大愛媽媽分享靜思語教學。

善的效應

彌陀學校六年級的學生黃民量，對靜思語「對父母要知恩、感恩、報恩」印象深刻。他樂於參與學校義工服務，參訪老人院和孤兒院。他和妹妹黃歆萍也連續三年把壓歲錢存起來，交給大愛媽媽李美霖。李美霖在班上表揚黃民量的善行，引起其他同學的仿效，把零用錢

大愛媽媽在菩提學校靜思語教學。
（攝影：劉素方）

存起來，捐給慈濟的新芽助學金計畫。

長期合作的小學均給予肯定。2009年起，大愛媽媽在教師節帶動學生奉茶，感恩老師的教導，這讓彌陀學校房校長很感動：「靜思語其實已經在學生的心中種下了善根，種子也慢慢發芽了。」菩提學校校長黃美麗也說：「慈濟的靜思語教學真的太棒了！」

2011年3月，日本發生複合式災難後，4月大愛媽媽受邀到彌陀學校帶動學生祈禱與募款。家長們熱烈響應，讓孩子把善款帶到學校，轉交新加坡紅十字會。校長吳寶德為大愛媽媽無私的付出深表感激。更於2013年、2014年頒發合作夥伴獎，感恩慈濟。

菩提小學陳雋慧老師於2011年帶五年級學生到花蓮慈濟小學進行交流；環保教育站的參訪啟發了陳老師，在校長的支持下，菩提小學開始推廣校園環保。2012至2018年學校假期，大愛媽媽和菩提小學也合辦兩天一夜的人文教育營；菩提學校也將靜思語張貼在教室走道上。

自2008年，大愛媽媽腳步從不間斷，每週約四十到五十位志工固定到三所小學，扣除學校假期，一年九個月，十一年間約有11,880人次步入校園。在新加坡，教聯會和大愛媽媽雙雙合作，傳遞靜思語的精神，將慈濟人文傳播得更深更廣。

大愛媽媽在彌陀學校靜思語教學，帶動同學學習手語。（攝影：劉素方）

大愛媽媽引導學生在教師節奉茶、表演，表達對師長的感恩之意。（攝影：劉素方）

延伸閱讀

人文志業篇

1967
慈濟月刊創刊

1995
「慈濟世界」電視節目於臺灣 U2 臺播出

1996
分會首次在世界貿易中心參與國際書展

2004
新加坡第一家靜思書軒於牛車水開業

2016
靜思書軒（沈氏道）啟業

為時代作見證
從平面到網路

一、平面媒體發展

《新加坡慈濟世界》出刊

1994 年 11 月 23 日《新加坡慈濟世界》季刊發行，內容包含證嚴上人開示、活動紀錄、預告等，為時一年後停刊。

1999 年，新加坡分會負責人張紅玲有感，傳播才能讓善心善行流傳，請同仁郭有義（濟毅）籌備文宣刊物。2001 年 6 月，《新加坡慈濟世界》以中英文雙語雜誌問世，趕在新加坡世界貿易中心世界書展的尾聲，印製一萬本與民眾結緣。內容除了上人開示、慈濟活動，還

增加志工心語、人物專訪等。

早期職工人數少，《新加坡慈濟世界》文字採編、攝影、排版、後製，多由人文真善美志工發心承擔。2001 年，莫炳燊（濟協）及蕭明蘭（慈力）夫婦在世界書展讀到《新加坡慈濟世界》，深受感動，主動表示願意協助刊物的美術編輯。楊淑元（慈緋）在 2002 年加入文宣組，負責總編輯，加上李明慧（慈慧）及林翠蓮（慈泰）撰寫文稿，眾人合力成就。

成立文化志業中心

1996 年 7 月，慈濟文化志業中心（簡稱文化中心）成立。由於新加坡閱讀習慣以英文為主，為了方便民眾閱讀，新加坡慈濟成立翻譯組，陸續將慈濟刊物、書籍、卡帶翻譯成英文與簡體版。

早期承擔《新加坡慈濟世界》的人文真善美志工。（前排自左：李慈慧、楊慈緋、徐麗梅、黃惠婉；後排自左：林慈泰、蕭慈力、陳永愛、莫濟協）（攝影：新加坡分會提供）

出版專書

2013 年，分會總動員投入「法譬如水」經藏演繹，兩年多的讀書會及籌備期間，近百位人文真善美志工深入記錄過程，報導真人真事。2014 年 11 月正式發行《行入懺悔法門——新加坡「法譬如水」經藏演繹紀實》，包含兩年半的長程紀錄，兩百多張圖像，四十位本地入經藏的人物故事。

二、人文真善美志工

雖然分會早期的文字及圖像志工不多，但也努力留下記錄。2002 年底，分會籌備十周年成果展，在文宣組莫炳燊、楊淑元帶領下，志工整理史料美編，共完成五十六張看板。

2003 年 12 月，文宣組舉辦「文化三合一」培訓課程，結合更多志工承擔記錄文史的工作。隨著會務擴展，人文真善美接引不少非傳媒專業的志工，也招募許多已畢業的慈青加入，投入寫作、攝影及翻譯工作。

為了即時將在地訊息回傳臺灣大愛電視臺，分會於 1998 年成立影視組，培訓志工製作影音新聞。2003 年 2 月隨著專業人才的加入，影視組朝向專業的新聞製作邁進。

人文真善美團隊定期舉辦通識課程

1996 年「慈濟影視映像志工聯誼會」成立，早期稱「文化三合一志工」，為建構慈濟大藏經，整合圖、文、影音志工，2003 年更名為「人文真善美」。上圖伍書永；下圖林慈泰。
（攝影：新加坡分會提供、蔡榮富）

及共識聯誼，加強編排的理念及技巧。2013 年，臺灣本會編纂處啟動文史結集計畫，分會動員人文真善美志工整理、考證史料，撰寫新加坡慈濟史。2014 年

10 月本會文發處帶領臺灣講師來到新加坡，說明「採、編、存、用」流程，也藉由勤務實作，傳承經驗及專業技巧。2019 年，分會文發室推出「看見人間菩薩」工作坊，落實三合一團隊運作。

投入文史記錄十八年的楊淑元說，每一個任務都是學習的機會，用心就是專業，期許人人都是真善美。而家業事業兩頭忙，善於利用時間做慈濟的李明慧分享：「做人文真善美要一門深入，把壓力變成動力。再忙還是要守住崗位。」關懷海外會務，也重視留史的林翠蓮則認為，「一日人文真善美，生生世世都為人文真善美」，道心堅固。

三、科技媒體發展

推廣大愛臺 引入 IPTV

臺灣慈濟大愛電視臺透過衛星，範圍涵蓋五大洲，在世界各地皆可看到節目。2008 年，大愛臺與馬來西亞 IPTV 公司 DeTV 簽約，讓馬來西亞可透過 IPTV 觀賞大愛臺。同年 8 月，新加坡分會先讓慈濟幹部自吉隆坡分會請購，經測試，由於伺服器架設位置等問題，收視情況不佳。經過與廠商三年多的測試及改良，終於在 2012 年 12 月，由分會在「大愛之夜」正式對外推廣 IPTV。

在新加坡可以從電視機收看到大愛臺，成果得來不易。資訊組職工余振森（誠振）非常盡責，每日研究及測試機上盒的成效，也下載大愛臺節目，分類上傳 IPTV 機上盒，讓觀賞者可以隨時點播大愛臺節目，甚至提供到家安裝大愛臺的服務。余振森認為，慈濟做了很多，如果沒有人知道，就無法把善的能量發散出去。

多媒體傳善

2013 年 8 月，分會推廣 APK（Android application package file），凡使用安卓（Android）者皆可下載「慈濟影音網」、「DaAi TV」、「大愛獅城」等手機 APP。其中，「大愛獅城」是分會第一個應用程式，內有大愛臺直播、大愛廣播電臺、新加坡慈濟活動行事曆、慈濟大藏經文稿與分會訊息。自 2014 年新春慈善義賣會開始，會場特別增設大愛臺的攤位，教民眾用智慧型手機、電視、平板電腦，隨時隨地收看大愛臺。2014 年 10 月，大愛電視臺於 YouTube 開播，大愛劇場亦從 2016 年 6 月開始在 YouTube 頻道上直播，傳法工具更多元。在架設網站後，分會也陸續經營 YouTube 和臉書平臺，傳播美善訊息。

大愛之夜

有鑑於政府規範，大愛臺無法直接在電視上播出，但接引會眾的腳步不能

人文真善美志工和文發室同仁都是成就新加坡慈濟大藏經的幕後工作者。
（攝影：王綏喜、黃璃瑩）

2008 年 9 月 12 日，分會於新加坡歌劇院舉辦「大愛之夜」，大眾可以透過收看大愛電視臺，同步瞭解慈濟在世界各地的志業腳步。（攝影：王綏喜）

每次的出班，從規劃，到選材、整合，都需要結合眾人的力量。上圖 2019 年歲末祝福，志工挑選照片。
下圖慈濟 47 周年慶系列活動，人文真善美志工工作區。（攝影：黎東興、劉素方）

停歇，所以特別安排「大愛之夜」巡迴新加坡；「大愛之夜」是「大愛劇場」演員及主角本尊的真實故事分享，能夠啟發人心。2000 年 1 月 10 日，新加坡第一場「大愛之夜」於牛車水人民劇場舉辦，其中蘇芮、殷正洋和李壽全等藝人以精彩演出，將慈濟的清流傳到新加坡。至 2012 年 12 月止，分會舉辦了九場「大愛之夜」，接引會眾逾一萬人次。

新加坡電視編導顧秀珍在參與「大愛之夜」後深有共鳴，認為大愛電視的真人真事與報真導正的態度，可以在新加坡締造深遠的影響力。與會的文靜法師讚歎大愛臺節目溫馨，人人都會被感動！法師也期勉志工繼續用生活上的實踐，傳承佛陀的教育。

駐新加坡臺北代表處史亞平代表說：「很多人看到大愛臺，都認為大愛臺是宗教臺。」她認為大愛臺重在淨化人心，有很多節目是正面又帶動人心，把美與善的力量傳播開來。

四、美善大愛　轉念自在

2011 年 7 月，關懷個案許良通切除腦瘤後，引發後遺症，失去吞食和胃部功能，肺、喉、眼功能也受損。

住院初期，許良通無法接受遭遇，對醫護人員和家人動粗怒罵。志工張愛萍（慮晰）和徐雪友（慈婷）首次家訪前，知道許良通的負面情緒。家訪中，徐雪友用平板電腦，讓許良通選播證嚴上人的開示，恰好聽到上人談生命的意義。「與其放棄，何不好好珍惜？」許良通深覺受用，自己學會上網看「菩提心要」，還發願要把所有「菩提心要」看完。天天聞法讓許良通漸漸明白，物質享受像過眼雲煙，根本保不住。許家三口在志工的關懷和大愛臺的影響下，逐漸走出陰霾。女兒許茜宜也積極參與社區親子班，找回過往的笑容與自信。

世事如浮雲，人生各百態，每一篇溫暖的人物故事、每一場觸動內心的人生分享、每一部感動人心的真實戲劇，雖如吉光片羽，但美善大愛卻永駐於心。無論是出版刊物或科技傳播，文史同仁與人文真善美志工皆秉持著「報真導正」的精神，為時代做見證、為人類寫歷史，更為慈濟譜寫大藏經，期盼能讓善廣傳、讓愛延續世世代代。

  延伸閱讀

人文志業 1994年－2019年
──報真導正 守護道德

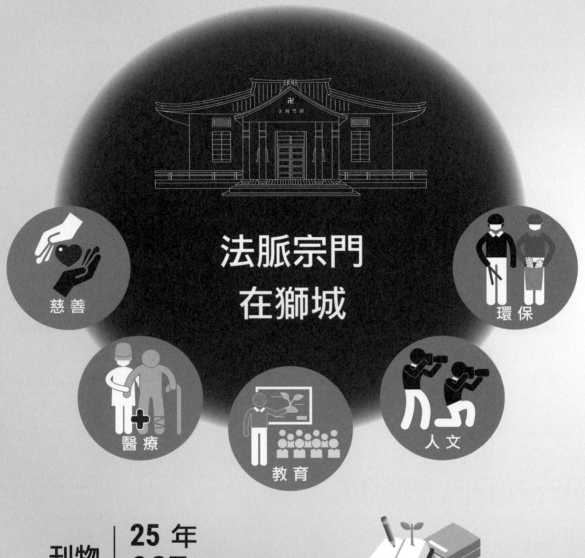

法脈宗門
在獅城

慈善

環保

醫療

教育

人文

刊物 | 25 年
927 篇大藏經文稿

1994　《新加坡慈濟世界》，報刊型季刊創刊
2001　《新加坡慈濟世界》改為雜誌型月刊，中英文雙語雜誌創刊
2014　出版《行入懺悔法門──新加坡「法譬如水」經藏演繹紀實》

書展 | **23** 年 **14** 次世界書展

1996　新加坡文化中心成立，將慈濟書籍、卡帶翻成英文與
　　　簡體版，廣為流通
　　　開始參與新加坡世界書展（Singapore World Book Fair）

網站 | **21** 年 日平均 **900** 人次

1998　分會首個網站啟用
2013　推出「法譬如水」演繹專網
　　　推出「浩瀚父母恩」演繹專網

影視新聞 | **20** 年 **927** 則新聞

1999　成立文宣影視組
2000　首次舉辦「大愛之夜」，推廣大愛電視臺節目
2013　創建「大愛影音資料庫」

靜思書軒 **15** 年 |

2004　新加坡第一家、全球第三家靜思書軒，於牛車水會所開業
2005　巴西立靜思堂靜思小築啟用
2016　靜思書軒（沈氏道店）啟業

慧命資糧在靜思
說法傳法 接引菩薩

一、文化志業中心成立

1996 年 7 月，慈濟文化志業中心（簡稱文化中心）成立。負責人李志成（濟模）開始規劃參與新加坡世界書展（Singapore World Book Fair）。早期志工人力不足，皆由馬來西亞檳城、臺灣和印尼的志工跨海支援。

1997 年新加坡時事節目「焦點」和「星期二特寫」播放證嚴上人和慈濟的介紹。許多人看了節目，特別到書展尋找慈濟攤位。「焦點」製作人也是新加坡資深媒體人王連三，對上人信己無私的精神特別感動，認為重物質生活的新加坡社會，應該學習這樣奉獻的精神。

然而，隨著電子書的崛起，加上閱讀風氣下降，參與書展的人流下滑。2009 年至 2012 年，分會暫停參與新加坡書展，專注於門市的經營。2013 年 6 月，為配合分會二十周年慶，再度參與新加坡書展。當天蒞臨的臺北駐新加坡代表謝發達，肯定慈濟在新加坡的付出：「慈濟大愛精神能夠跟新加坡的讀者介紹，是非常有意義的事。」

二、實體門市 貼近民眾

籌設牛車水靜思書軒

1998 年，文化中心擴大為靜思文化志業中心。為推廣靜思文化、接引更多志工，負責人張紅玲提議，將牛車水會所面對史密斯街（Smith Street）的店面，設

1996 年 7 月，慈濟文化志業中心成立後，開始參與世界書展，推廣慈濟文化。同時協助英文翻譯工作、設立資訊網頁等。
（攝影：新加坡分會提供）

2007 年，分會首次於牛車水會所舉辦靜思文化書展。（攝影：黎東興）

分會響應上人淨化人心的呼籲，不遺餘力推動文化志業。參與國際書展，透過活動讓更多人瞭解慈濟。到 2014 年間，分會共參加十六次世界書展，期盼靜思人文能走入群眾。（攝影：黎東興）

新加坡兩家最新的靜思書軒分別坐落在社區裡，沈氏道店與義順店。（攝影：許翠琴、曾美珍）

為對外營運的靜思書軒；專心推廣靜思人文書籍及影音文物，與精舍法師製作的生活用品。

籌備初期，靜思書軒專案小組面臨經費不足的窘境，許麗貞（慈語）與多位志工開始以義賣糕餅等方式募經費。2004年2月14日，全球第三家靜思書軒正式開幕。依循上人叮嚀「簡單、素雅、創意」的風格布置，希望達到教育、淨化人心的功能。書軒優雅的環境和經營模式，在當時的新加坡很少見，吸引路過的民眾進來看書，間接認識慈濟，也接引了不少志工。

2005年10月，分會遷入巴西立靜思堂，也將一樓空間規劃為靜思小築，雖然不是門市，但志工仍於歲末祝福、七月吉祥月等慈濟大小活動，在活動外場推廣靜思文物。

2007年12月，靜思書軒隨著牛車水會所回歸業主而歇業。大家積極尋找靜思書軒的新點，但新加坡租金太高；上人慈示，志工可以善用其他方式推廣人文。趙信玉（慈峘）、徐雪友（慈婷）、林淑婷（慈獻）等人文推廣志工，只要知道哪裡能提供免費攤位，就主動組團擺攤，勇敢走入人群、推廣靜思文物。

沈氏道靜思書軒

2014年，社區組長邱志豪（誠諧）發願在新加坡東部設立靜思書軒，積極尋覓場地。一年半後，終於在沈氏道找到合適的店面。2016年4月，靜思書軒（沈氏道店）啟業。

分會從參與書展，到設立靜思書軒和靜思小築，始終堅持的是扮演人文清流及「社區客廳」的角色，舉辦心靈講座、共修分享，為新加坡民眾打造一個城市裡的心靈加油站，也為傳承靜思法脈找到合適的空間。

  延伸閱讀

三節合一
佛誕日、母親節、慈濟日

新加坡稱「佛誕日」為「衛塞節」，每年農曆 4 月 15 日為公共假日。

佛教為新加坡第一大宗教，主要分為北傳、南傳和藏傳。佛教徒通常在衛塞節參與浴佛朝山等活動。

一、三節合一緣起

1996 年，慈濟功德會三十週年時，證嚴上人宣布將每年五月第二個星期日訂為「全球慈濟日」（簡稱慈濟日）。2000 年，臺灣慈濟正式將「佛誕日」、「母親節」與「慈濟日」結合，三節同慶，稱「三節合一」。

2006 年，本會呼籲全球慈濟據點於所在地同步舉辦浴佛，感念佛恩、父母恩、眾生恩。新加坡分會（簡稱分會）積極響應，廣邀民眾認識慈濟，合耕敬田、恩田與悲田三大福田。

2012 年，分會首次舉辦朝山。清晨五點，朝山隊伍在靜思堂旁邊的柏油路，三步一拜，恭敬禮拜。

參與衛塞節慶典

早期分會積極參與其他道場的衛塞節慶祝活動，如：佛總衛塞節文娛晚會表演，佛總義賣會推廣靜思文化，聯辦捐髓驗血活動等。

1994 年 5 月 21 日，分會一週年慶，於新加坡大會堂（Singapore Conference Hall）舉辦兩場幸福人生講座暨慶祝衛塞節，

2003 年，分會首次舉辦浴佛典禮，吸引約三百位志工、民眾參與。
（攝影：新加坡分會提供）

邀請來自本會的德宣法師、黃正義（思賢）和林勝勝（靜宥）主講，共有1,800人參加，反應熱烈。

舉辦浴佛典禮（2003—2010）

2003年初，SARS疫情肆虐，分會響應上人的呼籲，發起「五月齋戒月」活動，推廣齋戒茹素，祈求災疫早日消弭。5月於牛車水會所舉辦浴佛典禮，誠心祈福；浴佛臺以香花布置，供奉釋迦牟尼佛像，並以香湯圍繞。司儀講解「浴佛」的意義，是為淨化自己。以「禮佛足、接花香、祝福吉祥」的莊嚴動作，恭敬虔誠地領受佛陀的德香。藉著浴佛，滌去塵垢、斷除煩惱，轉惡世為清淨土，使社會祥和，天下無災無難。最後大眾唱誦「浴佛偈」，播放上人開示，三百多位來賓更深入瞭解浴佛意義。

2005年10月，分會搬遷巴西立靜思堂。2006年首次在新落成的靜思堂舉辦浴佛典禮和大規模的慈濟功德會四十周年慶靜態成果展，吸引數百名民眾共同來感受浴佛的莊嚴。2007年浴佛，首度恭迎「宇宙大覺者」琉璃佛像，並融入齋戒推廣。

2008年全球慈濟日，分會舉辦「清淨‧大愛‧無量義」音樂手語劇，為廣納更多會眾，此次浴佛分為五場次，共1,622人參與。會眾也送回竹筒，將匯聚的款項捐給緬甸風災和四川地震的災民。隨

2013年，慈濟47周年慶，新加坡副總理張志賢先生參與三節合一祈福會，同祈宗教和諧，國泰民安。（攝影：王綏喜）

慈濟49周年慶三節合一於新加坡國際博覽中心內舉辦。（攝影：王綏喜）

著會眾人數逐步增加，浴佛典禮的出席人數從 2006 年的少於千人，增至 2010 年的 2,100 人。

戶外浴佛大典（2011）

隨著會眾人數增加，靜思堂已無法容納大型活動。為讓更多民眾看到佛教的莊嚴，執行長劉濟雨提議 2011 年浴佛典禮，向外尋找更大的場地。他山之石，可以攻玉，2010 年 11 月，分會一行人到雪隆分會取經，學習大型浴佛的籌辦經驗，包括活動流程、場地佈置、邀約宣導、交通機動、動線安排、浴佛臺設置等等。

2011 年 5 月 8 日，分會借楊厝港戶外體育館舉辦「慈濟四十五周年慶暨三節合一浴佛大典」。為展現大典的莊嚴，志工早在 2 月底就開始在各個社區邀約民眾，加入 1,152 人的動線圖騰，展開繞佛繞法的練習。當天 7,000 位會眾，

在八十八位諸山長老和法師的帶領下，繞佛繞法，虔誠浴佛淨自心。在〈禮讚〉聲中，諸山長老法師入場，場面莊嚴肅穆，讓人攝受。新加坡是全球少數在晚間舉辦三節合一的據點，祈禱時刻，全場燈暗，近萬人亮起手中的蓮花心燈，形成燈海，令人動容。

跨宗教祈福會

2012 年，分會首次以跨越宗教的活動方式進行「浴佛大典」，舉辦「慈濟四十六周年慶暨祈福會」（簡稱「祈福會」）。新加坡除了華巫印裔、還有少數歐亞混血人口和各地的外籍勞工。每一年的祈福會，志工皆邀約不同種族、語言和信仰的會眾加入隊形。異族同胞樂響齋戒，以清淨身心前來浴佛和祈福。此外，分會也邀約國家政要與十大宗教代表出席祈福會。

新加坡副總理張志賢，曾在 2012 年和 2013 年應邀出席，張副總理給予肯定、鼓勵：「新加坡是一個多元種族、宗教的國家，跨宗教祈福會是很重要的，因為可以促進宗教和諧。慈濟在國際間一直都有幫助苦難人，在環保方面也推動得很好，希望慈濟再接再勵。」

浴佛彩排，兩千多位志工及會眾參與彩排，整齊的隊形共同呈現莊嚴的浴佛典禮。
（攝影：蔡佑良）

宗教代表帶領眾人虔誠浴佛，興都教、祆教、佛教、道教、耆那教、天主教、基督教、回教、錫克教、巴哈教。(攝影：蔡長盛)

佛教界諸山長老與法師們領眾虔誠祈福，感恩佛誕之日。(攝影：陳清華)

佛總主席廣聲法師參與祈福會後開示：「佛教的教義沒有分彼此，不分宗教，這是佛教的特點。慈濟遍布全球各個角落，無形中散播佛教的思維、佛教的種子。」法師也讚歎志工的高效率與組織能力。

佛總秘書長廣品法師，欣見南北藏傳眾法師齊心出席浴佛大典，展現佛教關懷社會、互相扶持的精神。法師開示：「三節合一慶典展現了佛教徒對眾生應有的慈悲關懷，這種關懷是主動的。」

新加坡噶瑪迦如佛教中心方丈香巴上師 (Shangpa Rinpoche) 表示，許多佛教團體在各自的道場內舉辦浴佛典禮，參與人數與接觸面都有所侷限，戶外浴佛大典卻能夠讓更多民眾一起來接觸及瞭解佛陀的教育。

「儀式的莊嚴和優美，對各個宗教的會眾都有啟發性，不止是佛教徒而已。」泰國僧團副主席廣賢法師對慈濟積極地推廣跨宗教祈福會表示欽佩，也鼓勵其他宗教團體向慈濟學習，推動類似的活動。

來自沙地阿拉伯的伊斯蘭教代表賽伊沙烈（Syed Saleh Ahmed Ali Al-Attas）讚歎：「新加坡是一個特別的國家，有十大宗教（新加坡宗教聯誼會），新加坡國民也都和諧相處。慈濟所提倡的，也是為這個世界提倡和平。」錫克教代表，也是知名藝人的葛米星 (Gurmit Singh) 也很認同這場莊嚴寧靜的祈福會。「其實佛教和錫克教都有許多的共同點，教導大家去除傲慢，照顧好我們的心念。」

二、籌備過程

首次籌備　自我突破

2011 年移師戶外，首次邀約多位法師領眾。公關接待組從《佛友資訊》雜誌電話欄，一一聯繫、拜訪各佛教道場，謙卑地與住持解說，展現誠意，獲得許多迴響。菩提閣更提前舉辦寺裡的浴佛慶典，以參與慈濟浴佛大典。

為接待這麼多位法師，志工詳細策劃每個細節，處處體現慈濟人文。用心

即便下雨天，一年一度的三節合一祈福會依然虔誠舉辦。（攝影：黎東興）

| 慈青負責設立地標，為的是讓大家在草皮上清楚看見自己的位置，使隊形能被看到。（攝影：蔡佑良）

布置法師接待區，設看板與投影，介紹慈濟志業。從停車場、地鐵站開始，志工接力接待。經過一次又一次的修正細節，如泰國法師過午不食，只飲用白開水；斯里蘭卡法師只接受飲料與水果，而北傳的法師則可以用藥石，志工都細心準備。

場地變數甚多，2011年正值新加坡全國大選競選期間，體育館隨時會被徵用為選舉造勢地點。4月30日大彩排的場地雖早已預訂，三天前卻臨時被告知不能借用，前一天又通知能使用，一再考驗大家的毅力和智慧。

現場標兵工作也一再易期，但志工毫無怨言，最終在浴佛大典前一天施作地標。標兵組組長林洋葆（濟懇）迅速召集組員，在酷日下「三步一跪」，埋置地標卡，順利完成工作。

宇宙大覺者琉璃佛像是浴佛大典上的重要佈置，需要募集110尊琉璃佛像。劉濟雨與臺灣靜思人文志業協商，以優惠價協助志工大批請購，志工踴躍護持，請購後再出借佈置場地。

相較於佛堂，體育館的面積大上幾十倍；浴佛臺裝置，是大典最重要的場景。新成立的文宣佈展組，在職工莫炳燊（濟協）和同修蕭明蘭（慈力）與志工合心下啟動。多次參考馬、臺等地的設計，再到現場勘查。多次討論後，最終定案以一張直徑五米、高一米的圓形浴

佛臺，及左右兩邊各長十七公尺的直線浴佛區為主場景。以近三個月時間，鋸木、鑽洞、配線等，終於大功告成。

廣設妙法 接引會眾

為了邀約民眾參與「三節合一」、響應齋戒、參與隊形呈現，志工用各種方法邀約。

志工利用周休或下班時間，撥電話、愛灑商店、張貼海報或是沿戶宣導，不畏被拒絕，全島走透透。穿梭在社區的舞蹈班、晨運班、菜市場、環保點、讀書會等，廣宣善的訊息。邀約的對象除了會員，還包括同事、鄰居、親友、照顧戶與新芽補助金計畫受惠家庭等。2013年，祈福會移到勿洛體育場，該處周邊組屋林立，接近社區環保點。志工進行兩場愛灑，到附近的十六座組屋進行宣導；分會也善用臉書平臺，設定每周主題，頻密地把活動訊息、新聞、照片、影片等上傳網頁，邀約人人一起來為天下祈福。

三、佛到家、福到家

對於無法走出來的照顧戶，志工則協助把浴佛臺送到家裡，讓對方參與「佛到家，福到家」流動浴佛。照顧戶王和明很想參與浴佛，但考慮到自己患慢性尿道發炎，身體時常發燒，無法到現場參與。浴佛大典後，志工到新加坡國立大學醫院，舉辦簡單莊嚴「佛到家，福到家」浴佛儀式，助他圓願。

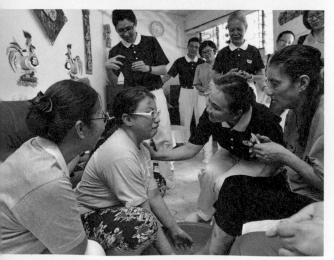

「佛到家、福到家」是為了方便無法前往戶外的志工與照顧戶也能在家中進行浴佛、虔誠祈福。慈濟志工以行動浴佛台舉辦浴佛儀式，同時也讓子女們為父母浴足，表達感恩。
（攝影：潘寶通）

2011 年是分會首次走出靜思堂，在戶外舉辦大型浴佛典禮，每年近七千位會眾，在 88 位諸山長老和法師的帶領下，繞佛繞法，虔誠浴佛。2019 年，慈濟 53 周年慶，眾人於武吉甘柏體育場 (Bukit Gombak Stadium) 慶祝三節，虔誠禮敬諸佛。（攝影：陳清華）

流動浴佛臺的設置工作繁瑣，但志工不嫌麻煩，每年都為照顧戶舉辦「佛到家，福到家」，並結合母親節，讓晚輩為長輩送上康乃馨及浴足，雖然不同宗教，但是藉感恩行動增進家庭氣氛，得到許多異族同胞認同。

2013 年，「佛到家，福到家」流動浴佛首次走入慈善醫療機構——心理衛生學院和觀明綜合醫院，讓無法出來與會的院友，也有機會共浴佛恩。心理衛生學院院友家屬蔡美珍，把住院三十年的姊姊帶來參與。簡單莊嚴的浴佛，讓蔡美珍哽咽：「姊姊長期住在這裡，沒有機會接觸佛法；感恩慈濟將佛法帶進

心理衛生學院，更期待姊姊能將佛法的種子種在心田。」

慈濟將佛誕日、母親節、慈濟日融合，盛會莊嚴隆重。參與者跨越宗教、種族，共沐佛恩，同霑法喜，呈現和諧之美，也看到祥和亮麗的希望。期待透過每年的浴佛祈福，引領大眾追隨佛陀本懷，啟發善念、慈心共振，祈求世界和平、天下無災、歲歲年年。

延伸閱讀

七月原是吉祥月

破迷信 導正念

華人民間傳說，農曆七月稱「鬼月」，為求「好兄弟」關照，民眾都會辦理中元普度。新加坡華人多，祖輩多來自中國南方的福建省和廣東省，儘管國家已趨近西化社會，仍未能免俗；經常可見「娛鬼」又「娛人」的七月歌臺與中元節喊標等活動。民眾擺放葷素祭品，或是焚香祭拜；因應人民燒冥紙的需求，建物發展局甚至設置金紙焚燒爐。從社區到公司機構，大街小巷處處可見，一箱箱冥紙，祭品應有盡有。祭拜期間，空氣瀰漫煙味，草坪滿地灰燼。

對佛教而言，農曆七月其實是吉祥月、歡喜月、孝親月。1972 年，證嚴上人開始呼籲「七月原是吉祥月」。1974 年 9 月 10 日，上人於委員聯誼會闡述，7 月 15 日是佛的自恣日，希望破除人們對鬼月的迷思。1990 年 8 月 23 日（逢農曆 7 月），上人應「吳尊賢文教公益基金會」之邀，於臺中市私立新民商工大禮堂以「七月原是吉祥月」為題，再度呼籲眾人莫為中元普度而殺生造業，人人以一善破千災，才是真「救倒懸」。普度孤魂是訛傳自佛教「盂蘭盆會」的民俗，溯本正源，農曆七月不僅是修養自心，也是報答親恩的感恩月。

一、七月吉祥祈福會

2008 年，花蓮本會結合環保意識，宣導「歡喜感恩吉祥月‧齋戒善行護大地」運動，倡導不燒金紙、不鋪張。

一般新加坡華人在農曆七月中元普渡時，多是以三牲五果與冥紙祭拜。（圖片：取自網路）

上人說「普度」是「度化眾生」之意，而非殺害生靈來祭拜；否則，本欲造福，竟成造業。慈濟在臺灣各社區舉辦的吉祥月祈福晚會，規模之大如同浴佛；衡量新加坡分會的人力與物力，無法全然效法。因此仿照歲末祝福，於靜思堂舉辦祈福活動，對象以志工和會員為主。

2009 年 8 月，分會首次舉辦「七月吉祥祈福會」，主要宣導「齋戒」與「孝親」觀念。在讚佛聲中，虔誠供燈、供果、供花，祈求天下平安，也引導會眾轉迷信為正信。除了邀約志工分享齋戒茹素的心路，也藉演繹「浩瀚父母恩」推廣孝道。

祈福會的儀式隆重，場面莊嚴，人人虔誠；會中播放上人開示，闡明七月普度的意義和感恩月的由來，消除民眾對「七月鬼節」的迷思；並宣導不屠殺牲畜祭祀、不燒金紙，應以齋戒布施。

有了 2009 年順利的經驗，開始廣推「正信」觀，除了增設以正信為首的話劇，也加強志工對吉祥月的正確觀念。2010 年，特別推出「齋戒發願卡」，邀約眾人茹素，取代以三牲為祭品的風俗；同時增設「竹筒回娘家」區，宣導將祭祀的錢轉為愛心善款。茹素宣導成效良好，祈福會前一周更舉辦「志工說明會暨祈福會」，近兩百位工作人員瞭解「吉祥月」的涵義，約九成志工率先發願茹素，以身力行號召人人響應。祈

分會舉辦祈福會，廣邀親朋戚友、會員大德、社區民眾前來參與，以「正信普度利群生，戒慎茹素護大地」為主題。（攝影：陳碧慧）

「七月吉祥月」，志工沈明賢和會眾推廣「環保、齋戒」，宣導正信正念。（攝影：王綏喜）

福會後，會眾填寫的「齋戒發願卡」中，也有近半數響應茹素。

2012 年祈福會，分會結合推動「願力行撲滿」，響應「素食八分飽、兩分助

人好」運動，帶動志工落實「克己復禮、少欲知足」，將購買供品及金紙的錢存入撲滿，以愛心供佛。同年，分會啟動「法譬如水」經藏演繹，由745位志工演繹法海，將祈福會當作一場盛大的法會，凝聚眾人的誠心，以此調整自我的身、口、意念清淨。

2009年至2014年，在靜思堂共舉辦十七場次的「感恩・歡喜・七月吉祥」祈福會（簡稱「祈福會」），參與的志工與會眾共6,678人次。

以卡供佛 取代金紙

新加坡是個族群、宗教多元的社會，但宗教課題較為敏感，慈濟人無法挨家挨戶按門鈴宣導與邀約，只能透過社區活動，如讀書會、社區聯誼、環保活動時布達訊息。

自2012年祈福會首次加入經藏演繹後，也邀約會眾參與經藏演繹環節，讓全體有融入感、凝聚道氣。靜思堂還設置菩薩招生區，將七月吉祥月及普度的真義深植於民心。

2013年，分會期許每一位慈濟志工都是勸素「種子」，除了自己茹素，也邀約親友茹素。志工積極走訪社區，廣發茹素卡，一卡兩用，一面是邀請卡，一面是發願卡，以卡供佛，取代燒金紙。志工也與會眾分享社區推動齋戒的成果，加強眾人齋戒的願力。

2014年，志工開始走入菜市場，設立攤位，推廣淨斯產品、活動訊息。北區和氣組結合人文推廣和吉祥月宣導，除了在人潮聚集的萬吉路市場設立攤位，同時將靜思語海報張貼在店家牆上，廣邀群眾參與。

以茹素普渡眾生

2014年，靜思堂周圍搭上帳篷，設立靜思人文推廣區和環保教育展示區。展示區旨在宣導不燒金紙、不以三牲祭拜的觀念，以克己復禮的祭祀方式，守護大地萬物的平安。入口處也豎著三支不

志工於社區推廣「七月吉祥月」祈福會活動，手拿靜思語看板和吉祥月宣傳海報，廣邀民眾參與。（攝影：黃思妮）

2017 年起，分會也在多個社區舉辦「七月吉祥月」祈福會活動，積極推廣正信、正念的普度觀念。
（攝影：潘寶通）

冒煙的「慶中元」大香，吸引會眾；還有一個透明的「煙囪」，展示燒金紙產出的濃煙，是污染空氣的來源。

另外有一區展示著天秤兩端的紙塑烤雞和四包大米；說明產出一公斤的肉，使用水等同於生產四百碗米飯的水。更有栩栩如生的北極熊模型、鯊魚娃娃和祭品模型（燒豬、烤鴨、魚翅等），宣導茹素護生是最好的減碳方法。末端的「百善小學堂」展區，是有獎問答區，加強會眾對導覽的印象；最後鼓勵會眾認領竹筒，日日發好願。

二、正信觀念 行為改變

從對個人的影響，到家庭和公司行號，吉祥月的新觀念印證了「福」是做出來的，不是求來的。

不再燒金紙

志工吳德鴻以往本著「無燒無保佑，有燒賺大錢」的觀念，每逢農曆七月必定大肆祭拜。加入慈濟後，他體認到七月原是吉祥月，對周邊人抱持感恩心，平安最實在。以往為了準備祭祀品花費

2010 年七月吉祥月祈福會，分會推出「齋戒發願卡」，邀約眾人以茹素替代用三牲做祭品的風俗，約六百人簽下茹素發願卡。（圖片：王綏喜）

志工以短劇宣導鮮花素果祭拜及不燒金紙的正信觀念。（攝影：潘寶通）

不小，現在將省下的費用分發給員工當獎金，並鼓勵員工以獎金行善造福。

實業家沈森平和太太李惠專每年於農曆七月間，購買金紙和祭品高達新幣五百元，李惠專說：「以前我用貨車直接到批發工廠買金紙。」深信金紙燒得多、祭典愈鋪張，「好兄弟」會保佑生意更好。2009年認識慈濟後，知道金紙源自樹木，大量砍伐破壞自然生態，讓李惠專感到不安，決定不再燒金紙，更將「焚燒桶」變成「環保桶」做資源分類，把買祭品的錢全數捐做慈善基金。

會眾盤雪盈是長女，從小帶著弟妹、婚後帶著兩個女兒到處祭拜神明及焚香燒紙，累積了一門「燒紙學」。她深信農曆七月要加倍焚燒金紙，以求「好兄弟」保護一家大小平安。由於燒金紙的關係，孩子經常疑神疑鬼，風吹草動都令她們緊張不已。直到先生吳榮耀接觸慈濟後，盤雪盈也漸漸有了改變，聽了上人開示，對普度有正確的認知。除了讓孩子加入兒童班及慈少班，也全家投入做環保，對守護地球的信念更堅定，再也不燒金紙了！

破除生活忌諱

出生於廣東家庭的鄺國妹深信農曆七月是鬼月，忌諱多，儀式也多。謹守農曆七月不游泳、不出國，傍晚七點後不可將衣服晾在外等禁忌。2012年參加祈福會，始知農曆七月是吉祥月，她逐漸減少燒金紙，也體悟孝道貴在行善，而非只為祖先普度。鄺國妹把拜祭父母金紙的費用，以他們的名義捐給佛堂或需要的人，為他們積善造福，改用水果及清水供奉。正信的力量使她破除數十年的忌諱，也勇敢向鄰居親友宣導正信的觀念，自度度人。

上人教眾：「真正的普度是打開心門，用愛給苦難眾生所需的；他在飢餓，你給他食物；他在苦難，你去救拔，讓他從苦難，度到幸福安全的地方，這才是『度』。」一般人只為求平安而拜神，這並不是正信，七月吉祥祈福會提倡的環保、茹素、感恩的理念，已然超越地域、跨越宗教。

延伸閱讀

歲末祝福祈好願

感恩過去 祝福未來

1969 年 2 月 9 日，慈濟功德會在普明寺舉辦第一次冬令發放。當時，全臺灣各地的委員和會員都回到精舍協助。當晚大眾與精舍常住師父歡聚一堂，分享心得，並恭聽上人的祝福與開示。這樣的年度聚會一直延續至今，從「委員聯誼同樂會」、「新委受證暨委員歲末聯誼大會」、「歲末團圓聯歡會」，演變成現在的「歲末祝福」。

農曆年前的「歲末祝福感恩會」（簡稱歲末祝福）是慈濟全球年度的大活動，既感恩志工的付出，也感恩會眾善心的護持。

一、獅城歲末祝福

1993 年 1 月 14 日，新加坡分會首梯次十人，返臺參與受證暨歲末聯歡，接受證嚴上人授證、點傳心燈與祝福。

1996 年 1 月 14 日的藥師法會暨感恩戶發放活動上，分會管委會主席慧琪法師頒發心燈，祝福大家能燈燈相傳、心心相連；同年 2 月 28 日，慈濟人另租用京華飯店會議廳舉辦「慈濟委會員新春聯誼」。此後數年，新加坡分會都在寶光佛堂舉行歲末祝福聯誼。

1998 年歲末，分會雖遷至牛車水，但會務未上軌道，所以 1999 年的歲末聯歡仍在寶光佛堂進行，由慧琪法師代表

1998 年 12 月，新加坡分會有了自己的「家」；千禧年之際的歲末祝福，時任負責人的張紅玲、副負責人許慈語發福慧紅包。
（攝影：新加坡分會提供）

致贈本會的福慧紅包，並由臺灣本會德宣法師點亮心燈。

2000 年，分會首次在牛車水會所舉辦歲末祝福。本會德宣法師、德恒法師和德愉法師代表上人頒授福慧紅包。德宣法師勉勵在場的 220 位志工秉持「無緣大慈，同體大悲」的精神，從捨做起，化小愛為大愛，打造人間淨土的宏願。

多年來，志工積極投入社區，環保點在全島應運而生，志工和會員人數日益增長。各個社區也開始邀約和規劃慈濟列車（巴士），載送志工、會員來參與歲末祝福。

歲末祝福在新曆年末、農曆年前舉行，活動場次分為志工場、會員場。2010 年，巴西立靜思堂空間不敷使用，歲末祝福首次走出靜思堂，租借場地舉辦，如嘉龍劇院（Kallang Theatre）、新加坡室內體育館，以及 2015 年星宇表演藝術中心（The Star Performing Arts Center）等地。2018 年，在華族文化中心（Singapore Chinese Cultural Centre）兩天十場，超過 8000 多人參與。

二、上人的期許和祝福

1983 年，上人許下新春三願：「不求身體健康，只求精神敏睿；不求事事如意，只求毅力勇氣；不求減輕責任，只求力量增加。」

2004 年歲末祝福在牛車水會所，志工、會員一同祈福。（攝影：新加坡分會提供）

2010 年，分會執行長劉濟雨師兄發福慧紅包，傳達上人的祝福與感恩。（攝影：楊小晶）

1995 年，上人帶領全球慈濟人於歲末年終時發願「人心淨化、社會祥和、天下無災無難」。新加坡慈濟人也帶動全體祈禱，在點燃心燈時，共勉當一個提燈照路的人，接引更多人做善事；一人一善，則天下無災無難。

每年，上人都會在歲末祝福給全球慈濟人年度主標，做為來年的精神理念。2005 年為「感恩、尊重、愛」，2010 年為「靜思法脈勤行道、慈濟宗門人間路」。2019 年是「感恩尊重生命愛，和敬無諍共福緣」，上人期許大家把主標記在心裡，要接引更多菩提種子，使人人能做到共知、共識、共行。

參與歲末祝福，人人會領到一個「福慧紅包」，那是上人出書的版稅，是海內外慈濟人珍惜的「傳家寶」。2006 年，逢慈濟四十周年，福慧紅包內首次附上臺幣「五元」的硬幣（取臺語「有緣」諧音），意為「歡喜有緣福慧卡」。

2007 年首次採用「大地之母」立體紙雕，象徵十二因緣的十二顆稻穗，勉勵人人「布善種子，遍功德田」。2007 年，上人呼籲慈濟人回歸「竹筒歲月」精神，每天發一念善，小錢行大善。響應上人的呼籲，分會自製竹筒，也向馬六甲分會加訂 2000 支，歲末祝福時發給志工與會員。此後，慈濟的大型活動，都有人帶著沉甸甸的竹筒回娘家，讓涓滴愛心匯入功德海。

歲末祝福另一項重點是「全球慈濟大藏經」，回顧這一年，慈濟在全球各地行善的點滴。隨著分會會員增加，自 2003 年，分會影視組另外製作二十分鐘的回顧片，呈現分會的會務足跡，感恩眾人的付出。

一年一度的歲末祝福是眾多慈濟會員期盼的盛事。會員胡淑鈞加入慈濟近二十年，幾乎年年參與。她說：「我喜歡來這裡聽證嚴法師講做人的道理……很感恩慈濟為世界各國賑災跑在第一線。」

三、經藏演繹 法入心

歲末祝福會場氛圍莊嚴，分會參照本會流程，每年都有經藏演繹。如《三十七道品》、《人有二十難》、《父母恩重難報經》、《藥師如來十二大願》等。2007 年，由合心手語隊結合企業

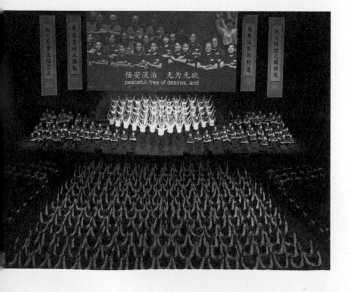

2015 年演繹暨歲末祝福，臺上臺下妙手妙音演繹志工整齊一致的手勢，莊嚴的道氣感動會眾。（攝影：蔡嶽國）

聯誼會成員和慈青,首次演繹「無量義經・說法品」。

2011年,慈濟四十五周年,上人開啟懺悔法門,推動「法譬如水潤蒼生・廣行環保弘人文」經藏演繹。新加坡慈濟人積極響應,共修《慈悲三昧水懺講記》,在社區推動讀書會,廣邀會眾力行齋戒、聞法祛習氣。在接下來兩年的歲末祝福,分段演繹經藏「慈悲三昧水懺」。

直到2013年,因緣具足,得以完整的演繹整部「慈悲三昧水懺」。與以往不同的是,除了臺上演繹經藏,臺下觀眾席也組成「法海感恩區」,讓原本只觀禮的會員,可以藉此接觸手語並唱誦佛典,呼籲會眾一起「大齋戒」和「大懺悔」。

2015年歲末祝福,演繹「無量義經・德行品」,從〈開經偈〉和擊心鼓開場,臺上、臺下805人呈現互相呼應的法海,道氣充盈全場,仿若靈山法會再現。

四、場地佈置及考驗

新加坡寸土寸金,加上國家政策規定,宗教用地有限,靜思堂不足以支應大型活動。2010年起,歲末祝福都向外租借場地,每場次超過千人,每次需出動所有功能組參與規劃與執行,工作人員多達兩、三百人。為了善盡租用場地的優勢,外場空間都會規劃「菩薩招生區」,以便讓志工邀約會眾入座、歇腳,分享慈濟事。

為了展示菩薩人間化的精神,2018年在慈善展區,特別模擬照顧戶的一房式小屋,居住環境吊掛散發霉味的衣物;從視覺、嗅覺、聽覺等互動,會眾彷若身臨其境,體驗慈濟志工訪視的真實情境,啟發慈悲心。還有這次增設具創意的互動道具,其中一項是投道具銅板入竹筒,隨之便換來尿片、營養奶、大米等物,瞬間讓民眾瞭解善款的走向。

文宣佈展組

走出靜思堂後,種類繁多的佈置道具如心燈、琉璃佛像、供座、布幔、屏風等,都無法在活動前先設置,因為租賃來的劇場只有當天才開放使用。佈展組蕭明蘭(慈力)與志工們正式成立文宣佈展組,為戶外大型活動培育人才,讓更多有興趣的人參與。

租借的場地,只有兩小時展示時間;文宣佈展組在活動前一週,即在靜思堂進行「模擬演習」,針對任何可能出現的狀況,討論解決方案。來到會場,數十位志工把貨車上的器具迅速卸下,有的負責掛布幔,有的負責架上宇宙大覺者佛像,有的拉電線、設置燈光、擺列心燈……工作僅一小時即完成。

總務組

為各組備妥所有器材的總務組，從一支筆到一套桌椅，物品林林總總，無不用心打理。陳蓮玉（慈悰）承擔總務組，她說：「明細表整理出來後，會打電話確認這些物品是否真的需要；另外也準備一些不在明細表內，但被大家忽略的用品，如電池、衣架，甚至繩子等急需品，儘量做到有求必應。」

接待組

為了展現慈濟人文，接待組一律由委員慈誠承擔，也特別邀請應屆新受證委員慈誠加入。章愛玉（慈愛）說：「歲末祝福是莊嚴法會，在來賓腦海中留下整齊、美觀的印象是很重要的。」接待組志工在開場前 90 分鐘，就站在地鐵站到表演藝術中心入口的每個交接點和電梯出入口，微笑著為來賓引導方向。

五、菩提林立

曾是慈濟照顧戶，現在已經是慈濟會員的巫裔同胞哈莉雅（Halijah）參加歲末祝福後說：「上人的福慧紅包是一分祝福，也是我每年的寶貝。每當心情不好，只要把紅包拿出來，感受上人與慈濟人的祝福，心裡就會平靜許多。」多年來的互動，回教徒哈莉雅早已把慈濟人當成自家人。參加過七次歲末祝福，拿著福慧紅包，哈莉雅覺得，可以跟著慈濟人一起做環保，非常棒。

十多年來，行在慈濟路上，一封封設計精緻的福慧紅包，對新加坡四位資深委員別具意義，林淑婷（慈獻）、林雅芝（慈慧）、張秀蘭（普多）和陸傳卿（慈眉）惜如珍寶，在國外，難能見師一面，紅包恰如上人的叮嚀，督促著她們，守護著她們。這裡面，有她們做慈濟無數的感動、淚水、歡笑、還有數不盡的感恩。

看著桌上幾十封紅彤彤的福慧紅包，令志工張秀蘭最留念的是 1992 年印有「佛心師志」的紅包，讓她牢記上人的大願。而 1997 年的福慧紅包裝了美金兩元，象徵慈濟志業邁向國際化。1998

執行長劉濟悟師兄送上福慧紅包，傳達上人的祝福。（攝影：蔡長盛）

年第一次使用紀念幣，希望慈濟人能代代相傳。2001 年的紅包特別加上一個小小的 CD 卡，代表慈濟電子時代的開始。上人當時還殷切囑咐老菩薩們必須跟上時代，學習連結慈濟網站聞法。

志工林淑婷則堅定地表示，慈濟路不進則退，這條菩薩道不能停下來。每年拿到上人的祝福，還是要自我反省，該如何把慈濟事做得更好？提醒自己不能懈怠，要緊跟上人的腳步，多結好緣，接引更多人來做慈濟。

林雅芝拿到紅包，每每都非常開心。尤其知道紅包裡裝的是上人的智慧財產版稅後，更是感動；想起以前的自己，事事依賴師兄，連買菜都要師兄在旁壯膽。感恩慈濟把她這個家庭主婦回收，一路走來學會獨立，學會面對。

每年，上人都會給全球慈濟人叮嚀與勉勵，每年的祝福不外乎守好每個人的清淨心，2007 年底，上人說：「感恩過去的每一天、每一個月、每一年，慈濟人不斷地用愛付出，在全球開闢人間福田。」年年都希望將宇宙大覺者的清淨智慧，撒播在人人心田，從一顆種子而生無量法；大地不斷受毀傷，唯有用愛來彌補。希望人人敬天、愛地，聚福緣，疼惜並呵護大地蘊藏的生機。但願愛能延續，帶給眾生無量福！

2018 年，與往年不一樣，此次增設志業展區，讓會眾透過豐富的內容，深刻瞭解在地志業活動。（攝影：曾美珍）

「一房式」組屋體驗區，簡陋的佈置，配上家居用品，讓民眾走入不一樣的生活情景裡，身臨其境地去感受和體會。

（攝影：洪德謙）

延伸閱讀

經藏演繹法入心
身心清淨法入行

經藏演繹」是慈濟傳法的一種方式，將佛典內容重新編排，再以手語、唱誦、戲劇、影片配合呈現；每一場都攝受入心，也感動許多人。新加坡慈濟人不多，卻緊緊追隨本會的腳步，圓滿一場又一場的經藏演繹。

一、《父母恩重難報經》演繹

《父母恩重難報經》音樂手語舞臺劇，2002 年於臺灣首演後，獲無數感動與迴響。全劇從〈序曲〉、〈因緣〉、〈懷胎〉、〈十恩〉、〈親情〉、〈子過〉、〈報恩〉到〈終曲〉，共八個章節；新加坡分會於 2003 年 10 月啟動策劃。

2004 年首次演出

2004 年 3 月初，音樂手語劇開始彩排；4 月 30 日至 5 月 1 日於新加坡國立大學文化中心（University Culture Centre，UCC）演出；兩天三場總計 3,300 人參與。另外，為當時正在籌募建設基金的吉隆坡靜思堂、馬六甲教育建設基金募心募愛；新加坡演繹志工專程赴吉隆坡和馬

六甲，在馬來西亞大學學生活動中心及貴都飯店各演出一場。

2006 年捲土重「演」

2006 年 6 月 30 日至 7 月 1 日，《父母恩重難報經》音樂手語舞臺劇易名為「浩瀚父母恩」，同樣在國立大學文化中心演出。這次的陣容更大，演繹人員有 101 位，年齡介於六至七十二歲，幕後工作人員近百位。為精益求精，劇組用心參考各地演繹版，加入〈跪羊圖〉為序幕，每一幕開頭播放影片鋪陳，以真實的個案來彰顯佛經的內涵，三場演繹共有 3,136 位觀眾觀賞。

二、《無量義經》演繹

2007 年 9 月，「清淨・大愛・無量義」音樂手語劇在臺灣花蓮首演。《無量義經》有三品。〈德行品〉實踐菩薩道的人品典範；〈說法品〉引領大眾體悟佛菩薩的心靈世界；〈功德品〉深入事相，教導人人如何行善。

2008 年 5 月 10 日及 11 日，分會再於

國立大學文化中心公演,引眾走入《無量義經》的世界。

籌備困境

2008 年 2 月,音樂手語劇總協調張潔儀(慈吟)與周苡婷在執行長劉濟雨的指導下,成立劇組及功能小組。2008 年 3 月菲律賓分會公演「清淨‧大愛‧無量義」音樂手語劇,總導演呂慈悅從臺灣親往當地指導。劉濟雨請張潔儀、周苡婷及劇組遠赴菲律賓學習。

呂慈悅向上人報告《無量義經》舞臺的構思時,上人慈示:「若要表現人品典範,就必須由真實人物演出,才能呈現出震撼力,讓人看了有所感動和啟發,譬如人醫角色,要由醫生演繹。另外音樂手語劇應該要讓更多人參與,接引觀眾一起走入經藏。」

劉濟雨強調:「這絕不只是表演而已,所有上臺的人,都是深入《無量義經》,透過演繹向大眾說法。表演者自己一定要非常感動,現場觀眾才會如同身受。」

回到新加坡,兩位協調在短短的一個星期,到各大醫院、診所拜訪醫師,邀約他們參與。然而,新加坡醫生多是受英文教育,要說服他們演出經典並不容易;張潔儀和周苡婷與醫療志工鼓起勇猛心,努力說服十二位醫師、十二位護士和兩位藥劑師加入。

2004 年 4 月,分會首個大型音樂手語舞臺劇《父母恩重難報經》於新加坡國立大學文化中心演出;兩天三場總計 3,300 人參與。
(攝影:新加坡分會提供)

歷經三個月的排練,聚合臺前幕後逾 300 位志工,其中 147 位是臺前演繹的「入經藏菩薩」;還有 170 位幕後工作人員,有年長的阿公阿嬤、家庭主婦,也有來自各行各業的上班族與老闆等。

2008 年 5 月,分會成立十五周年,兩天三場演出。謝幕時,全體觀眾和演員虔誠唱誦「祈禱」,為汶川地震與緬甸納吉斯風災的災民祈福。許多觀眾感動地將祝福投入愛心箱,募得新幣五萬元,全數捐作川緬賑災基金。

齊心入經藏

當時承擔企業聯誼會召集人之一的劉瑞士（濟悟），事業正處轉型階段，再加上同修師姊才動手術，事業家業一肩挑。他的生活非常忙碌，卻依然積極排練。一次夜間彩排，劉瑞士從醫院趕來，卻當場被提醒：「師兄的心沒在這裡！」瑞士師兄心裡一陣不舒服，但馬上轉念，把心安在當下。此次入經藏的悟與得，讓他深深感恩。

新加坡國防部長張志賢準將（後為副總理）、寶光佛堂德源法師、法印學苑傳能法師、妙音學苑嚴泉法師及靈峰般若學堂傳賢法師，以及馬六甲和吉隆坡的慈濟志工，也應邀前來觀賞。法印學苑傳能法師認為，通過演繹，能將《無量義經》印在腦海裡；尤其〈德行品〉由醫護人員來演繹，最是恰當不過。

三、「法譬如水」演繹

2003 年 4 月 17 日，上人於「靜思晨語」開始宣講《法譬如水——慈悲三昧水懺》（簡稱「水懺」），啟動「大懺悔」法門，期待集眾人願力，緩解天地不調。《慈悲三昧水懺》原典文辭深奧，為適應現代人的根基，使大眾能親近，慈濟基金會副總執行長王端正改編為偈頌文。全篇以三障——煩惱障、業障、果報障的「懺悔」和「發願」交替鋪陳。

2011 年，臺灣慈濟人透過水懺讀書會共修、齋戒，5 月在花蓮靜思堂舉行首場「法譬如水」演繹。同年 8 月 6 日至 28 日，共演繹二十四場「法譬如水潤蒼生 · 廣行環保弘人文」，三萬位志工及藝人參與，逾二十五萬共霑法水。

第一次發願演繹

2011 年 3 月，執行長劉濟雨開始規劃「水懺」讀書會和齋戒宣導。5 月浴佛典禮，廣邀全體志工虔誠齋戒兩個月，全力推動「入經藏」，預定在 2012 年元月演繹。

「水懺」讀書會定期每月兩次在不同社區舉辦，就近邀請志工和會員共修。7 月，四合一幹部共修也以「水懺」為主題，共同發露懺悔，去除習氣！「水懺」讀書會啟動時，東、南、北區各和氣，成立法繹組，四十四人一起規劃和承擔導讀。「我們要傳的是正法，很擔心會有錯的體悟，誤導大家。」志工陸傳卿（慈眉）在癌症化療期間，仍仔細閱讀經典的一字一句，並自我警惕莫再造身、口、意三業。

導讀需以簡報輔助，對不諳電腦的人，無疑是一項挑戰。陸傳卿先把重點寫在紙上，再讓其他組員幫忙輸入，大家互相支持、成就彼此。9 月，各項共修開始增設 20 分鐘的妙手妙音環節，透過唱誦和手語，加深對偈文的印象。

2008 年五月，分會在新加坡國立大學文化中心公演三場「清淨‧大愛‧無量義」音樂手語劇，近四千位觀眾一起深入經藏，沉澱心靈。（攝影：劉定勇）

志工在靜思堂進行無數演練與彩排。
（攝影：蔡長盛）

「清淨‧大愛‧無量義」音樂手語劇，全體演員向觀眾致意。其中也包含了協調組在短短一周邀約的二十六位醫護人員。（攝影：黎東興）

執行長劉濟雨多次分享，經書是「工具」，讀書會是「導引」，六個月的時間是「轉折」，演繹後是「蛻變」；懺悔、茹素、環保是「佛心師志」。「水懺」不只要閱讀，更要重複閱讀。首次讀書會，就有幹部鼓起勇氣，當眾懺悔自己的觀念偏差和一直困擾的人我是非，而解開心結。

很多人雖然在慈濟練就一身能力、經驗，但若智慧沒有啟發、心靈沒有洗滌、煩惱沒有放下，依舊無法瞭解「靜思弟子」的深意。唯有福慧雙修，在無常顯現時才能把持正念，不再造作煩惱，菩薩道上才能走得自在。

第二次發願演繹

或許願力虔誠不夠，或許因緣不具足；上人慈示「水懺」演繹需動用大量人力、物力，半年籌備期過於倉促，希望大家先深入經藏、暫緩演繹。2012年，新任執行長劉濟悟再向上人請願，希望能在 2013 年，分會成立二十周年時舉行「法譬如水」經藏演繹，終於獲得上人的慈允和祝福。

2012 年 6 月，新執行團隊將「法入心、法入行、人間菩薩招生」列為年度三大方向，透過團隊企劃，推動落實社區。為鼓勵與會者知行合一，推動小組以「習氣清單」搭配「願力行撲滿」，帶動人人發心立願，去除習氣。

為弘揚經藏，分會鍥而不捨，以分段演繹來凝聚與累積道氣。2011 年歲末祝福，由 143 人演繹〈序曲〉；2012 年七月吉祥月祈福會，由 745 人演繹〈揮慧劍斷苦網〉；2012 年歲末祝福，由 784 人演繹〈懺悔煩惱障〉。彷如佛經中的「化城」，分章節演繹，加深彼此對佛法的理解，也增加信心與願力。

經過三個「化城」的帶動，很多志工深受感動而提起了說法、傳法的使命感，發心加入妙手妙音種子團隊。

「法譬如水」經藏演繹，以擊鼓作為開場與結尾的警世之聲。2013 年 8 月成立「心鼓隊」，上人慈示：「心鼓合鳴無秒差——心與鼓合音；陣陣鼓聲讓人耳聞、心會，震憾人心。」

入人群邀約

兩年多共三輪的讀書會，從志工共修，擴大至民眾參與。每月十多場讀書會，在全島各社區舉辦，每場與會人數從幾十人到上百人。分會全體動員，人人行入經藏，把握每個「菩薩招生」的機會，廣邀民眾一起讀經、行經。

計程車司機李金星放在車上的手語提示圖引起乘客黃淑玲的興趣，讓正在尋覓佛法的她，一口答應參加經藏演繹。受英文教育的林華珍（慮荷）體會到入經藏的法益，發心將「水懺」分享給說英語的友人。她還聯繫起失聯十多年的

志工於各社區定期舉辦讀書會，共同複習
《慈悲三昧水懺》經典內涵。（攝影：潘寶通）

志工帶動社區會眾一起學習「水懺」手語。
（攝影：蔡佑良）

由 1008 名妙手妙音所組成的兩艘慈濟法船啟航，期待新加坡慈濟人廣渡更多的眾生到彼岸。
（攝影：胡國建）

朋友，全程陪伴排練，讓他們不再畏懼華語偈頌。也有實業家帶員工參與，志工力邀親友、佛友、社區晨運班的同學；一通通電話，不僅把新進志工邀來，也把失聯或早期志工「呼喚」歸隊。

規模如此宏大的法會，不僅是新加坡分會的第一次，更是多數人演繹經藏的初次體驗，也是多重的挑戰。人人努力克服語言、宗教、年齡、身心障礙的挑戰；孩子齋戒，克服不吃菜的偏食習慣；長者克服記憶不佳、行動遲緩的困難，把握難得入經藏因緣。

齋戒的挑戰

2012 年 7 月，分會發起「百萬素食全民運動」，妙音、妙手人員都要齋戒半年，還要邀約親友或民眾茹素。然而深入經文要長期齋戒，加上頻密排練等，使邀約不易，持續更難。至 2013 年 10 月，仍有人員進進退退，甚至模糊了入經藏應全面齋戒的精神，將 108 天素食，宣導為 108 餐素食。

10 月 14 日，團隊回臺彙報入經藏的進展。上人提醒：「入經藏的要求是齋戒，早餐吃一餐，下午不吃也算數嗎？臺灣入經藏團隊是 108 天都齋戒。不要以餐數來推動，至少接下來到入經藏演繹都茹素，這樣才會讓入經藏菩薩感覺神聖，產生警惕心。」

回國後，團隊再次強調演繹的意義，並落實全面齋戒。

習氣的挑戰

新加坡民眾對「法會」的印象，多是傳統佛、道家的齋醮科儀或普渡儀式，雖強調齋戒讀經，卻甚少切身深入。二十多年來積極參加各種佛教活動的楊忠貴（本語），也誦持《慈悲三昧水懺》，但對義涵一知半解。參與「水懺」讀書會後，從事理印證因果輪迴，讓他印象深刻，並自我警惕，慎勿造業！

二十多年廚師經驗的伍慧麗（慈引）過去曾在不忍殺生與生活重擔間抉擇。入經藏後，她毅然辭去工作，轉而推廣素食烹飪。委員沈水仙結束經營多年的海鮮湯攤位，轉為打零工，雖然收入銳減，但內心更為踏實。

空間的挑戰

在新加坡，要舉辦佛經讀書會，同時要具備妙手妙音的練習和彩排空間，即使付費也未必能租到。所以志工必需商借宗鄉會館、聯絡所、社區活動中心或私人公司等地點舉辦，有的則輪流在志工家進行。

靜思堂無法容納數百人的演練，當妙手妙音隊形練習日趨頻繁時，各區志工因地制宜，借用新芽受惠學校禮堂、籃球場、公園、民間機構等，有時連組屋階梯，都是練習隊形走位的道場。

為了「隨時隨地」給入經藏人員引導站位，地標組在超大的白色帆布上，模擬舞臺平面圖，標上代表階梯的直線和地標，無論到何處，只要帆布一攤開，即可站位排練。

實業家沈森平（濟黎）借出工廠天臺，作為妙手妙音排練；實業家沈喜洲（濟揚）則在廠房裡搭建臨時舞臺，由於場地高度所限，原本十九級階梯的舞臺，只能搭到第十一級。心鼓隊起初在靜思堂排練，為避免鼓聲打擾近鄰，將場地從住宅區轉移到西南部的工業區，在廠房排練。

正式演繹在全國最大的專業表演場地——新加坡室內體育館，可容納 8,000 位觀眾；一般臺上表演者最多上百人，但此次演繹卻有千人，分會必須請專業的燈光師、舞臺設計師、攝製團隊等外援。面臨動作、隊形的排練困難，僅能不斷從臺灣演繹的影音資料中揣摩。戲劇的橋段，則聘請專業編導、演藝人士參與，並在戲劇部分融入新加坡的文化特色與演變，以引起觀眾共鳴。

臺灣團隊助緣

為符應當地文化，新加坡團隊加入較多表演橋段。2013 年 11 月 9 日，上人於臺北三重園區向來臺受證的新加坡志工強調，要尊重佛典，如果只是學怎麼比手語和走位，或是邀請專業人士援助，呈現太花俏的元素，演繹將只是一場表演。上人慈示：「演繹經藏，靠的是道心，需要大家誠正信實，才能虔誠地把佛法展現出來，而且必須做到法脈傳承。不可只靠聰明，更不可當兒戲和娛樂，慈濟入經藏要莊嚴的演繹，否則演『繹』就變成演『藝』了！」

距離演繹只剩一個月，新加坡團隊加緊修正的腳步，未完成 108 天齋戒的人，也向上人承諾，在演繹後會持續齋戒。呂慈悅連同本會宗教處及大愛電視臺等，兩度到獅城，傳承臺灣經驗，將團隊雕琢得更有道氣。

正式演繹

「法譬如水」經藏演繹四場，共約 18,000 位觀眾同霑法水，虔誠為世間祈福；也藉此為菲律賓海燕風災籌募賑災基金，將善念化為實際的助人行動。

多數新加坡志工都入經藏演繹，因此有 240 位海外慈濟人跨海來協助當工作人員。作為東南亞首次演繹「法譬如水」的分會，新加坡的足跡，也鼓舞了印尼分會、泰國分會和馬來西亞雪隆分會籌辦的決心。印尼分會執行長劉素美說：「善的漣漪已從新加坡傳遞，這次除了幕後護持及觀摩以外，鄰近的印尼家人也猶如『辦喜事』般前來祝福。」

新加坡政府要員、社區基層組織、媒體及佛教、道教、巴哈伊教及興都

臺灣呂慈悅師姊專程到新加坡指導大家演練的動作和走位，助這場入經藏演繹一臂之力。
（攝影：王綏喜）

上人期許，要發大願在人群中付出，要讓靈山法會永住新加坡！圖為分會成立20周年，志工舉辦《慈悲三昧水懺》經藏演繹。（攝影：丘采靈）

教等宗教代表皆蒞臨會場，其中佛教界有 111 位法師出席，國會議員楊木光還投入演繹，承擔一場的「工畫師」。大會嘉賓、新加坡國家發展部部長許文遠（Mr.Khaw Boon Wan），會後在 Facebook 上傳活動照片，讚許慈濟人透過人文演繹，傳播善的訊息。新加坡佛教總會秘書長廣品法師有感於人心沉迷物質享受，十分肯定慈濟用演繹來詮釋《慈悲三昧水懺》。

佛教青年弘法團定融法師也肯定慈濟推展的新形態法會，「佛教要與時並進，拜懺只是一種形式，主要能淨化心靈，改造過去所作的惡業。」

上人的期許

新加坡演繹團隊於 2013 年 12 月 20 日返靜思精舍，與上人分享新加坡入經藏後的法喜。上人十分欣慰，並舉「降伏十魔軍」為例；說明佛陀在成正果前，仍要降伏自己的心魔，更何況是已經養成習氣的眾人，一定會經過一番善惡拔河。因此入經藏前，一定要齋戒茹素至少 108 天，讓身心清淨；假如以餐數為主，就沒有守住戒律，就不是齋戒。靜思語裡有一句話「假久成真」，若齋戒期間能時時提醒自己不貪、不瞋、不癡，心懷善念，逢人說好話、做好事；三個月後，相信也能變成習慣，這就是修行。

新加坡地小、人口密集，有利於佛法的弘揚。上人期許，既然已經起頭入經藏了，就要延續下去；要發大願在人群中付出，不要因人我是非影響自己的心，要讓靈山法會永住新加坡！

 延伸閱讀

晨鐘起 薰法香

聞思修 勤精進

2007 年 9 月，臺灣慈青賴曉逸呼籲慈青夥伴晨起，收看大愛臺每天清晨播出的「靜思晨語」節目。隨後全球慈青互相喚醒，透過網路線上討論、分享。證嚴上人讚歎這群年輕人，珍惜時間、聞法精進，將這項活動命名為「晨鐘起・薰法香」。短短半年有九個國家、近四百位慈青一起響應。

一、 慈青響應

2007 年 12 月全球慈青日，德宸法師呼籲海外慈青響應「晨鐘起・薰法香」。營隊結束後，慈青學長陳子榮（誠鎮）、黃順偉（誠偉）、梁麗婷（懿甯）等回國，邀約全體新加坡慈青響應。

初期，在校輔譚秀珍（慈禕）和王威勖（濟弘）的陪伴下，參與人數曾多達二十人。但是人數始終起起落落，無法在年輕族群中恆持。

2013 年，新加坡分會籌辦「法譬如水」經藏演繹。10 月，執行長劉瑞士（濟悟）帶動志工精進入法，鼓勵同仁以身作則晨起聞法。莫炳燊（濟協）和余振

森（誠振）率先響應，協助音控連線，當時有十幾位職工與志工，固定到靜思堂聞法。

同年 12 月，「法譬如水」經藏演繹圓滿，執行長劉瑞士帶領演繹團隊回靜思精舍報告，上人殷殷叮嚀團隊要多聞法。妙手妙音協調曾寶儀（慈洪）見到上人時，發覺聽不懂上人的話，很慚愧。上人說：「再不每天薰法香，會越來越聽不懂我說的話。」一句話警醒曾寶儀。一回國，她就和吳蘇慧（懿慧）召集七十多位種子老師，一起發願推動「晨鐘起・薰法香」。

二、 薰法八難

推動一段時間，志工們發現，薰法香雖然很好，卻出現了「八難」！還好大家不畏困難，一一面對與克服。

第一難　調整作息難

新加坡上班族平日工作時間長，夜生活豐富，早起不易。薰法香與靜思精舍同步，需清晨五點二十分聆聽上人開

示;調整生活作息成為大家需克服的難點。「若睡不夠就早睡,沒辦法早睡就少睡,因為修行是一種習慣」,早睡早起,才能勤聞法。

第二難　離開被窩難

「早起很難,離開被窩更難」,大家開始想出「起床妙方」。只要將手機鬧鐘放在環保碗裡,聲音加震動,不怕醒不來。同時,法親們不放棄每天 Morning Call,電話打到對方起床為止。只要調整生活作息,養成好習慣,早睡早起一點都不難。

第三難　定點距遠難

新加坡公共交通便利,但公車最早五點三十分才開動;志工住所距離靜思堂遠近不同,因此很多人無法前往聞法。

早在 2013 年,分會已陸續開拓新的連線道場,南區的義診中心、西區的日間康復中心。而位在北區的環保站正在裝潢,缺乏連線道場;實業家沈喜洲(濟揚)提供自己工廠的辦公室作為薰法香連線點。2014 年北區環保教育站(簡稱環保站)裝修完工,首次連線共七十一位志工參與。能同步聽見上人的叮嚀,像是法髓直接輸送,令人振奮不已。

第四難　苦無交通難

截至 2019 年,新加坡共有五個薰法香的據點,讓更多志工可以就近聞法!

2014 年,實業家沈喜洲(濟揚)借出自己兀蘭的工廠辦公空間,讓志工連線薰法。
(攝影:黎東興)

慈濟人聞法心切,共乘「菩薩車」互相成就慧命。執行長劉濟悟也是開大白牛車的一員。
(攝影:蕭耀華)

為了要讓較遠的志工方便到薰法香地點,戴鈺郿(慈邵)提出以私家車運載的辦法,正逢上人開示《法華經・譬喻

品》，志工紛紛把私家車改為「大白牛車」，相約共乘聞法。司機想到志工的等待，不敢有懈怠的心；志工擔心司機菩薩苦等而準時起床，彼此成就慧命。

志工黃德源（濟原）為了成就更多志工薰法香，每天清晨向父親借車載送志工。薰法香結束後，再還車搭乘大眾交通工具上班。同樣承擔司機的陳惜枝（慈惜）有一次家中大鐵門壞了，寧願爬過自家矮圍籬去開車，也不願耽誤大家的慧命。

第五難　精神不濟難

大家不賴床、準時到達，卻是邊聞法、邊瞌睡，因此透過各種記錄方式來提高注意力；有漫畫、有圖示還有電腦筆記。運用創意做筆記，強迫自己專心聆聽上人說法；提振精神，聞法就不難。

第六難　語言不懂難

部分志工聽不懂上人的閩南語，有的志工更不諳中文。為了克服語言障礙，職工許翠琴（懿羚）和施懿芸每天輪流即時轉譯，聽打成中文，同步投影在五個連線的螢幕上，讓志工可以「讀經」。

人醫會周小平醫師把開示內容翻譯成英文，吳佳翰節錄「靜思晨語」的英文逐字稿，分享給親友。劉勁寬則組織記錄團隊，在各連線道場記錄志工聞法心得。陳志勛也定期將開示內容畫成圖，搭配經文，使圖文並茂，幫助理解。

第七難　網路不穩難

聞法聽到一半時，偶然會有網路斷線的情況，但大家都留在現場靜心等待，等待「一線」希望。菩薩道上難行能行，只要道心堅定，耐心等待，就算網路斷線，也不放棄。

第八難　恆持聞法難

縱然人人盡心力促成早起聞法的風氣，恆持聞法仍不易。為了相互鼓勵，志工的問候改為：「今天，您薰了嗎？」透過善的力量，互相影響。「道心不退，就不難！」

新加坡芽籠東靜思書軒（沈氏道店）
（攝影：蕭耀華）

慈濟健檢中心（上圖）、慈濟義診中心（下圖）「晨鐘起・薰法香」，聞法做筆記，晨間共修智慧長。
（攝影：蕭耀華）

歷經眾人的努力，突破種種困難，截至 2019 年 7 月，每日薰法香人數平均約百人，總參與人次逾十五萬人次，顯示新加坡慈濟人聞法的決心。

三、薰法八好 輕安自在

每天清晨五點，職工、志工陸續抵達薰法香據點，端坐聆聽上人開示。

運用清晨聞法，很多志工在工作中面對人事問題時，會不自覺地轉變，克制自己的習氣。有的志工體會到錢財是身外物，慧命最重要。有的學會聆聽閩南語，不看字幕就能聽懂。有的則學會如何分享心得；更多的是養成早睡早起的習慣，身體變得健康了。

2017 年海外董事會報告，新加坡志工歸類出「薰法八好」。一心情好：心有法，方能守六根、去五欲。二辯才好：鍛鍊分享，辯才能無礙。三人緣好：法親同聚，歡喜結好緣。四思想好：親善知識，正見、正思維。五健康好：早睡早起、不貪睡。六家庭好：洗滌習氣，家庭和諧。七人生好：道心堅定，勇猛精進。八見師好：與師父結法髓緣。

重要推手——執行長劉瑞士（濟悟）

推動薰法香的過程中，劉瑞士扮演著重要的角色。2013 年，臺灣各據點開始響應上人的號召，落實「晨鐘起 · 薰法香」，劉瑞士返臺匯報會務期間，深感慧命需要成長，才能自度度人。

「如果一個分會負責人沒有辦法做到，是愧對上人。」劉瑞士以身作則，鼓勵由靜思堂的職工開始。家住西部的他，每天早起三小時，開車前來靜思堂報到。劉瑞士發現自己因此更瞭解佛法、更快轉念。面對人事問題，以往總是心生煩惱，薰法香的過程中，慢慢學會善解與包容，更加輕安自在了！

每一次薰法香後，劉瑞士就會問自己：「還有什麼是可以自我超越的呢？」在推動會務上，他也經常自問：「如果上人遇到類似情況，會怎麼做？」他常與副執行長邱建義（濟樹）互相勉勵，提醒彼此凡事堅持大原則，放下小細節。但仍常常遇到人事磨練，而上人在晨語開示中似乎天天提醒，好的壞的都承受下來，不埋怨、不指責，更要感恩對方讓自己有所學習。

每一個會務決策，都可以「複習」開示內容，執行團隊從中受益良多，變得非常和氣。薰法香後的分享，劉瑞士堅持做總結，藉此加強專注力。

坐正、聽經、記錄、聯想，「薰法香」需要高集中力，劉瑞士不言倦，因為他發現「上人開示很精彩」，自許能像佛陀的十大弟子學習，成為上人的「好弟子」。「這是我們心靈交會的時間，感覺與上人的心越走越近……上人說，弟

清晨五點，新加坡慈濟人即趕赴五個社區道場，連線聞法，落實「聞、思、修」的修行方式，圖為巴西立靜思堂。（攝影：蕭耀華）

子最好的供養是薰法香，期待人人都能薰法香！」

四、不捨慧命中斷

上人開示：「生命父母給，慧命師父給。師父沒有懈怠，早也講經、晚也講經，告訴大家一寸，希望大家能走對一尺。路對了，就能皆大歡喜，捨一切煩惱；得到法髓，就可以自製新血，讓慧命不斷成長。除了「人間菩提」，大家也要看「靜思晨語」。若不看，法從何來？光靠緣分做慈濟，緣盡法散；此生沒有接到法，下一生又如何以法度人？師父很密集地灑出「法」網，精進不懈怠要將法傳給大家，只是不捨大家慧命中斷，若不接，我也『無法度』。」

延伸閱讀

2013年－2019年
晨鐘起・薰法香
——每一天從行願開始

薰法香地點

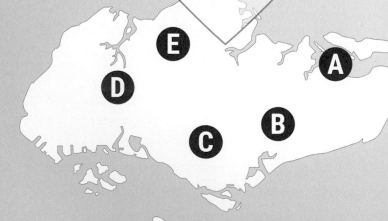

Ⓐ 靜思堂
Ⓑ 靜思書軒（沈氏道）
Ⓒ 義診中心（紅山）
Ⓓ 日間康復中心（裕廊東）
Ⓔ 環保教育站（兀蘭）

堅定

思想好
人緣好
辯才好
心情好
健康好
家庭好
人生好
前途好

8好

自度

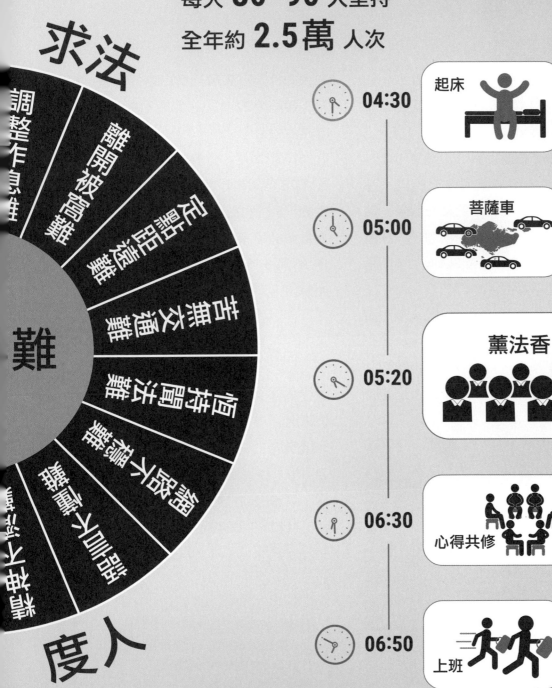

求法

難

度人

調整作息難

離開被窩難

定點跑後難

吉浦交通難

佰持聞法難

耀水濕滑難

職場上班難

每日平均 **25** 部菩薩車

每天 **80-90** 人堅持

全年約 **2.5萬** 人次

04:30　起床

05:00　菩薩車

05:20　薰法香

06:30　心得共修

06:50　上班

歷史的足跡

大愛人文館

　　公分的鉛筆、兩顆高麗菜，一個舊鐵罐和幾塊連鎖磚，就可以說慈濟故事了嗎？

　　新加坡慈濟分會走過二十幾個年頭，但是仍有許多新加坡人從未聽過「慈濟」。秉持善用境教，把慈濟的善、慈濟的好，讓更多人知道的構想，「慈濟大愛人文館 Tzu Chi Da Ai Gallery」（簡稱人文館）應運而生。

　　坐落於北部三巴旺女皇大道，距市區約 25 公里。這個自英國殖民時代就留下的洋房建築群，建於 1894 年至 1941 年間，仿造南洋的高腳屋設計，是當時殖民政府為官員與士兵所造的宿舍、軍營；建築外觀皆為白牆、黑屋頂，俗稱「黑白屋」。

　　2015 年 2 月，分會向國家福利理事會（NCSS）申請兩間黑白屋，5 月取得租用權。5 月底的會員大會上，靜思精舍德勷法師建議將其中一間設為展館。同年 10 月 8 日取得准證後，展館正式開始整修。

一、為展館命名定位

　　要為這個空間定位，第一重要的決定是命名。

　　策展志工莫炳燊（濟協）、蕭明蘭（慈力）想了好幾個名稱。而「大愛」、「人文」是慈濟最珍貴的特質，是靜思法脈、慈濟宗門的核心，更是不分貧富、

為感恩慈濟成立五十周年，全球首座慈濟大愛人文館於新加坡三巴旺開啟；於 2016 年 5 月 11 日正式對外開放參觀。
（攝影：新加坡分會提供）

不論國籍，每個人都需要的精神，於是展覽館以「慈濟大愛人文館」為名。

莫炳燊、蕭明蘭與佈展志工團隊用短短半年，讓原本僅兩層樓的洋房，改造為具靜思法脈、慈濟宗門精神的人文展館。2016 年 2 月，策展團隊返臺向證嚴上人報告進度。同年 5 月 11 日，在靜思精舍德勷法師、德格法師與執行長劉濟悟等人見證下，正式啟用。這一年，也是慈濟的五十周年。

人文館設計風格，結合視覺與心的感受，除扮演說法的角色，也提供會眾一個心靈沉澱的空間。

善用空間 處處說法

慈濟五十年，歷史之河那麼長，如何從中取一瓢水，把慈濟脈動裝在有限的空間裡？

上人常勉勵慈濟人要發揮奈米般的良能，蕭明蘭回憶：「好多年前剛進慈濟時，有一次在廚房幫忙切菜，被教導切菜要切齊，不能超出一寸，這樣才不會因為太長，讓人噎到。」這個「分寸」的警惕，是心中一直未褪色的感動，這分感動，化成展館的主軸內容。她希望每一瓢水都有法脈的精神，讓有緣人能透過展覽領受。從「小」到「大」、從「細微」到「宏觀」；從最原始的感動與最平凡的物件中，萃取最單純的「真」和「善」。

大愛人文館開幕典禮，靜思精舍德勷法師（右一）、德格法師（右二）為人文館掛牌。（攝影：王綏喜）

入口處「走路要輕，怕地會痛」的靜思語，體現著上人敬天愛地的悲心，是慈濟人當學習的精神。（攝影：蔡長盛）

從入口的大鐵門，一路延伸到人文館，地上的腳印是說法的開始。入口地上漆有中英靜思語「走路要輕，怕地會痛」，這是尊重生命的實踐，更是上人敬天愛地的悲心。讓參訪者尚未踏入人

文館，先感受慈濟動中修靜的法門。

進入人文館，玄關樓梯旁的牆面嵌著一支樸素的大竹筒，述說慈濟 1966 年三十支竹筒的起源，體現慈濟人「滴水成河，粒米成籮」，一步一步用愛鋪出四大八法的志業。沿著樓梯邊的牆角，一幅世界地圖，展示著慈濟在全球各地的慈善足跡。

大門口兩棵高大的相思樹，對應的是長廊轉角一處幽靜的空間，這裡設有「如師座」，是志工每次來值班時，觀想如師在，向上人恭敬問訊、沉澱生命的一角。

南洋的建築風格都設有地下車庫與藏物空間，人文館地下一層改裝為開放式的「森呼吸空間」與「知心小築」，讓人們歇腳時，也感受大自然的寧靜。秉持慈濟延續物命、珍惜資源的理念，人文館內的陳設與家具，多是回收物，經佈展志工巧手創意，化無用為大用。

靜思時空　慈濟萬行

二樓空間設計成五個主題館，有「歷史館」、「故事館」、「世界時事館」、「新加坡館」、「多媒體體驗館」，另巧妙應用房子的四角，變身閱讀走廊。

慈濟半世紀的歷史，從 1937 年上人出生於臺灣說起。「故事館」和「歷史館」彷彿時光隧道，引領參訪者走入慈、悲、喜、捨的慈濟世界。為了讓參訪者能夠身歷其境，感受靜思精舍常住、全球慈濟的點滴，進而探詢背後的故事。佈展團隊用心以實物來呈現，展示的文物、道具有的來自臺灣、有的自己製作。從一碗師公飯、一塊臺灣九二一地震援建校舍的連鎖磚，到緬甸納吉斯風災後的米撲滿等實體文物，都有故事。

一塊鹹豆腐，展現「克己、克勤、克儉、克難」的簡樸生活；多縫製一雙嬰兒鞋是「自力耕生，不受供養」的慈善精神；兩顆高麗菜，呈現慈善「複查制度」的起因；靜思淨皂，體現常住師父的一念「孝」心；香積飯是對災民「人傷我痛，人苦我悲」的同理心。

「歷史館」裡陳列已絕版的慈濟藏書，和早期慈濟種子賴以求法的上人開示錄音卡帶，還有慈濟的大事記年表等。透過一張張精選的照片和簡潔的文案，刻劃出慈濟四大志業、八大法印的深廣度。

為了善用每一寸空間，人文館每個角落都用來說法，從地上、牆壁到天花板，重現志業的篳路藍縷。觸目所及，都能讓人感受到上人堅定帶領慈濟人，用慈悲與大愛，走過半世紀。

關心本土　放眼全球

「世界時事館」、「新加坡館」和「多媒體體驗館」大量採用影音，呈現慈濟

慈濟故事館透過各種實物展示品，帶出克勤
克儉的靜思家風。（攝影：陳清華）

透過鹹豆腐等真實展，實際感受精舍師父草
創時期，簡樸克難的生活。（攝影：蔡長盛）

期許說法團隊的每位導覽志工都能以「心」為主軸，充實自己，將修行和傳法合而為一，成為名副其
實的說法人、傳法人。（攝影：楊嘉珮）

遍及全球的大愛足跡。有1998年阿富汗震災發放，五歲戶長的故事；有1998年喬治、密契颶風重創中美洲，慈濟發起舊衣募集，用心整理的動人故事。透過觸控螢幕和投影，突破展館的空間限制，讓人們一覽慈濟在國際的善行。

「世界時事館」強調生命共同體，主要呈現慈濟在全球「哪裡有災難，就往哪裡去」的因緣發展。如援助尼泊爾地震、敘利亞難民等；從福慧床、環保毛毯的研發，慈悲科技的創始，源於上人的一念不捨，以悲啟智；同時闡述國際賑災直接、重點、尊重、及時與務實的五大原則。

「世界時事館」延伸的是環境議題，因人類是地球最大的危機，所以透過科技影像，大猩猩可可（Koko）也到人文館，牠用手語呼籲人類「不要再破壞環境！」期待參訪者能身體力行，為地球而改變習慣，降低物欲、回歸樸實。

「新加坡館」，就是用新加坡地圖述說慈濟落實社區的軌跡，從志工組織「四法四門四合一」架構，延伸到「立體琉璃同心圓」的模式，展現覆蓋全島的志工菩薩網。從1990年代的寶光佛堂，到1996年的慈濟文化中心；1998年的牛車水會所，到現在的巴西立靜思堂，記錄新加坡分會二十多年來志業的發展與里程碑。

「多媒體體驗館」，播放內容有「慈濟大藏經」等，是每年全球慈濟的足跡剪影。透過展示，希望讓更多人瞭解慈濟的核心價值，繼而啟發愛心善念。誠如執行長劉瑞士的叮嚀：「慈濟善法要源遠流長，就必須好好地傳揚出去。」

人文館設置三年來，除舉辦「生活美學」與「生命美學」系列講座，也擴展成志工精進培訓課程、新進同仁共識及各功能組辦營隊、研習交流的場所。

二、說法團隊

佈展團隊發揮巧思與創意，說法團隊則是重要的穿線人，他們以慈濟的精神，說靜思的法脈。團隊成員有老、中、青各年齡層，大家共同一念，珍惜播善種的機會，用道心、用誠意、用身教傳遞慈濟人文。

新加坡大愛人文館發想人莫炳燊師兄及其同修蕭明蘭師姊。（攝影：楊嘉珮）

海內外慈濟人來訪，每每看到上人的法髓再現，回眸慈濟足跡的感動，都能一掃疲憊與倦怠，重拾初發心，再續慈濟緣。人文館無形中竟發揮了慈濟海外充電站的良能。

2018 年 9 月，分會二十五周年慶，於大愛人文館舉辦志業成果展。超過二十家曾轉介個案給慈濟的慈善和醫療機構前來參訪，分會慈善志業發展室同仁吳麗瑩說：「與我們合作的機構，多數只專注在單一個專案，來到這裡參觀才比較瞭解，原來慈濟是一個國際性的慈善團體。」

莫炳燊、蕭明蘭——為傳法傳愛而設計

一個遠離靜思堂的展覽館，要用什麼樣的精神內涵和呈現方式，讓參訪者能在短時間瞭解到靜思法脈與慈濟宗門？

莫炳燊與蕭明蘭同修 1997 年移民新加坡，2000 年走進慈濟，2006 年受證；他們勇敢承擔起人文館策展規劃。

「長久以來，我們一直有個心願，想把慈濟的『美』，打造一個人文空間，當看到黑白屋建築時，馬上覺得是時候了。隔年剛好是慈濟五十周年，所以想設一個慈濟文史的小小博物館，可是不知道自己有沒有這個力量？就一直思考『做什麼』、『如何做』，最重要的是『為何而做』。」想到上人當初在臺灣蓋慈濟醫院時，也曾說自己自不量力，勇氣就這樣產生了。

他們從本地需求去思考：富足繁榮的國家，還缺什麼？安定無虞的新加坡還關心什麼？除了種族融合、宗教自由、經濟穩定外，原來新加坡還關心著人民的善良指數！

在資訊泛濫的時代，慈濟五十年的珍貴史實如何展現？如何借重現代科技來傳法？上班族、職業人士走進來，他們在尋找什麼？如何站在觀賞者的角度，去設計一個非慈濟人容易理解、也會愛上的展覽館？最大的希望是讓上人的法，和慈濟「大愛」、「人文」的精髓，在新加坡發芽。

截至 2019 年，人文館承擔說法的志工近 500 人次，參訪人數近 3,000 人次。珍貴的價值，不在於參訪人數的多寡，而是在於參訪後，留在心中，仍難以忘懷的感動。

 延伸閱讀

大愛人文館 2014年－2019年

走路要轻
怕地会痛

Walk gently
to show our respect
for the Land

自1966年 慈濟歷史

慈善　　　　醫療　　　　教育　　　人文

認識四大八法，溫故知新。想知道，慈濟五十多年，做了什麼？

自1966年 慈濟故事

嬰兒鞋　　　米撲滿　　　鹹豆乾　　　高麗菜

實物展示，貼近當時。想聽聽，感人的故事，來這裡！

海內外慈濟志工、企業機構、合作夥伴、學校等
每年參訪逾 **3,000** 人次
導覽志工逾 **500** 人次

自1991年 **慈濟世界時事**

慈濟全球賑災足跡已達 **100** 國
關心世界，看這裡！

自1993年 **新加坡慈濟**

新加坡慈濟做什麼？
想加入慈濟，來這裡！

現代的方法，度當代的人
傳統的曾經，現代的科技
都只為了一念善

環保志業篇

1990

證嚴上人於臺中新民商工演講，呼籲大眾用鼓掌的雙手做環保

1994

新加坡分會成立環保組，志工沿戶登門回收資源

2014

新加坡第一個「環保教育站」啟用

2018

新加坡環保發展出一個教育站和近 40 個環保點

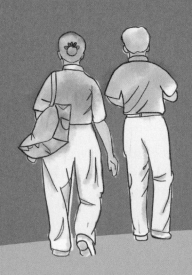

用鼓掌的雙手做環保

環保志業發展

1990 年 8 月 23 日，證嚴上人應「吳尊賢文教基金會」邀請，於臺中新民商工演講，呼籲大家「用鼓掌的雙手做環保」，將垃圾分類、資源回收，預約人間淨土。

一、環保志業起步

新加坡土地面積僅臺灣的 1/50，人口近六百萬，垃圾量卻十分驚人。政府雖自 90 年代開始施行垃圾減量和廢棄物回收，力圖減少焚化和填埋的垃圾量。

但到 2017 年，居家廢棄物回收率仍僅 21%，反映民眾的環保意識有待提升。

新加坡慈濟分會於 1994 年增設環保組，但人力、物力薄弱。第一沒有環保車；第二沒有固定點存放回收物；第三民眾只熟悉舊報紙回收。

組長李浩銘與幾位志工發心，有貨車的開貨車，有計程車的開計程車，下班後到志工與會員的家，登門收回收物。環保志業初期，大家共識，有多少人，做多少事。

1998 年末，分會搬遷至牛車水；志工雖持續在夜間到府收回收物，仍無法讓更多民眾認識環保，進而一起力行。1999 年 3 月，分會負責人張紅玲鼓勵志工啟動「敦親睦鄰掃心地」，一方面用行動宣導環境保護，一方面也讓大家知道，慈濟會所就在這裡。

1999 年，正式於綠和園（Ivory Height）設立慈濟環保點，每月第二個星期日為環保日。
（攝影：新加坡分會提供）

二、推動社區環保

四年不間斷地推動，口耳相傳，志工身旁的親友略知慈濟在做環保，但慈濟始終沒有固定的環保點，更沒有環保站；所以志工只能在自家做分類，同時鼓勵左鄰右舍一起做。

第一個社區環保點

新加坡法令嚴謹，不允許隨意設立環保站，退而求其次，分會開始找適合成立環保點的場所，固定每月一日在定點做回收。

謝麗珍住在裕廊東綠和園一座私人住宅區，她和李浩銘、陳榮嬌等人討論，決定向相關單位接洽，試辦環保日。管理層答應了，綠和園（Ivory Height）成為分會第一個慈濟環保點，1999 年 7 月試運作，隔月正式設立，開始每月一次的環保日。

直到 2014 年 9 月止，前後十五年，志工每個月第二個星期日都到綠和園做回收。由四十至五十位志工分散在八棟樓，推著回收車，挨家挨戶敲 654 戶門，一層一層往下收；另一批志工在住宅區一樓，分類整理回收物。

這段逐戶邀約的歲月，是許多新加坡資深慈濟人記憶最深的一段，也成為數年後，到組屋逐戶愛灑回收的序曲。

牛車水會所及裕廊東綠和園兩處環保點，相距僅十六公里，一個屬南，一個屬西；這使慈濟環保志業在新加坡的觸民率更廣，口碑也被宣揚開來。

拓展環保點

新加坡超過 80％的居民都住在政府組屋，順應當地生活方式，慈濟在組屋樓下收集、分類，然後賣給回收商。2003 年，志工沈龍發（濟峘）和同修梁桂燕（慈至）察覺，上班族能做環保的時間只有晚上，因此分會決定在裕廊西成立第一個夜間環保點。梁桂燕回憶：「萬事起頭難，那時沒車、沒人，和居民的關係也還沒建立，感覺真辛苦，可是有心就不難。」六年的接引、帶動，因環保而成為慈濟慈誠委員的有近二十位，會員也有六十多位。

2005 年落實四合一架構，志工回到社區，帶動資源回收，再將變賣所得用作慈善基金。漸漸地，從家庭式、單一的環保模式，變成每個月的環保日，人人一起守護的環保據點。

環保點雖是很好的活動道場，能就近接引民眾，卻也曾遇到困難；有居民投訴和反對環保點的開設，幾乎每次環保日都會下來「關懷」志工。自從新加坡遭霾害侵襲，部分地區下起冰雹後，這位居民見到慈濟志工依然不懈地做環保，終於理解：「天氣異常，環境保護很重要。」

有人促成，有人發心，社區環保點如雨後春筍，前後開啟了五十四個。

三、社區環保拓點模式

環保點沒有藏物和囤物處，是借用的空間；推車、桌椅和文宣看板，都暫放在附近的環保幹事家中。環保點的運作，必須維護環境整潔，不喧嘩不擾民，回收物得擺放整齊。

2007 年 8 月，分會訂下人間菩薩大招生的目標，積極開拓慈善訪視工作，更要以環保接引民眾。所以，志工紛紛提出希望在鄰近自己組屋區的底層設立環保點。開設環保點，一定要與居民委員會（Resident Committee，RC）或者公民咨詢委員會（Citizens'Consultative Committee，CCC）接洽；另外選址也是關鍵，通常靠近地鐵或菜市場的組屋區較為理想。新據點啟用前，除了在組屋佈告欄張貼海報、懸掛橫幅，也會挨家挨戶敲門愛灑，邀約參與。

初期，環保幹事發現，許多居民仍習慣等志工上門收回收物，回收物未分類等，無法真正帶動社區環保風氣。執行長劉濟雨提出暫停上門回收，鼓勵居民把物資帶到環保點。

新加坡環保的推動，從資源回收漸轉為環保教育。小小的環保點，除了整齊規劃各類回收區，還設有雙語看板區，展示環境危機議題、慈濟環保理念、大愛感恩科技產品等，鼓勵大家知行合一，將環保落實於生活中。

「Uncle 您好，打擾了，我們是慈濟的志工，想和您介紹一些關於環保的訊息。」環保日前一個星期，志工走入組屋區挨家挨戶宣導，鼓勵居民把物資帶到環保點，也一起參與慈濟每月一次的環保分類。

自 2006 年 7 月在西北社區木蘭園（Woodgrove Condominium）共管公寓設立環保點，每月不間斷的環保日，漸漸得到公寓管理層和居民的認同和支持。

為了深耕社區，落實社區志工。2009 年開始，每個環保點都設立接待組，加強環保宣導；志工協助居民分類，也介紹慈濟的環保教育，甚至當場接引他們成為會員、志工。2010 年，正逢慈濟環保二十周年，上人提出「環保精質化，清淨在源頭」，分會進一步帶動民眾要先清洗瓶罐，再帶到環保點。

2011 年，分會推動「一個協力組，一個環保點」（一協一點），期許慈濟志工都投入環保，所以在全島各社區成立環保點。6 月，於河水山（Bukit Ho Swee）大牌 20 組屋底層成立環保點，成為唯一每周的日間環保場所。此源於 2008 年劉麗卿（慈訴）回臺參加海外四合一幹部研習營，聽上人談到環保的重要性，當下發願要耕耘新加坡環保。返國後，她從自家做

1999 年，裕廊東綠和園管理層答應設立環保
點，志工推著手推車收回收物。
（攝影：新加坡分會提供）

志工發心，有貨車的開貨車，有計程車的開計
程車，下班後到志工與會員的家，收回收物。
（攝影：新加坡分會提供）

以環保點就近接引民眾，2005 年落實的四合一架構，希望慈濟志工都能到社區帶動資源回收。
（攝影：新加坡分會提供）

起，再向鄰居宣導，發揮小市民的大力量。

環保點成了志工和社區最緊密的連結，居委會舉辦社區活動或節慶聯誼，會主動邀約慈濟擺攤，向居民宣導環保生活化。與此同時，不少民眾透過環保而認識、認同慈濟。

環保聯誼會

為接引人間菩薩，分會也嘗試環保日當天舉辦社區聯誼、共修，讓環保志工逐步與慈濟培訓制度接軌，希望民眾一起培訓做慈濟。執行團隊察覺這是接引會眾的好辦法，鼓勵各社區自行舉辦以社區民眾為主要對象的共修。有效地讓慈濟的四大志業走入社區，也廣開更多機會，讓志工做慈濟、說慈濟！

2018 年 2 月 11 日，運作十八年的順福路大牌 307 環保點畫下句點。十多位志工一字排開，站在臺前回顧來時路，見證自己從環保善門行入慈濟佛門。「我很清楚自己是從這裡開始的，以民眾的身份來參加環保。」洪德謙被濃厚的慈濟人情打動，現在承擔中區和氣組長，活躍於慈善訪視和監獄關懷。

四、成立環保教育站

2006 年 3 月，志工王明燈參訪臺灣八德環保站；回新加坡後，趕緊提供烏美廠房一個單位，讓慈濟有固定的回收定點。2006 年 7 月 17 日，第一個環保站在烏美成立。劉濟雨期勉志工：「希望第一個環保站成為楷模，帶動新加坡的環保。我們要把環保站當成修行道場，不但要回收資源，還要回收人心。」

三年的時間，烏美環保站發揮大用，但租約到期後，又將環保站暫時搬回靜思堂後方的停車場，開放每日做環保。但是，慈濟收到的回收量增而不減，分類工作愈加繁重，為此靜思堂開闢每週五的夜間環保。

新加坡缺乏體驗環保教育的場所，所以常有老師帶著學生到靜思堂學習做環保，這也成為一個無聲道場；可惜規劃用地不符，靜思堂環保站就此關閉。2011 年 5 月，只回歸每個月的環保點。

2014 年 8 月，藉著「法譬如水」經藏演繹的因緣，實業家沈喜洲（濟揚）低價出租兀蘭（Woodlands）工業區的公司場地，設立環保教育站；是目前全國唯一每週運作六天的環保回收定點，至今已五年。

慈濟不可能回收所有的資源，志工們有共識，開設環保教育站與環保點，是為宣揚環保教育和慈濟人文，主要開放給各團體與民眾參訪，也親手做分類。慈濟志工的努力漸漸得到基層組織與民眾的支持，也接引了不少社區民眾。

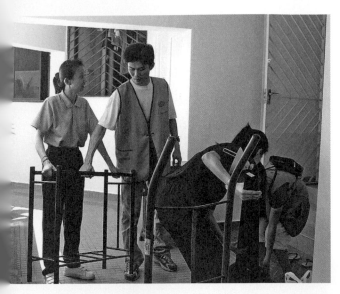

志工們分散在八棟樓，一層一層往下收；另一批志工在住宅區一樓，分類整理回收物。

（攝影：新加坡分會提供）

環保教育站以實體物品呈現垃圾問題，鼓勵民眾一定要將環保落實在生活中。

（攝影：黎東興）

志工帶動社區居民，每個月一次在環保點，一起做資源回收。（攝影：陳清華）

五、帶動風氣

新加坡慈濟自 1994 年萌發愛護大地之心，接棒的無數個環保組組長、環保幹事與行政團隊，無不心心念念希望喚起新加坡人民的環保意識，不論大小活動，都讓慈濟人說環保、演示環保。

綠色義賣會

2006 年起，每年「新春大愛園遊會」，除了推廣慈濟，更強調綠色義賣的理念。從食物包裝到餐具，不用保麗龍、不提供塑料袋，一再展現環保生活化的面向。生活組志工以流水線作業回收和清洗碗盤，並採用環保清潔劑。全場都有環保組志工手提塑膠桶，每走幾步就彎下腰撿起垃圾，猶如三步一拜的朝山修行者，以彎腰的身影宣導愛護環境的重要性。

長年宣導下，民眾大多樂於響應和配合；學校和政府單位也前來參訪取經。東南亞世界聯合書院（UWCSEA）師生連續兩年觀摩，加上環保幹事陳蘇珊（慈珊）進入校園帶動，2016 年他們在學校舉辦的大型家庭日中落實回收，還發揮創意，以香蕉葉取代免洗餐盤。

企業做環保

2007 年 5 月，新加坡志工走入企業宣導環保。

在馬來西亞吉隆坡經營高爾夫球場的（Bangi Golf Resort）蘇明德，曾參與花蓮尋根團，親眼目睹慈濟環保志業的規模和成果。回到新加坡，蘇明德努力在企業中推動環保，一年內回收近一萬個紙箱和 4.5 噸的寶特瓶（約 20 萬支）。他說：「20 萬支可能不多，但如果回推，32 個寶特瓶需要一公升的石油來製作，我們可以節省多少石油能源？」

新加坡企聯會成員張秀玲，經營十七年的 Zero Spot 洗衣廠生意，消耗最多的是電和水，平均每天打包衣物的紙箱和塑料袋、衣架等；仔細分析，產業所棄用的資源，非常驚人！張秀玲心疼地球，努力落實「綠色企業」，告訴自己：「環保要切切實實走入工廠。」2006 年，廠內共回收了塑膠袋 9,600 公斤、紙箱 1,800 公斤、鋁罐 24,000 個、寶特瓶 19,200 個，如此龐大的數量讓人驚歎。

環保展

2011 年，在執行長劉濟雨的促成下，新加坡成為首個在海外推廣大愛感恩科技產品的分會。除了在靜思小築展銷，也應邀參與第一屆「撫慰地球」戶外環保展覽活動（Heal The Earth 2011）。

主辦單位 Greentree Packaging 老闆周仁天先生曾參訪靜思小築，讚歎大愛感恩科技的再生產品，願意免費提供三個攤位給慈濟，且安排在入口正中央的位

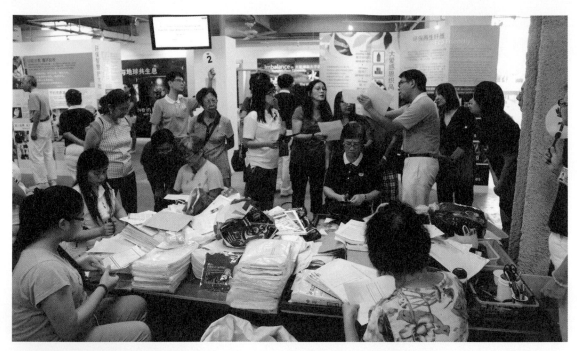

西北社區發展理事會居民參訪慈濟環保教育站,志工為眾人介紹紙類回收區。(攝影:李副腆)

首次與巴西立西、巴西立東的基層組織,聯辦「阿比阿比河鄰里環保展」,藉此提升民眾愛護自然生態的意識。(攝影:蔡佑良)

置，讓參訪者都不會錯過。

同年，分會於新加坡全國旅行社協會（NATAS）旅遊展中設立慈濟環保攤位，推廣大愛感恩科技，藉此傳達資源可以回收再利用，帶動大家一起做環保。

醫院做環保

任職於鷹閣醫院（Gleneagles Hospital）的助理護理總監章愛玉，想到院內沒有完善的環保規劃，遂向感染控制中心提起欲在醫院推行環保事宜。在章愛玉積極奔走下，獲上級支持；慈濟志工於2006年11月16日入院舉行環保講座，12月4日展開院內環保。

2007年9月，因捐血活動的因緣，分會與西南互愛裕廊醫療中心（Jurong Medical Centre，JMC）合作成立環保點，每個月一次的環保日除了志工，還有JMC職員一起承擔。這是分會首度與社區醫療機構組織合作，在院內推廣環保的理念與實踐，也是分會環保活動的新里程碑。

學子做環保

新加坡教育部規定中學生每年至少六個小時的社區服務計劃（Community Involvement Program，CIP）。許多學校將慈濟的環保納入「社區服務計劃」，讓學生可以透過做環保，為社會盡一份力。當然，更重要的是認識自身能夠為

地球付出的點滴，每年都有不少學子自行前來。

新芽助學金計畫的推展，使更多學府認識了慈濟和環保，由老師帶領學子定期前來做環保，如聚英中學、義順中學等。工藝教育中區學院的一群學生，在環保點看見志工用雙腳踩扁鋁罐，受到啓發而創造了「環保腳踏車」，可以更安全和快速壓扁鋁罐，並因此獲得2017年「清潔與綠化新加坡」（Environment Challenge for Schools）公開組的優異獎。

陳熹湘在小學食堂售賣飲料和水果。第一次參加慈濟的身心靈講座後，除了更仔細做資源分類，也開始在食堂回收瓶瓶罐罐，定時載送到慈濟的環保站。

回收商支持

新加坡國家環境局的公共廢棄物處置企劃（Public Waste Collection Scheme）將新加坡劃分成九個區塊，必須由四家回收公司負責處理全國垃圾及回收物，且不可跨區轉讓。

回收價格受市場影響，各區環保點因所屬回收公司不同，其中塑膠製品價格逐年滑落。儘管如此，慈濟志工仍珍惜和堅持回收每一分地球資源。

2009年6月，在國家環境局的協調下，四大回收公司認同慈濟資源回收工作，並瞭解慈濟的方向是推動環保教育，同時把回收所得用在幫助弱勢群

2015 年 11 月 7 日，「SG50 清潔與綠化嘉年華會」，環保幹事劉明光（中）向李總理介紹寶特瓶的**再製品**。（攝影：蔡長盛）

體。Colex 特別調整價位，給慈濟更高的回收價。國家環境局主辦「2009 年再循環日」活動時，Colex 主動邀請慈濟參展；慈濟是當中唯一的非政府組織。

原本懷著旁觀心態的分包商謝秋坤和員工，兩年來看見志工無所求地付出，從旁觀漸漸到護持，除了協助「身心靈環保講座」，還成為慈濟的月捐會員。

另一位回收商趙得崴，看到慈濟人做環保不分大小，再小的東西也要拆解分類，深受感動。從事環保工作多年，他

發現素食才是環保的最佳途徑，進而改變飲食習慣！

六、朝向零廢棄國

新加坡立國以「花園城市」為願景，島國地狹人稠，發展迅速，政府預見未來的環境挑戰，於 2014 年訂下零廢棄國（Zero waste nation）的新方向，結合企業機構和民間團體共同推動環保。

慈濟知行合一的環保教育模式，深獲

社區領袖肯定和引薦。分會多年來都受邀在「清潔與綠化周」、「綠化周家庭日」、「植樹節」等活動中設立環保教育展區。

政府官員肯定

2010 年 5 月，甘榜中峇魯西居民委員會（Kg Tiong Bahru West Residents' Committee）和金殿西居民委員會（Kim Tian West Residents' Committee）舉辦社區民眾日，慈濟受邀設展，其中以大愛感恩科技的環保織品最引人注目。「只要十二個寶特瓶就可以做一件衣服？」民眾聽了無不嘖嘖稱奇。李顯龍總理來到展區，一邊撫摸環保毛毯，一邊聽志工解說，對「化無用為大用」的環保智慧表示讚歎。

2010 年，親臨現場的內閣資政李光耀，以及部長們和議員們，看到一群新加坡慈濟人如此積極地推廣環境保護，都感到非常歡喜。金殿西居民委員會主席周凱鳳何女士說：「看到你們不只是做環保，也是一個很有系統的組織。其實，部長開會時，就詢問是否有邀慈濟？我說會的！」

2010 年西北社理事會委員葉成美博士在全國旅行社協會（NATAS）展覽中對慈濟環保印象深刻，後將慈濟引薦給張俐賓市長；加上婦女執委理事會副主席羅愛萍女士，參訪臺灣慈濟環保站的見證，經過幾次協商，張市長決定邀請慈濟參與西北社區的十年環保計劃。

分會與西北社區發展理事會（North West CDC）及其他團體合作，籌備設立環保點，並陪伴基層組織成員經營環保點。2011 年 2 月，位於法嘉大牌 441 組屋的首個合辦環保點成立。

2012 年國家環境局在義順東民眾俱樂部中心舉辦第八屆環境區域研討會 （North West 8th Environmental Regional Workshop），分會受邀分享環保知識，呼籲社區領袖，開啓更多環保點，鼓勵家家戶戶於生活中落實環保。

2013 年，倡導節儉的議長（現任總統）哈莉瑪女士（Madam Halimah Yacob）也肯定慈濟，「可以教導居民如何做環保，更重要的是把丟棄的物品收集後再利用科技製成新的用品，就像把塑膠瓶製成衣服。」

2015 年 1 月 24 日，環境局民資政三邊合作副署長劉力瑋參訪靜思堂，雙方首次針對環保推動進行交流。默契建立後，慈濟陸續受邀參與大型環保活動。

2018 年適逢新加坡慈濟二十五周年，環保教育站重新規劃與佈置，加入互動性展示，希望帶動更多年輕一代，實踐環保的生活方式，讓環保志業邁入新里程碑。環境及水源部長馬善高（Masagos Zulkifli）主持開幕式時說，慈濟 5R 環保概念，即拒絕（Refuse）、減少（Reduce）、再用（Reuse）、修復

（Repair）及循環再用（Recycle）和永續新加坡發展藍圖（Sustainable Singapore Blueprint）推廣的零廢棄（Zero-Waste）理念是一致的！

義跑零廢棄物

2013年慈濟作為監獄關懷的夥伴成員，也應邀在「黃絲帶計劃」的義跑中設攤宣導，介紹慈濟志業。分會社工林祖慧觀察到會場上飄著塑膠袋，於是向監獄署建議落實資源回收，獲獄方支持。以往義跑結束後會場隨處可見垃圾，2014年慈濟宣導環保後，垃圾量從六噸減至三噸。2015年慈濟再度受邀，宣導垃圾不落地、隨手做分類。

2017年至2019年的職總英康環跑（Income Eco Run）中，主辦單位在賽前九個月即與慈濟合作，討論各項環保落實的方式，包括回收桶指示要清晰、採半塑膠薄膜製造的紙杯、不用塑膠袋包裝運動衫、回收別針，報名與環跑零紙作業等，從源頭就不製造垃圾。比賽當日，九千位環跑者中，就有兩千人報名不領取完賽獎牌（Finisher medal）及完賽T恤（Finisher T-Shirt），真正落實成為「零垃圾跑者（Zero Waste Runner）」。

百萬素食全民運動

2013年6月，配合分會二十週年慶和「法譬如水」經藏演繹，由內而外發起為期半年的「百萬素食全民運動」。透過茹素與環保的宣傳海報、臉書、WhatsApp、電郵廣傳至社區會眾，志工還以茹素卡積極向親友及民眾勸素，希望為保護地球盡一分力。

2015年臺灣慈濟應邀參與聯合國氣候峰會，上人再度呼籲推廣人人茹素減碳。為響應「111世界蔬醒日」勸素連署，分會將蔬醒日作為長年運動，在大大小小的活動中推廣。至2017年1月1日，新加坡響應連署人數累計六千多人！慈濟大愛幼教中心也響應，策劃舉辦長達九十天的「蔬果星球」活動，強調環保護生「不能少你一人」。

2018年志工進一步洽商了36家素食館及攤位，在1月11日當天，讓顧客享有11%折扣，也在慈濟臉書（Tzu Chi Buddies）列出店家資訊，廣而告之。當年，全球終於突破了111萬人連署！

新加坡法規嚴謹，加上垃圾丟棄十分便利，要讓居民投入環保並非易事。但在志工長年大力推動環保、素食、護生下，終在全島開枝散葉，逐漸獲得各界的肯定與同行！

延伸閱讀

環保志業 1994年－2019年

——與地球共生息

4個 環保點　**1994-2005**
入鄰里，花開遍地

1994　成立環保組，上門回收
1999　成立第一個社區環保點
　　　——綠和園

環保教育站

夜間環保點

21個 環保點　**2006-2010**
抬頭，說環保

2006　落實環保社區化
2009　辦身心靈環保講座
　　　貫徹綠色義賣理念

塑料瓶
Plastic bottles

玻璃瓶
Glass

鐵罐
Metal cans

鋁罐
Aluminium cans

紙類
Paper

電器
Household appliances

衣服
Clothes

3C產品
Electronic wastes

新加坡每人每年垃圾量超過 **1,350**公斤

未回收**40%** 回收**60%**

逾 **1,000** 位環保志工

回收所得 **230** 萬新幣

回收累積 **895** 萬公斤

回收紙類 **659** 萬公斤

相等 **6,597** 棵20年大樹

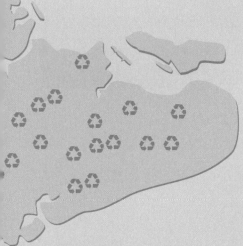

全國環保點分布
♻ 慈濟環保教育站
♻ 夜間環保點
♻ 日間環保點

38個
環保點
2011-2015
清淨，在源頭

2011　推動一協力組，
　　　一環保點

2012　推動日食八分飽

2014　設立首個環保教育站

40個
環保點
2016-2019
環保，是主流

與環境局合作，
推廣環保教育
同時頻繁走入企業、
學校、醫院

證嚴上人叮嚀語

靜思法脈勤行道
傳承法髓弘誓願
慈濟宗門人間路
悲智雙運無量心
是上人給全球慈濟人的法脈宗門綱領
內修誠正信實──
誠心誓願度眾生，正心誓願斷煩惱
信心誓願學法門，實心誓願成佛道
外行慈悲喜捨──
大慈無悔愛無量，大悲無怨願無量
大喜無憂樂無量，大捨無求恩無量
是上人對全球慈濟人的殷殷叮嚀

菩薩所緣，緣苦眾生
上人說「經者道也，道者路也」，開道鋪路
力行佛法生活化，菩薩人間化
引領全球慈濟人，生生世世常行菩薩道
新加坡自 1991 年第一顆種子落地
1993 年慈濟分會正式成立，到四大志業齊備
時間、空間、人與人之間，每一步都踏實的開展
尋根溯源，是上人的智慧法語，讓大愛永存獅城

1991.03.18 期許慈濟之音的會員

慈濟是佛教的、是大家的；是以佛教精神，發揮救人功能的社會工作。
佛陀說：心、佛、眾生三無差別，只是我們的心迷失了。
我們要喚醒佛心，要行菩薩道。每一個人都應該要挑起如來的家業，
發揮大慈、大悲、大喜、大捨無量心的精神；
把慈濟的精神、慈濟的種子，散佈在新加坡，
讓新加坡也保有正信的佛教精神。

1991.08.19 對賴慈真師姊開示

要做事就不要怕事來磨，在人群中一定會有是非；
既然發勇猛心出任委員，就要有擔當、有韌性，面臨困境而不退轉，
秉持理直氣和的態度，而非理直氣壯的霸氣做事，
自能愈挫愈勇，愈磨愈亮。

1992.01.27 對委員黃廷國、鄭李實先、賴慈真等開示

在海外推展慈濟志業應以人和為貴，負責在海外推動慈濟者，
切不能存有驕慢心；要大智若愚，不為所知障阻礙。
凡事尊重他人的意見，不能要求別人將就自己。不要操之過急，
只要呈現團結和諧的整體美，自然會吸引他人來參與投入。
功德會成立之初，只有三十位會員，能發展成今日的成果，
全靠大家對外誠正信實，對內和睦無爭。
愛人寬一吋、待人讓一分；打開心胸、放大愛，心就無罣礙；
以平常心，輕鬆地談自己所知道的慈濟故事，若對方仍不願接受，
就暫且放下，千萬不要因暫時受阻而替自己增加煩惱。

1992.03.16 對慈濟之音會員開示

看到土耳其大地震死傷萬人，景象悲慘；
若當地也設有慈濟分會，就能發揮即刻救人的功能。
人與人之間的禍亂不是缺乏物質，而是缺乏愛心；
普天下的人都需要愛，所以我們要啟發愛心，發揮良能。
慈濟二十七年來，路途遙遠，能感動這麼多人護持，
是因為以誠以正，身體力行，用腳走出來的；
在生活中發揮助人的良能，才是深入佛法！

1992.07.27 對劉靜蓮師姊等人開示

新加坡是一個清新、乾淨的國家，人民的生活素養已普獲提高；
慈濟在當地推展的重點，應落實在精神層面的引導、充實。
教富遠比濟貧不易，是以推動者必須具備相當的人文涵養，
才能在當地開創一股新氣象。
如果人才不足、人心不合，則分會成立猶如虛設；
因此如何在當地培育人才，凝結基本幹部的向心力，是當務之急。
等到時機成熟，因緣具足，分會的成立自然水到渠成；
時間不要浪費在人我是非或計較得失上，要打開心門，廣容別人。
心不夠寬的人才要忍，量小的人才會覺得委屈；
學佛旨在調心，只要用歡喜、尊重的心態待人，就能廣結善緣。

1993.01.16 對新加坡委員開示

一把沙也是功德，將造福無數的人，不可忽視小我的力量。
期盼大家正式受證後，要更用心為眾生付出，
委員之間要彼此砥礪、互相關懷與包容。
本著佛陀的精神，以實際行動來呈現慈濟連心，共同推展慈濟志業。

1993.11.27 對盧濟實師兄開示

在海外推展志業，必須靠有心人士發恆常心，

付出耐心、耐力，並且耐勞、耐怨；

具體實踐佛陀的教法，方能成就因緣，圓滿功德。

一旦投入團體，就要心專志堅，自律而後律人。

1994.07.10 對劉靜蓮師姊、陳慈美師姊開示

慈濟人文是知足、善解、包容、感恩，以及「普天三無」的精神。

凡事以人為要，能夠人、事、理和融，才能達到人圓、事圓、理圓。

慈濟在各地設立分會，除了希望濟助當地貧苦的人，

更希望佈下千手千眼的菩薩網，擴大我們的眼界與聽聞，

讓援助的範圍更廣泛，啟發更多人的良能，以達到「教富」的目的。

「濟貧教富」是慈濟的宗旨，唯有匯集更多愛的力量，

才能真正做到千手千眼、聞聲救苦的菩薩行。

1995.12.23 臺灣中區行腳集會開示

新加坡有一位委員，是外國金融機構的高級主管，

每次回來都和大家一起做事，為人非常謙虛。

她的低聲下氣和縮小自己，讓我非常感動。

在團體中，能夠做什麼，就盡心盡力去做，

不要炫耀自己身分和地位，也不要誇張自己多有錢，

都和哪些達官顯要交往，其實這都不重要。

重要的是在團體中能合群，不會被貪瞋癡慢疑污染本性；

如果已經污染了，就要趕快在團體中洗除，才是真修行。

若做一點點的事，就希望別人知道、希望有功德，就只是在修福。

修慧是做了之後不覺得怎樣，沒有增加什麼，也沒有比較大或了不起。
不把自己當一回事，而處處感恩別人就是智慧。

1996.04.27 志工早會

全球慈濟人，都是同時同步。
不只是臺灣人跨國做慈濟，新加坡慈濟人也跨國做慈濟，
他們在南印度發放衣服，救助缺衣缺吃的人。

1996.06.07 志工早會

新加坡的慈濟人帶著小菩薩、青年菩薩回來耕福田，撒播愛的種子。
期待大家好好把握時間，不論匆匆忙忙或來來去去，都要渡化人間。

1997.06.25 對賴慈真師姊等開示

人往往彼此要求，卻不曾反省自己的心念與行為是否需要調整。
團體之美來自個體之美，與其要求別人，不如自己先改掉不好的習氣。
人人都有習氣，有時會不經意地顯露出來，
所以要多用心，時時謹言慎行。
團體以和為貴，想要彼此合心，就要相互包容；
真想做事，必須不分彼此，
有這種團隊觀念才能成就事情，否則只是徒增困擾而已。
做事的人，放下身段請教別人，不可凡事獨斷，自以為是；
倘若眾人都以為不可，你自己偏要任意而為，就會走得很辛苦。
慈濟是宗教團體，人人平等；
儘管自己有社會地位，彼此之間仍然要相互尊重，和氣對待。
入慈濟是難得的因緣，要珍惜與大家同行菩薩道的福緣。

1997.09.13 對李濟模師兄等人開示

大家的心一定要和。

臺灣有句俗諺「家和萬事興」，但我要說的是「心和萬事興」，

如果大家能心和，做任何事沒有不成功的。

1998.04.19 骨髓捐贈相見歡開示

受髓小妹妹往生了，

但是她的父母、兄弟姐妹專程從新加坡來臺灣感恩。

受髓者的父母一直說：「她怎麼跟我女兒這麼像？」

捐髓者說：「那我當你的女兒好了！」

學佛莫非就是要學佛陀救人的心，口頭上說不夠，

要身體力行去做，才是真正的學佛。

1998.04.20 海外慈濟幹部精神研習營

新加坡學員請示：「上人開示要『和』，當事人要原諒對方，

非當事人要如何自處？」

上人：「譬如有一家人，大家都認為自己沒錯，所以一天到晚吵架，

加入慈濟後就改成都是自己錯，大家就不吵了。

假如能待人退一步，不是海闊天空嗎？

對人假如多愛一分，不是圓滿和諧嗎？

大家那麼愛師父，我實在很感動，只是大家都自認沒有錯，

所以我很擔憂，希望大家有認錯的心，能寬心待人。

慈濟四神湯雖然很對症，但是大家沒有喝；

師父引進門，修行在個人，要多多愛惜自己。」

如果大家在僑居地能如兄、如弟、如姐、如妹，

互相關懷、互愛、互動，我就不用擔心了。

做慈濟志業要同心同志，有事互相溝通，

不要故意反對別人，反對別人就是跟自己過不去。

1998.04.23 海外慈濟幹部精神研習營

修行是有修就有福，世間上多一位好人就是我們的福。

新加坡的簡居士說，慈濟為什麼要救大陸？

我們是佛教，尤其佛陀來人間要救的是一切眾生。

大家都是佛教徒，要仰仗佛法來拯救我們的心靈，啟發我們的慧命。

愛不應該分人我，更不應該分區域，也不應該分種族的觀念，

何況大陸是華人祖先的家，我們有這分心，這分力量，

尤其是因緣具足，就應該回去關心同文同種族的同胞。

1999.02.20 對新加坡慈濟人開示

新加坡慈濟人請示：「如何在當地發展慈濟志業？」

海外慈濟人要發展慈濟志業，必定要回饋當地的社會。

在別人的土地上，一定要依循這個國家的法律行事，

尤其慈濟是佛教團體，要做良好的示範，呈現慈濟的文化。

慈濟的文化主要在教育人間，

要能取諸當地、用諸當地，利益且適應這個環境。

雖然新加坡的福利好，但是一樣有無常，當地也有老人家需要照顧。

新加坡是一個乾淨的地方，人民也很純樸，但是現在的社會開放，

人們常常無法過濾國際間的心靈污染。

希望慈濟能帶給當地人正確的人生觀念，

讓他們常薰陶人道精神文化，

增加心靈的免疫力，邪氣才不易入侵心靈，所以要淨化人心。

2000.01.20 臺灣北區歲末祝福

新加坡成立人醫會。

人醫會中,一名空軍總司令曾來精舍尋根,

瞭解慈濟、協助慈濟在印尼的義診活動。

總司令說,他來臺灣兩次,第一次是來學習如何打戰殺人;

第二次是來慈濟學習如何救人。

常常說善惡無記,人要學好很快,要學壞也很快。

2000.08.18 志工早會

普天之下,只要有慈濟人的地方,鄰近的國家也會得救。

印尼巴淡島非常的貧困,有很多孩子們沒飯吃,沒衣穿,

當然也沒書讀,真的很可憐。新加坡慈濟人跨國去義診、發放;

不只是給他們物質幫助,還給他們醫療資源。

2000.10.24 志工早會

有壓力時,想想菩薩遊戲人間。

新加坡一位百歲志工到醫院當志工,他說:「我活多久就做多久。」

看他來去自如,身體很挺,也很有精神;說話明朗,聽力也很清楚。

所以不要說「我老了,我要退休了。」菩薩道上沒有退休日,

看看他,比比自己,我們應該要多發願,

來來去去,匆匆忙忙,無不都是為了渡化人間。

2001.07.17 志工早會

新加坡有一群可愛的慈青,他們到老人院、痲瘋院,

和裡面的阿公阿嬤同樂互動,幫他們剪頭髮、洗澡、修鬍子,

還會餵他們吃飯、幫他們打掃。

海內外慈青的精神，就都是一分愛的力量，
在在表達出年輕菩薩的純真大愛與人性之美。

2002.05.11 全球慈濟人祈福會

五個國家的人醫會大會師到印尼義診，三天看了一萬三千人了。
新加坡整型外科醫師妙手回春，將一位小女孩的兔唇縫合得很漂亮，
讓她有一個完整的生命，讓她有自尊，將來一生沒有缺陷。
像這樣的孩子有很多，因為有慈濟人，用愛去付出，
才能讓幼有所養，老有所依。普天下所有的慈濟人共同在做，
而且非常踴躍去做的，就是只要看到、聽到，
就可以伸手去擁抱、去扶助，再辛苦都不畏懼。

2002.09.11 臺灣大林慈濟醫院志工座談

2001 年印度古吉拉特邦地震，傷亡兩萬多人，等於整個城都破滅了。
那時新加坡和馬來西亞的慈濟人一聽到，就來跟我說：
「師父，拜託這塊福田要給我們來做，您不可又再允別人。」
新加坡與印度比較近，我就把印度這塊福田交給他們去做，
馬來西亞和新加坡慈濟人很認真，做義賣、勸募等等，
在印度為他們建設二百二十七戶的慈濟村。
有時候，好事情沒爭取也會做不到，所以要多做多得，有做就有心得。

2002.09.11 臺灣大林慈濟醫院主管座談

馬來西亞、新加坡慈濟人擔起印度的大愛屋建設，
他們沒有回臺灣拿錢，不過他們所做的一切，都會說：「臺灣慈濟。」
我只是給他一些愛的種子，他們就用心落地耕耘；
都是就地取材，自力更生，不只在當地做，還跨國去救濟。

2002.12.02 馬來西亞、新加坡教師及文化志工尋根之旅

很高興看到教育界及文化菩薩們回來了，覺得人間有希望。

教育就是希望，父母的希望在孩子，國家、社會的希望在人才，

人才要靠教育。總而言之，教育是家庭的希望，也是社會的希望。

雖然現在大環境的風氣不好，

從事教育工作要多費力、多用心，但是教育不能認輸。

人生像在善惡拔河，人多的會拔贏，人少的一定會拔輸，所以

人多才能力大，還要共同一心，合心、和氣，加上互愛，就是協力。

有的人認為靜思語是宗教，不知道靜思語哪一個字是宗教？

靜，就是安靜，是很美的境界。思，就是好好思考，

人一定要有很靜的心思，才能選擇人生正確的方向。

「靜思」兩個字，毫無宗教的色彩，不要聽到靜思，就以為是佛教。

各位老師們，有心就不困難，人能弘道，非道弘人，

大家要用心，把自己的成見拋掉，為愛的教育努力前行。

2003.08.06 志工早會

1991 年 3 月，有四十位新加坡慈濟會員回花蓮尋根，

當時的新加坡根本還沒成立聯絡處，哪來的會員呢？

原來都是劉靜蓮師姊的會員。

她把慈濟愛的種子帶到新加坡，開始在那裡說慈濟。

1993 年，因緣成熟，慈濟正式在新加坡落地生根。

雖然新加坡的生活型態很緊張，人民的福利也很好，

在慈濟人用心耕耘下，不但每月定期發放，也前往痲瘋病院關懷病人，

慈濟更是當地唯一給予愛滋病患藥物補助的機構。

人醫會甚至跨國到印尼巴淡島義診，發揮很大的良能。

2003.10.08 志工早會

一切因緣生，新加坡在印尼北干巴魯義診，因緣不可思議。
北干巴魯有一位趙先生的姊姊，是新加坡的慈濟委員，
藉此因緣，新加坡人醫會得以與北干巴魯民眾結緣。
趙先生號召當地超過一百位華人，志願承擔翻譯、交通、機動等工作。
搶救生命，守護健康的人生，我們做到了；
更感恩的是帶動當地人投入菩薩道，
成長彼此慧命，這是我們最高興的事。
人間需要彼此啟發，在這條菩薩道路上，
即使再遙遠，只要有緣，就不怕路遠；
弟弟在北干做生意，姊姊在新加坡當委員，
兩地接上線，菩薩網就順線一路鋪上去。
無量的種子，是從一顆開始；只要有愛心，不怕緣來得遲。

2003.11.14 海外同仁人文教育研習營

要學佛，就要行菩薩道，行菩薩道就要走入人群中。
人群中有許多人我是非，人與人之間最會製造煩惱，造就人間的苦難。
所以，學佛首先要去除煩惱。我們身在慈濟大家庭，
必須借重人與人之間的人事，來磨練自己。
唯有不將人事當是非，道心才能堅固；道心照顧好，慧命就會成長，
希望大家要藉重生命來成長自己的慧命！

2004.01.22 勉勵新加坡慈濟人

推展志業時，人心要「合」，才能產生力量。
除了要用心照顧感恩戶，付出愛心同時也要發揮智慧。
以往是「教富濟貧」，付出無所求還要說感恩；

此刻則要推動「濟貧教富」，不僅救濟貧苦人，
也要讓他們知道粒米成籮，滴水成河，也能救很多人。
期待在幫助他們生活安定之際，帶動他們也能付出一滴水，
藉此教育他們生命的功能。

2004.04.30 與劉濟雨、簡慈露伉儷，新加坡慈濟人座談

在新加坡推展志業，人心要「合」，才能產生力量。
除了要用心照顧感恩戶，付出愛心同時也要發揮智慧。

以往是「教富濟貧」，付出無所求還要感恩；
此刻則要推動「濟貧教富」，不僅救濟貧苦人，
也要讓他們知道粒米成籮，滴水成河，一粒米也能救很多人。
期待在幫助他們生活安定之際，藉此教育他們生命的功能。

即使是付出三元、五元，與大眾合起來；分得別人的福，去幫助別人。
有朝一日，別人也會對他說感恩，總而言之，有很多人幫助你去救人。

2005.07.14 志工早會

濟雨師兄及慈露師姊夫妻，分別於新加坡與馬來西亞吉隆坡，
深耕慈濟福田，付出大愛，拉近人與人之間的距離，
帶動新加坡慈濟人一同跨國到巴淡島義診。
並且每月舉辦一次活動，邀請社區獨居長者及感恩戶參與，
將馬來西亞慈濟人撫慰擁抱苦難人的精神延續至新加坡。
在斯里蘭卡，濟雨也帶著馬來西亞、新加坡的志工，
到海嘯災區付出，駐在當地帶動、調派，實在非常難得。
雖然海嘯的災難已過半年，這一分菩薩情與菩薩大愛，還是綿綿延延，

一圈一圈地包圍苦難人，永不離開，讓人有說不盡的感恩。
濟雨師兄付出不分親疏、不分距離、不分國界、不分種族的切膚之愛，
奔忙不歇，使人感受膚慰人間菩薩情。

2005.11.02 新加坡靜思堂啟用

新加坡慈濟人精進不懈，
合心、和氣、互愛、協力的團體之美，不亞於臺灣慈濟人。
雖然離師父很遙遠，但是師父一句話輕輕地說出來，
他們就重重地收進來，運用於言與行。
真的是「如是我聞」，就「如是接受」，聞、思、修。

新加坡慈濟人聽師父的話，人人用心逐字學習「三十七道品」手語，
清清楚楚，明朗俐落，在唱、聽、比之中，
真正表達了美，也讓我感受到貼心的愛。
人文之美，是善現於行；
接受好的法理，要加以實行，才是「善法行」。
修行不要只是「聽佛」，更要「學佛」；學佛，就要成佛。
凡夫到成佛的這一段距離，實在很遙遠，
假如只是原地踏步而不前進，行尚未及，如何回向？

做任何事不要都是為了「自己」，只為自己的名、為自己的利益；
能利益天地萬物眾生，才是學佛者的最美的人文，
所以在人與人之間，要能尊重互愛。

新加坡的生活雖然緊張忙碌，然而上臺表演「三十七道品」手語的，
都是新生代的各行各業菁英，他們把握空檔時間，長期加緊練習。

準時集合，即是尊重；練習時相互更正彼此的動作，就是互愛。

尊重、互愛，就是成功之本；和睦勤學，才能整齊美觀。

慈濟人美在整體，整體之美是合許多美的個體而成，

新加坡不僅是會所莊嚴，人文更是純真亮麗。

2005.12.01 志工早會

新加坡志工每個月到養老院關懷樂齡長者：

獨樂樂不如眾樂樂，雖然慈濟人與老人們毫無血緣關係，

還是將他們當作自己的長輩一般對待。

對於老者，不只要以尊敬長上的心看待，更要起感恩心，

因為我們能有今天安適的生活，都是經過這一大群老人家努力而得。

藉由關懷生、老、病、死的過程，慈濟人見證苦諦，知曉無常；

隨著時日輪轉，總有一天，自身也會老。光陰年年過，大家都說過年，

其實是月月過、日日過、秒秒過，分秒都要珍惜。

人身難得，佛法難聞，要珍惜此身，更要珍惜能聞佛法的因緣，

身體力行菩薩道，落實「無緣大慈，同體大悲」，無怨無悔地付出；

往生何處，由此生行惡或行善而定，

當珍惜此生此身，在時間、空間、人與人之間用心。

2006.04.07 志工早會

新加坡人醫會的醫師們向本會爭取到印尼偏遠地區義診，

不只不辭千里去義診，還到行動不便的病人家中幫忙打掃，

完全沒有醫師高高在上的形象。

愛會相互感染，這樣的品格讓人更尊重，不是用錢可以買得來的。

高人一等不稀奇，能夠放下身段，縮小再縮小，才是真功夫！

2006.11.22 與新加坡、馬來西亞慈濟人座談

最近不斷推動回歸「竹筒歲月」，就是要人人飲水思源，

探討四十年前的三十個竹筒，如何成就現在的慈濟，

就是點點滴滴的累積，累積經驗，累積人人的愛心，才有今天！

合心、和氣、互愛、協力組隊的編制，不是由上而下的層級。

慈濟人，人人都是合心，合心要負起傳承的責任，

一定要很清楚法髓的源頭，照顧法髓不被污染，不讓它變質；

法髓要很精純潔淨，否則不僅自己不健康，也會損及他人的慧命。

人人都是因為發心而投入志工工作，

這無法以法令規範，只能靠各人自我規律。

明文的規戒、制度建立之後，

就由合心傳承，和氣布達，互愛規畫，協力執行。

希望大家的心胸要開闊無私，不要有層級分別，

正確運作「四法四門」的組織架構，不斷地擴大空間，接引人間菩薩。

2007.03.18 對新加坡、馬來西亞、印尼靜思生活營開示

不能小看小小的力量，

慈濟在四十一年前，也是從五毛錢開啟慈善志業；五毛錢很小，

卻是做大事的一顆種子，現在的志業腳印廣布全球，就是最好的見證。

大家既然有緣來此相聚，就要發心立願，

每一個人都能衍成菩提林的堅實種子。

希望企業發達，也要社會國家平安，

沒有戰爭、沒有天災，事業才能做得很平穩；

要家庭幸福，也要人心祥和，否則事業再如何成功，

孩子再怎麼有才華，也難保家庭平安，難保子子孫孫幸福。

所以，很期待推動人人有愛心，社會才會平靜祥和，

無論大家信仰為何，都要虔誠；

虔誠的人一定有善念，有善念的人就會付出愛。

2007.06.10 志工早會

民情不同、社會文化不同；

新加坡慈濟人為「愛灑人間」，在社區按門鈴灑愛，

住戶都隔著鐵門、鐵窗聽慈濟人解說，不敢開門。

慈濟人仍然面不改色，微笑邀約鄰居來參觀新加坡靜思堂，

邀請大家共同來營造人間淨土、體會慈濟人的誠懇之心，

漸漸地住戶不再緊閉門窗，後來也能邀請慈濟人進到家中，相談甚歡。

2008.03.10 志工早會

新加坡人醫會推動環保，帶動同事減碳惜水。

上人於開示：只要有心，世間沒有不可能的事。

慈濟志業在新加坡已推行十七年了，第一顆慈濟種子是靜蓮師姊，

以寶光佛堂為起點，發展慈善志業，

如今已有六十四位委員、三十四位慈誠。

當地人醫會發展蓬勃，已有三百六十一位志工，

多年來，不只在當地義診，還跨國到鄰近的印尼島嶼上為貧病者義診。

感恩新加坡慈濟人在醫療義診也結合慈善，更落實環保推廣。

人醫會章愛玉師姊以身作則，在自己任職的私立醫院推動環保，

帶動醫院同事建立隨手做垃圾分類的習慣，

並推動隨手關燈、關電腦、攜帶環保餐具等減碳行動。

人的習氣是日積月累薰習而成，而好的習慣也可以用心培養而成。

新加坡慈濟人推動環保分類，是那麼地認真與用心，讓人很感動。
凡事並非不可能，是因為人不肯做；不是事不能，而是心不能；
只要有心，都能克服重重難關。

2009.05.31 與新加坡分會執行長劉濟雨等人談話

在家菩薩智慧長，如濟雨、慈露伉儷，同心、同修、同道，力量加分。
面對龐大的慈濟團體、繁忙的慈濟事，
「會不會做得很忙？有沒有能力做？」都要自我衡量；
只要大愛無私，向內用功，誠正信實，
則能承擔重責，帶動菩薩們合齊心力向前行。
慈濟是一個修行的道場，以幫助別人、造福人類為生命價值觀，
懂得把握時間，用愛鋪設人間路，就會日日過得扎實。
若要踏踏實實地鋪好這一條路，一定要有宗教觀；
慈濟不只做一時的社會福利工作，而是要深入精神層面，帶動人群。

慈濟宗門必須有靜思法脈的宗教精神理念，
靜思法脈就是靜寂清澄，心靈清淨、無私無欲，才能真心奉獻。
所以心要寬、念要純，做出心寬念純的人品典範，
在用心鋪路後，別人見而起一念善心投入、付出力量，是以德感動人。

2009.11.08 與新加坡分會執行長劉濟雨談環保觀念

環保要從自己生活做起，帶動人人克勤克儉，方有助於改善大地氣候。
新加坡慈濟人訂定每個月招募會員人數之目標；
限量會產生壓力，要出於一分真切之心，
把握機會對周遭的人介紹慈濟、說慈濟，自然有人受感動而響應。
故於募心募款，盡心力即是，「莫限量、要儘量」。

2009.09.12 志工早會

新加坡李慈禮師姊往生，
她是新加坡分會公認「最會說慈濟」的師姊，
她的無私大捨、樸實誠懇，和許多師兄、師姊結下好緣；
就連從家裡搭一趟地鐵到靜思堂，也可以在地鐵上和陌生人講慈濟，
講到把人帶進來當志工。師姊往生前還到慈濟義診中心去做關懷服務，
回家後不慎跌倒而昏迷，就此永眠，堪謂做慈濟到最後一刻。

2010.03.16 志工早會

新加坡及馬來西亞人醫會一百零九位，跨國越海，
到斯里蘭卡與當地六十位醫護人員共同舉辦義診，嘉惠約二千人。
生活窮困的人們，已是苦不堪言，再加上身有病痛更是在艱難中度日。
這一群學有專精者，守志行醫亦專精於道業，醫病、醫人、更醫心，
細心、用愛，讓貧病者身心有所依靠——
身體脫離病苦，心靈也脫離埋怨苦難。

人醫會走進長年資源匱乏的窮鄉僻壤，
讓村民體會到人與人之間有無私大愛，內心的埋怨憂愁一掃而空。
感恩醫療人員不怕遙遠，越山、過海、跨國界，成就大愛的良醫團隊，
發揮妙手、妙法、妙人醫，讓貧病的苦難眾生脫離長年病苦。

2010.08.12 志工早會

感恩慈濟新加坡人醫會，前往斯里蘭卡的偏遠山城舉行義診。
新加坡及馬來西亞醫療團隊如同愛的種子，
前往疾苦眾生之處，撫平解困給予幸福，
發揮遠地菩薩的精神，讓當地貧苦居民重新找回健康與快樂。

這都是覺有情菩薩，菩薩示現人間，不畏辛苦，
用不退轉心念讓救助貧病的力量更加堅強，
也讓愁眉不展的臉孔展現燦爛的笑容。

2010.08.22 對新加坡慈濟人開示

新加坡重法甚於情，而慈濟人一定要有「覺有情」，
雖然謹慎守法，人與人之間亦要放寬心量。
欲使國家平安，人人要先心態祥和，合和互協才是真有福。
人人要有共同一念虔誠之心，師父不收任何供養，
但我要求你們以「和」供養。

每一個慈濟人都是同師、同志願，又有同樣的佛心，
且都是為了做慈濟而用心，故不能分彼此。
即使是同胞手足，習氣亦不一樣，
各持己見而彼此不合，就會造成家庭破裂；
慈濟人能合，才有辦法真正在當地鋪展志業。

2010.11.26 志工早會

2008 年金融海嘯發生後，
新加坡分會就對全國清寒家庭的中學生，展開助學金發放。
另外，也在當地成立義診中心，為貧苦百姓健檢、義診，
造福了許多沒錢看病的民眾，更得到當地政府的肯定。
不要輕視自己的力量小，只要我們發一念心，
這一念心、這一顆種子，
願意找一個適當的土地，讓它接觸土壤，同時用心灌溉，
就可以從新芽而成為小樹、再成為大樹。

2011.04.09 對新加坡及馬來西亞雪隆分會慈濟人開示

要廣度眾生、淨化人心，

讓眾生從付出過程享受到助人的喜悅，種下福德因緣。

開設素食餐廳推廣茹素，來用餐者只吃一頓素食而已，成效不大；

可挨家挨戶「勸素」，讓更多家庭響應，才能減少牲畜的飼養。

要從自身做起，讓所有接觸到慈濟的人都吃素，也都能接觸佛法。

佛法並非只是到寺院拜拜，而是要讓法真正入心，

並鋪出一條路，讓人把握時間身體力行。

推動慈濟，所需要的不是金錢「利」益，而是人「力」。

期待榮董要把師父的心、精神用於自身，

引度商界同業，讓更多人發心。所說的發心不是出多少錢，

是要讓仍在茫茫苦海沉浮、不知人生方向的人，

更瞭解佛法，而走上正確的方向。

2011.08.12 對新加坡慈濟人開示

新加坡慈濟人用心深耕，成為社會暗角中掙扎者的依靠。

慈濟是新加坡關懷愛滋病友最主要的民間團體，十二年來，

關懷逾三百五十人，每月援助一百人。

新加坡慈濟人以智慧帶動病友做環保，讓他們加強身體功能的復健，

心靈益形開闊；也讓民眾理解，只要做好衛生防範，愛滋病並不可怕。

2011.09.14 與新加坡劉濟雨、柬埔寨釋順和師兄等人談話

步步踏實，以愛鋪就心靈平臺。

慈濟慈善工作與一般社會慈善不同，投入者一定要提升心靈層次；

志工若沒有聞法修心，信仰就會偏差，淪於迷信或缺乏信仰，

吃喝玩樂依舊，實無意義可言。

2011.10.20 志工早會

慈濟人七年來，持續以愛幫助、關懷斯里蘭卡，
不僅為災民建設大愛村安身、安心、安生，
也經由義診助貧病者解脫病苦，割除腫瘤、解決白內障、近視等問題。
當地的衛生單位進一步瞭解慈濟醫療人文後，
發願在當地落實，不只帶動醫療人員投入，也鼓勵居民投入志工。

天下苦，莫過於病痛，佛陀為天下眾生身心病，
要來呵護膚慰、應病投藥給眾生，
這叫做「大醫王，分別病相，曉了藥性。」

慈濟將大乘佛教的精神，透過慈善的腳步，傳遞到斯里蘭卡，
讓「無緣大慈、同體大悲」的理念，藉由慈濟人的身形，具體實踐。

2012.01.20 志工早會

新加坡慈濟人在嘉龍劇院舉辦歲末祝福，演繹「法譬如水——序曲」，
以悟達國師故事，警惕人人注意自己的言行舉止。
慈濟人運用經藏演繹淨化人心，打開了無國界大門，
每一個道場都凝聚了莊嚴道氣，在世界各地展現人間佛法。即使
語言不通、文字不識、文化不同，可是人人緊跟臺灣慈濟人的腳步，
一字一字用心學習、背誦，也能突破障礙、接受法理。
「妙音」大聲齊唱誦，「妙手」整齊不偏差，
臺上、臺下合心共振，與法相會，可見用多少心力啊！

「空中妙有，妙有真空」，舞臺什麼都沒有，
但是可以看到很豐富的宇宙、森林等等。

法師們對慈濟的讚歎，都是居士們用心、用愛表達出來的。

總而言之，這叫做慈濟世界無疆界，也沒有種族的分別，

這就是慈濟的人間，人間的佛法。

2012.02.03 海外多國聯合董事會

新加坡國土面積不大，而人人心量宏闊、發心精進。

新加坡人醫會不僅在國內付出，也跨國到斯里蘭卡為貧苦居民義診；

放下身段，跟著志工膚慰貧病，醫人、醫病更醫心。

新加坡慈濟人在強調法治的國度，除了多聞法，也要事事如法、守法；

慈濟宗門須入人群，既入人群，就要守法規，以身作則廣傳佛法。

不只在一年一次的佛誕節表達虔誠，

要月月日日、時時刻刻「入經藏」，

將法融入生活，才是真正的弘揚佛法。

慈青們要把握正確的方向，不要有絲毫偏差，

一旦發現自己的缺失，就要趕緊改過。

新加坡土地面積不大，要把握因緣，

成為運行法船的大船師、舵手，航向人群廣度眾生。

2012.04.21 對新任執行長劉濟悟、副執行長張濟昌等開示

經營事業與耕耘志業不同，

需要大家合和互協，以團隊的大力量用心投入。

新加坡分會遷至新址之後，志業推行漸入軌道。

請大家用心把握，發大心、立大願，

傳續慈濟精神理念，將志業愈做愈好，扎根愈深；

朝著正確的方向，勇敢向前走。

2012.05.11 志工早會

宇宙大覺者,是人間的大導師。

為了紀念佛誕節,全球慈濟人都動起來。

在新加坡,慈濟志工廣邀人間菩薩;

其中有兩位會眾,一位是聾啞人士,聽不見口號;

另外一位是印度裔,聽不懂中文,但是他們同樣投入浴佛彩排。

慈濟人,挨家挨戶去邀,介紹母親節、佛誕節、慈濟日的意義,

述說宇宙大覺者的慈悲智慧,也傳達人倫孝道理念,

請大家跟隨慈濟人一起排練、唱誦,融入真善美的畫面裡。

不分宗教,一起為普天下的母親來慶祝。

2012.05.23 新加坡、馬來西亞慈濟人精進研習

世間飢餓貧苦人所求不多,只盼吃得飽、有棲身之處;

假如有大企業家,願意把不斷向外擴張企業的資金,轉為慈善濟貧,

就能使許多人得以溫飽、安居。

然而一心提升事業的人,缺乏造福人心的心思與動力,

反而大肆消耗大地資源、污染環境,造業更甚。

印尼、新加坡、馬來西亞、菲律賓等東南亞國度的慈濟人,

不斷地濟貧教富,帶動許多窮苦的受助者行善。

輔導窮人造福,亦為社會啟動生機;

若能接引世間位高權重、富有資財者共同為天下苦難人付出,

就能拉近貧富差距,有助穩定社會。

2012.05.26 對新加坡、馬來西亞「入經藏」團隊開示

心無罣礙才能真正承擔,不攀緣才能深結大眾緣;

發願成為清修士者道心堅固，已有家庭者則要負起家庭責任，
做得讓家人歡喜才能度人。

2012.06.17 對新加坡慈濟人開示

新加坡現任執行長劉瑞士師兄，過去在慈濟團隊中廣結好緣，
在決定承接執行長重任後，即把事業完全交給員工，
夫婦倆全心全意投入慈濟志業，堪謂「提得起，放得下」——
放下長久努力經營的事業，提起增長慧命的志業使命。

今年，新加坡的浴佛典禮廣邀各界人士參與，
莊嚴攝心的浴佛儀式，讓不同宗教的神職人員、代表共同浴佛；
長期觀察、瞭解慈濟的副總理，也特別在典禮上公開致詞，
期待藉由像慈濟浴佛這樣的跨宗教活動，促進新加坡的宗教和諧。

2012.06.20 志工早會

新加坡劉瑞士師兄，法號「濟悟」，專心承接執行長，讓師父很安心。
聽聞師父教導「世間財賺夠就好」即有所悟，
很快地將公司讓渡給幹部經營，從此夫婦倆專心投入志業；
放得下才提得起，值得讚歎。

人間菩薩如農夫，大家在不同的國度裡撒播種子之前，
要先下功夫開墾、耕耘好土地，不要讓種子播在水泥地上。
應用心累積「慧命財」，用心耕福田、作苦難眾生的大依止處。
若人人都能以齋戒素食的戒慎虔誠之心，為天地祈福，
相信這是一股很大的善力量。
所以我們要發心立願，感恩自身的平安有福，廣招人間菩薩。

在善惡拔河、兩方相互抗衡之時，

無論是善的一方或惡的一方，多一分力量，勝負立判。

2012.06.27 志工早會

佛法如海，不是做好事就叫做行菩薩道，還要學習佛陀許多的法。

新加坡執行長（劉瑞士師兄）天天都到靜思堂，

同仁都還沒到，他就到了。

我說，他事業那麼忙，怎麼能天天負責菩薩招生？

他說：「公司已經與我無關，完全給幹部們去耕耘了。」

我問：「你怎麼捨得啊！這麼大的公司，你怎麼捨得？」

他說：「師父您不是說過，世間財賺夠就好了。」

這實在是非常乾脆，問他：「你什麼時候放下？」

「師父您布達的那個時候，我就放了。」

這都是要學習，學習放下。

2012.07.24 新加坡劉濟悟執行長請示斯里蘭卡會務方向

讓居住地的志業扎根穩定成長，培養出堅強的實力，才能跨國帶動。

慈濟國際賑災為受災國度建設大愛村、援建學校等等，

是為了幫助苦難災民，使之安身、安心、安生。

若因緣具足，能培育當地的種子、讓志業扎根，固然要用心帶動；

若因緣不足，建築完成交予當地政府後，並非就要佔有一席之地。

2012.10.31 與新加坡衛生部互聯中心（AIC）醫療官員座談

有愛心的醫師，在剛開始決定要當醫師的那一念心，

就在於「救人」而非僅是「治病」；

不只是「看病」，而是關心病患的身體狀況，

也關心他的心靈苦痛、瞭解他的家庭困境，

一一對症下藥，徹底救之脫離痛苦，達到全人醫療。

感恩慈院醫護同仁，未曾忘記初衷，而院長、副院長們以身作則，

帶動、領導全院建立「感恩、尊重、愛」的醫療人文。

慈大的大體老師之中，許多都是慈濟人，

跟著師父一路走來，具有宗教觀，也知道人生不離自然法則，

往生後身軀已無用，只能埋葬或火化，

不如捐作大體老師，供醫學生學習，化無用為大用。

宗教有宗教的理念，佛教也有往生後二十四小時不能移動遺體的說法；

對於我的呼籲，能相信、接受者，就樂於響應大體捐贈、器官捐贈。

時時是好時，應醫療所需而立即運送大體、摘除器官，都沒有禁忌，

這就是正確的宗教觀。要做這些事，必先破除迷思。

2013.06.09 志工早會

新加坡慈濟人醫會牙科往診，為行動不便者訂製假牙。

常常說菩薩聞聲救苦，何處有苦難，發出聲音求救，

菩薩就會隨時現身，去做救援的工作。

這才是佛陀時代理想中的菩薩。

人間就是五趣雜居地，有善、有惡，有苦、有樂，

所以能見苦知福，可以造福、行菩薩道。

因為見苦才能覺悟，所以唯有人間是最適合覺悟的環境。

2013.06.11 對新加坡分會執行長劉濟悟叮嚀

新加坡國土面積小，比起地大人多的國家，

想要淨化人心，相對容易多了；

大家更要盡心盡力接引新加坡居民，好事、好話要多分享。

末法時代，多一個人瞭解慈濟，就多淨化一個人心、多增一分善念；
清流大、濁流小，社會就有希望。
挑擔子的人，如果這擔子挑起來覺得輕輕地，就表示沒有收穫；
如果擔子挑起來覺得很沈重，雖然要更用力，
但也表示收穫豐富，要以甘願歡喜的心情來擔！

2013.06.24 志工早會

慈濟人的愛心，總是希望人人要保護健康，
無微不至地用愛付出，這就是愛的能量。
印尼森林大火，造成鄰近國家，馬來西亞與新加坡，空氣污染嚴重，
不少民眾出現胸悶、眼睛疼痛等症狀，
新加坡慈濟志工緊急動員，在地鐵站前發放口罩和喉糖，
也帶著「安心平安包」，拜訪照顧戶，教導正確戴口罩和預防的方法。
我們走入人群，在濁氣很重的社會，要如何去淨化人心？
不要淨化別人，卻污染了自己，所以自己要不斷地把法接入心來。
心中有法，行中有法；法入心，行中有法去度眾生，非常重要。

2013.10.03 志工早會

新加坡慈濟人二十年前，
第一個接觸到的愛滋病人，到現在還生活得好好的。
慈濟人也走進監獄關懷獄友，分享靜思語，並帶動環保。
人人本性都是與佛同等，不管在什麼樣的國度裡，社會的生態不一樣，
只要有佛法進入，真誠的愛投入，一定會改變。
雖然普天之下有不同的種族、國度，不同的語言、文化，
可是，總有共同的思想。

2013.10.06 新加坡分會二十周年慶精進共修開示

大家入經藏、大懺悔，弘揚慈濟宗門，同時也要傳承靜思法脈；
雖然相隔遙遠，我們的心卻貼在一起。
虔誠祝福在新加坡廣開慈濟宗門，人人精進行菩提大道，福慧雙修！
慈濟人以感恩、尊重、愛，引導人人走上這條人間菩薩道，
所做的一切皆是付出無所求。
唯望讓人有所感受，並且將這分愛帶回居住地落實，當一個播種者，
就地撒播菩提種子，接引更多人共同為世間付出，讓世間更好。
「為佛教、為眾生」是我的心願，
因為我思我師——
我時時思念著我的師父，每一天心懷這六個字；
你們假如思念師父，就要多說慈濟。
只要大家法入心，即使身隔遙距，心靈都同在法中。

2013.10.06 志工早會

慈濟人合和互協，回歸心靈的道場，
在人群中發揮慈悲喜捨的精神，愛的腳步不停歇。
慈濟新加坡分會走過二十年，回顧過去，
1987 年第一顆種子劉桂英（靜蓮），從臺灣嫁到新加坡，
傳遞了慈濟理念，一生無量。
慈濟志工展開濟貧，走入人群，匯聚愛與善。
新加坡人醫會同樣發揮良能，從初期跨國義診，
到成立兩座義診中心，秉持為病患拔苦予樂的心念，醫病也醫心。
他們透過共修，深入經藏，在醫療中，展現人文精神。
新加坡慈濟人，一路走來，共同一念，堅定初發心，
一步步推動慈濟志業，布善種子，要繼續灑播愛的能量。

2013.10.07 志工早會

新加坡志工在當地開始推動環保，大家的努力得到政府的肯定。

正本清源，清淨在源頭，善待環境，才能與大地和平共處；

如同泰國最近又發生水患，更需要大家改變生活習慣，才能減少災難。

改變生活習慣，從自己做起；每一個人，只要從舉手之勞做起，

不僅直接減少資源的消耗，也可以降低災難發生的機率。

2013.12.20 對新加坡入經藏團隊開示

雖然在調整觀念與做法的過程有一番拉扯，

但大家還是用心克服困難，確實貫徹師父對於經藏演繹的堅持；

在圓滿這幾場演繹之後，相信每一位參與者都深受震撼而有所體會。

請資深師兄師姊發揮「長者」的智慧，以父母的慈悲心引導年輕後進，

帶領他們深入法，掌握精神方向，讓民眾對於佛法有正面的觀感！

沒有障礙，不成正法。

佛陀成道之前，也經過層層關卡，降伏自己的心魔，才能覺悟成道；

在凡夫世界裡，要去除累生累世養成的無明習氣，更是談何容易！

要脫離習氣、歸於佛法正向，必然會有一番拉扯與掙扎。

師父期待能將佛陀正法傳到新加坡，所以

要求大家用虔誠的心「入經藏」，必須嚴守齋戒，保持身心清淨。

剛開始你們對參與者要求一百零八餐素食，

假如素食以餐來計算，不是齋戒；要守戒律，身心清淨才是齋戒。

內心的虔誠，要如何表達？

以慈悲心平等尊重一切眾生，不吃眾生肉、保護眾生命；

除了茹素，還要謹慎起心動念。不起貪、瞋、癡等無明惡念，

心靈漸漸清淨，習氣慢慢淡化，才能降伏自心邪魔。

期待人人以法水洗滌內心煩惱，回歸清淨心；走入人群行菩薩道，

體會人間疾苦，不受無明煩惱污染，從而得見法理真諦。

在苦難中，得見各種無奈悲悽景象；

心起悲憫，也要自我提醒，清淨道心不受人我是非影響，

才能生生世世行在菩薩道上，永不退轉。

你們達到了師父期待「靈山法會在新加坡」；

每一位都是「法入心，行如法」，為了入經藏、轉變心念、改變人生。

希望靈山法會永在新加坡、大乘佛法永存新加坡。

2014.03.25 對新加坡劉濟悟執行長及志工開示

沈喜洲師兄分享薰法香：「過去只知道自己做慈濟是對的，

卻講不出道理；現在一步步深入法理，漸漸融會貫通。」

佛教徒做好事是必然的，但是聞法更重要；

修行不能只是閉門自修，還需慎思惟、慎思量。

在人間做好人，還要更上一層樓——知「法」。

日日聞法，增長慧命，才能跳脫心靈火宅，自度度人。

要超越「做好事、當好人」的人間行善思惟，將佛法吸收入心，

到達「心無罣礙，無罣礙故，無有恐怖」的輕安自在境界，

以平等心廣度眾生。五濁惡世，魔道力量很強，

需要人人用心吸收法、轉法輪，不斷地用佛法洗滌人心。

期待大家凝聚心念，同行菩薩道，讓正信佛法在人心穩定扎根；

用愛鋪路，將人間路鋪平、鋪直，接上菩提道。

將法水轉成慧命的法髓，在世界各地發揮淨化人心良能。

2014.09.14 對新馬慈濟人開示

每一秒鐘都要守護心念，每一秒鐘都是這一輩子，

獨一無二的一秒鐘，過去就不再回來了。

期待隨著時間不斷地流逝，大家的慧命不斷地增長；

要常常培養好的念頭，時時生好念；

就能時時做好事、時時與人結好緣，人生不偏差。

把握因緣，深入靜思法脈，力行慈濟宗門；

走入人群行菩薩道，也要傳揚靜思法脈。

若能身心攝受、力行法脈與宗門，

才是真正「靜思法脈，慈濟宗門」的弟子。

2014.12.31 志工早會

新加坡慈濟人馳援馬來西亞水患救災，發起街頭勸募。

五濁惡世苦難偏多，需要很多救苦救難的人間菩薩。

慈濟人努力招募人間菩薩，傳播慈濟精神理念，

也勸募人人的一分愛心，如同佛世時僧眾沿門托缽，與居民結緣，

讓他們開啓心門、收納佛法，這都是化度人間的方法。

希望多一個人的善心，心力會合起來，能讓人間平安無災。

天天虔誠祈禱，誠懇的心聲可以上達諸佛聽；

時時想好意、說好話、做好事，能帶動人人響應善心善行。

慈濟人即使跨州、跨國也要投入水患救災，

因為人人都是自發心、自立願，有心願就有力量；

路途再遠也願意去付出，雖是付出無所求，

卻能得到滿心法喜，增長慧命。

2015.01.02 對新加坡慈濟人開示

常說「一方有災，十方來援」，

大家不辭遠途奔波辛勞而如此投入，很令人讚歎；

也見證有慈濟人自家受災，仍先投入救災行列。

希望大家好好把握因緣付出，力行菩薩道；

即使付出過程有重重困難，大家仍然用心克服困難，

拔除眾生的苦難，這就在行菩薩道、行大乘法。

一切行動都要以平安為重，只要水退了、路通了，

人醫會就可以去災區；現在可以在新加坡為馬來西亞水患募款，

就地啟發人人的愛心，也為水患賑災增添力量。

2015.01.07 志工早會

慈濟人深心信解佛法，並且發揮愛的能量。

上街勸募不只為募款，更要募愛心，

要讓人人瞭解慈濟人為什麼這麼做，從而認同並響應，

與慈濟人一起用愛付出、無私行善。

唯有人人啟發愛心善念，才能讓世界有福、大地平安。

2015.04.17 對新加坡慈濟人開示

新加坡慈濟人走入監獄關懷，啟發受刑人的善念。

受刑人努西寫了三封信，請慈濟人帶回，他寫的信，字字都是寶；

時間秒秒更是寶，無法讓我表達對弟子的感恩、感動之情！

請大家幫師父帶回這分無盡的感恩心，感恩大家給我力量。

對的事，做就對了；方向把握正確，行事就不會偏差。

2015.05.16 新加坡國會議員與企業家來訪

五十年前臺灣社會普遍貧窮,

尤其後山花蓮,民眾能付出助人的力量有限;

因此教眾在不影響生活的情況下,日存五毛錢,點滴累積幫助貧病者。

一路走來,愈來愈多善心人認同慈濟所做,

即使宗教信仰不同也願意投入,用純真的愛心付出,

愈做愈快樂,也從中見苦知福,更加知足。

2015.06.16 志工早會

一方有災難,十方齊關懷,

這一次的尼泊爾震災,多少國家地區的人,都在為他們勸募。

看到新加坡陳春蓉老菩薩八十多歲了,有嚴重的關節炎,

忍著身體的病痛,她還是提起愛心,一一去勸募。

還有九十歲的李三妹老菩薩,也是很堅持為尼泊爾而付出;

他們知道師父在擔心,所以盡心力去做,實在令人感動。

2015.09.28 慈濟人醫人醫會

慈濟人與醫護志工不怕臭、不怕髒地貼近獨居長者沙烈先生,

親切地照顧他,即使環境髒臭、老人的身體臭穢不堪,

大家臉上還是掛著笑容,絲毫沒有厭棄的神色。

從接案後不斷地送營養品,直到他願意和志工說話,

願意接受志工來打掃;再經過三個月的溝通輔導,才願意接受治療。

人間菩薩、大醫王,信心堅定、愛心無量、善念深廣,令人讚歎!

各國人醫都與慈濟菩薩會合,以寬大的佛菩薩心懷,

接近貧病苦難的眾生,救拔他們的身心之苦;

無論外境如何髒污臭穢，菩薩的心靈永遠是清淨無染的淨土，
能夠發揮清淨無染的大愛，當別人生命中的貴人。

2015.10.02 靜思晨語

如何向善呢？就是要聽法。
「薰法香」，法入心、轉心念、改習氣。

新加坡人醫會有一位周醫師，每天聽法。
剛開始不太能瞭解，現在聽出心得了，他覺得人生很踏實。
他過去有我慢心，自己不知覺；
現在看診很謹慎，能用耐心解除患者的病苦。
耐心、愛心、輕柔心，轉變了他的傲慢，這就是「法水灌溉心地福田」。

2015.12.10 對新馬慈濟人開示

希望新加坡、馬來西亞慈濟人要跟進聽晨語，
以「誠之情誼」廣邀來眾，不只是邀請人來做事，還要讓人有法可學。
但若自己沒有做到，言行沒有收斂，
還在人與人之間計較、聲色不佳，這樣的團體不會美，無法吸引人；
要發自內心，表達出慈濟團體的真、善、美。

2015.12.10 志工早會

新加坡的李德福，浪子回頭，他的人生過程就是經藏。
他看到大愛的節目，把所看、所聞當成法水，
洗滌內心，讓自己的內心淨化了，改變了。
唯有自己改變才有辦法，自己不改變，誰都「沒法度」；
心念一轉，可以造福人間，把花天酒地的錢省下來，幫助很多人。

2016.07.18 志工早會

洪水、土石流掩埋斯里蘭卡村落；

天下多苦難，將再多的道理說得琅琅上口都沒有用，

要把好的道理吸收入心，而且身體力行——

腳踏出去、雙手伸出來，擁抱、膚慰苦難人，

用「人傷我痛，人苦我悲」的同理心幫助他們，才能救拔世間苦。

世界上有許多受災受苦等待救援的人，

慈濟人聞聲救苦，只要走得到、做得到的，

再難走的路也要走，再困難的關卡也要突破。實地勘災瞭解所需，

親手付出、雙手擁抱，將愛的能量傳遞到每個苦難人的身與心。

2016.09.02 志工早會

新加坡是一個乾淨衛生的國家，但是也有茲卡病例的發生。

現在整個生態都很令人擔心！

無常人生，人生無常，大環境讓我們更要覺悟；

人與人之間不要那樣的斤斤計較，人生幾何？生命到底有多長？

難得人生，能聞佛法，我們還不精進嗎？

2016.11.07 志工早會

新加坡志工蘇秀卿（明沛）師姊曾經開神佛用品店，

因為走入慈濟，轉迷為悟，將神佛用品店結束營業，

所換來的是心中的靈山塔，這都是因為發現了自己本具的佛性。

2017.01.19 志工早會

新加坡八歲女孩馬紫芊自己製作「蔬醒小卡」，向人推廣素食。

要淨化空氣、改善環境，必須淨化人心。

素食能淨化心中的欲念，也淨化自己的身體，保護自身健康；
愈多人改葷茹素，就能減少牲畜飼養量，從而降低溫室氣體排放量。
減少空氣、土地與水源的污染，更重要的是減少殺業。

據統計，全世界每天有一億五千多萬條生命，
因為人類的口欲而消失，累積可怕的業力！
人心欲念一起，就讓這麼多動物喪命；
人心一念偏差，也會造成動亂、引發戰禍，
導致許多人生命受威脅，不得不逃難，
流落異國成為難民，身心受苦。
要用心深入瞭解法的意義，讓自己的心回歸單純，
就像這一位小女孩，用純真的心帶動人做好事。

2017.02.02 對新加坡慈濟人開示

執行長劉濟悟帶領志工返回精舍拜年，
報告會務，分享「薰法香」心得。

只要誠正信實，就有慈悲喜捨，
而且要相信「入我門不貧，出我門不富」，
「信己無私，信人有愛」，這是慈濟人共同的理念。進來慈濟，
心一定要合，不是為自己，也不是圖利於他人，是為了苦難眾生。
感恩現在有發達的科技，讓我身不動，而將法傳遍天下；
讓全球慈濟人都知道靜思法脈已傳，慈濟宗門已立，彼此砥礪精進。

2017.04.10 海外多國聯合董事會

在新加坡國家福利制度完善，慈善個案較少，

慈濟人文精神卻廣受歡迎，學前教育也做得很成功；不要自我限制，
只要有需要、人力足、精神夠，不只辦二十所幼教中心。
孩子由幼教中心照顧，家長則由志工接引，多接觸慈濟精神理念。

新加坡慈濟人「富貴學道勤」，勤於薰法香；
法入心而道心堅固，法親之間觀念契合，
更能緊密互動，合和互協成就志業。

2017.04.11 志工早會

「富貴學道」與「貧窮布施」，對於人間菩薩來說，一點都不困難。
新加坡福利制度完善，人民大多生活無缺，
慈濟人還是用心耕耘，協助翻轉苦難人生。
師兄、師姊們天天「薰法香」，彼此鼓勵與帶動，聞法不間斷；
天下知音少，能夠每天聞法不間斷，已經很難得了，
他們還可以利用時間，補修之前沒有聽到的部分。
他們的精進，讓我覺得很歡喜！

2017.06.19 對劉濟悟執行長、林慈泰師姊開示

兩位除了用心於新加坡的慈濟志業，
且跨國照顧、帶動斯里蘭卡的本土志工。
「大慈悲為室，柔和忍辱衣，諸法空為座，處此為說法」，
要廣施慈悲度眾生，必須柔和忍辱，才能調伏剛強眾生；
首先要調伏的就是自己剛強的心態，
才能讓人樂於相處、共事，聚合力量救助苦難。
人人皆有愛心，樂於為人付出，但是要與人合力付出，
互動中難免會因為彼此的意見、習氣不同，而對人有成見，造成煩惱。

心中有法，就懂得「放下」，放下了成見與煩惱，當然就能輕安自在。

期待全球慈濟人用心入法，即使語言不同，

但是大家透過翻譯、彼此分享，都是同一條心、同一個方向，

有相通的「心語」，那就是愛與關懷；

大家以相同的心靈方向，彼此感恩、尊重、愛，合力造福人間。

2017.09.06 志工早會

師父從來沒有去過馬來西亞或新加坡，

但是他們都做到人、事、理俱全，就地落實慈濟精神；

靜思法脈在海外扎根，臺灣弟子應該更凝聚精神力量，用心發揮。

2017.09.30 對新加坡慈濟人開示

人生最有價值的就是那一念愛，師父給你們「百萬好心人」的目標，

主要是啟動人人的愛心，不論金額多寡，即使點滴少量，

只要能持續儲蓄愛心，粒米成籮、滴水成河，終能積少成多。

最重要的是讓人有機會接觸善法，

連接起愛心、善念，成為一條愛心大道。

要從自身周圍的親友開始推廣「竹筒歲月」，

讓他們有機會認識慈濟，以愛與善為人生方向；

不要有壓力，只要有動力、有動能，讓良能動起來。

身在五濁惡世，若要淨化人間，需要菩薩開道，帶動人人鋪路。

「百萬好心人」招生重在心靈的淨化——

要讓人人知道正確的方向，而且「體解大道」，

慈濟人需先「發無上心」，啟發自身的潛能、動力，用種種方法，

接引人瞭解慈濟，願意共同用愛鋪路。

經者，道也；道者，路也。

佛陀為我們指引方向，要靠我們自己對準方向，
開出一條道，讓人人跟在後面鋪路，鋪出平坦道路。

2018.01.06 對新加坡蕭慈力師姊、莫濟協師兄開示

精舍是法脈宗門的發祥地，全球慈濟人回到心靈故鄉，
回到法的源頭，除了向師父取法，
也要取得法脈宗門的精神思想，回到各自的居住地發揮與傳承。
從起點走到現在，慈濟已過半世紀，五十多年來，
為時代作見證，為人類寫歷史，慈濟大藏經更需要用心彙整與留傳；
此時若沒有將慈濟的歷史寫好，就難以延傳到未來。
就如五十年前，三十位提菜籃的家庭主婦，
當她們提起菜籃要外出買菜時，發一念善心，存下零錢。
這段歷史很鮮明地用展覽布置、文字介紹留下來，讓參觀者受感動，
人人有這一念心、這一個動作，福就會匯聚得愈來愈多。

2018.02.22 新加坡、柬埔寨慈濟人返回精舍拜年

勸募不需要限制捐款金額，要讓任何一個人都可以做到，
主要募的是那一分願意付出助人的善心。
慈濟五十多年前就是這樣起步。
菩薩遊戲人間，無論為了適應眾生的根機，而用什麼方法加以引導，
最重要的是喚醒每一個人，讓大家有明確的人生方向。

新加坡人有福，有福的人應該更要照顧天下苦難人，
盡一分心力為天下而付出；
人人培養出好心，願意付出造福，社會才能祥和。
募「百萬好心人」此活動不是為了數據高低而努力，

是要培養慈濟人「為善的勇氣」，

要有勇氣向人開口邀約，不要怕被拒絕。

要當菩薩度眾生，本來就要具備勇猛心。

藉這樣的機會，借力使力，接引富有人，給予一個正確的方向，

也許他會願意付出大力量，幫助更多人，

讓飢餓、苦難的眾生得到生存的資糧。

天下的米籮很重，需要大家一起來挑，我的目標是淨化人心，

募得百萬好心人，就有百萬人的力量可以幫忙淨化天下人心。

2018.05.29 新加坡慈濟人返回精舍參與董事會

大家真正法入心、法入行。

實現了佛陀所教的菩薩法，在人間開闢菩薩道。

常說要有共知、共識很容易，但是難以共行；

然而大家一步步踏實力行菩薩道，一步步深入佛心本懷。

期待新加坡慈濟人持續招募人間菩薩，不分宗教，鼓勵人人發心行善，

人群中就是人間菩薩的修行道場。

此舉不是為了師父，也不是為了慈濟，而是為新加坡社會淨化人心，

人人合和互協，讓社會更為祥和平安。

期勉大家讓法脈宗門永續獅城，要為後世開道鋪路，

傳續佛陀精神、慧命命脈，功德法源綿延。

2018.05.30 與新加坡慈濟人溫馨座談

不只要將師父的話聽入心，也要觀察旁人的優缺點，

吸收、運用別人的優點，自我警惕不要有相同的缺點；

要用心「聽」師父所說，用心「看」別人的言行。

讀經快，行經難，哪一部經讀過之後有心得，

體會了道理，就要實際去做。

「理先知，後開道」，知道哪裡要開得筆直、哪裡要隨著地形調整角度；

「道」開了，「路」就要鋪得平，後來的人才走得安穩。

大家現在就是在寫開道史，在道路完全開通以前，

還是要持續注意調整，「道在開，理要通，路才達」，

請大家多用心，在新加坡「開道通達」。

2018.09.19 志工早會

慈濟在新加坡起頭人靜蓮，不是什麼大人物，只是德利豆乾店的店員，

直到嫁到新加坡，就開始把這一顆種子帶過去。

新加坡慈濟人很精進，他們天天開著大白牛車，一戶戶帶人來聞法；

師父說一句，他們絕對是規規矩矩落實一步。

慈濟人在不同的國度裡，發心立願，當一顆顆的種子。

認真地付出，用心落實在自己的環境中；人不怕少，精神一定要凝聚。

2018.10.10 劉濟悟執行長請示會務

長年以來，大家在新加坡開道鋪路，而且用心「薰法香」入正法，

各項志業都做得很扎實，把愛鋪得滿滿，

做到讓政府自動來邀請慈濟，要給予空間讓你們發揮，

實在很不簡單，很感恩大家在各方面都做得好。

醫療是守護生命的磐石，教育是守護慧命的磐石；

若希望社會長久安定，就要從教育做起，

學校要建立良好的校風，也需要一段時間的努力才能穩固。

所以無論要推展醫療或教育志業，

都要有適合的土地，才能實現理想。

2018.11.30 對新加坡人醫會開示

新加坡人醫會很團結、很精進,落實慈濟人文。

醫療的慧命起於一分愛心,起於當初從醫所立的志願。

人生最苦的是病痛,病痛中最苦的是殘疾,還有人自出生就不健全,

甚至是一個家庭接連生出不健全的孩子,真的很苦!

這樣的家庭需要人醫菩薩用愛減輕他們的痛苦。

很感恩大家經常抱著歡喜心投入義診,發揮醫療良能救拔貧病苦難。

2019.02.06 對新加坡劉濟悟執行長等開示

新加坡慈濟人日日「薰法香」,人人精進用功,而且慇懃度眾生;

感恩大家法入心、法入行,深耕四大志業,

慈善深度化,教育良能化,人文廣弘法。

祝福大家「轉識成智」,持續發揮清淨無染的大愛能量,

菩薩道上步步踏實,福慧雙修。

里程碑

年 份	事 件
1987	臺灣的劉桂英（靜蓮）隨夫旅居新加坡，發心推動慈濟，展開關懷安老院和殘障兒童院等慈善工作
1991.03.10	於寶光佛堂舉行「新加坡分會」成立大會，定名為「新加坡慈濟之音」
1991.08	大陸華東、華中水災，臺灣慈濟啟動賑災；新加坡慈濟人響應，募得善款新幣一萬四千元
1992.06.07	新加坡慈濟志工服務隊，首次在廣惠肇留醫院服務
1993.01.14	分會十位志工返臺接受證嚴上人授證，成為本地首批委員
1993.03.14	開辦「兒童學佛精進班」。於同年 12 月 12 日舉辦第一屆「慈濟兒童學佛營」
1993.09.20	獲政府註冊局批准，正式成立「佛教慈濟功德會新加坡分會」
1994	首次與當地骨髓捐贈中心合辦「骨髓捐贈驗血活動」
1996.04.24	新加坡慈濟人遠赴南印度馬得拉斯省（Madaras）村落，發放三萬六千多件愛心衣物
1996.07.15	慈濟新加坡文化中心成立，每年參與本地世界華文書展。1998 年，更名靜思文化志業中心
1998.08	「佛教慈濟功德會新加坡分會」更名為「佛教慈濟慈善事業基金會（新加坡分會）」，12 月遷至牛車水會所

年 份	事 件
1999.08.08	首個社區環保點於裕廊東象牙花園 (Ivory Height) 成立，訂定每月第二個星期日為慈濟環保日
1999.09.04	新加坡慈濟人醫會正式成立
1999.09.25	人醫會首次參與印尼義診，至 2007 年 3 月主辦、協辦共二十二次
1999.11	首次上街募款，為馳援土耳其及臺灣 921 大地震，成為新加坡首個為國外災難上街募款的慈善團體。10 月 28 日於牛車水分會舉辦「千人愛心宴」，為 921 賑災基金募款。隔年 7 月，中秋節舉行義賣，籌募 921 大地震希望工程基金
2001.02.25	慈青展開喜樂之家（新加坡痲瘋病救濟之家）長期關懷
2001.04.02	印度強震，與馬來西亞慈濟人共同承擔賑災經費，與法國關懷基金會合作援建二百二十七戶大愛屋
2003.08.02	新加坡分會十週年成果展
2003.06.14	SARS 期間，血庫量不足，首次與紅十字會聯辦捐血活動
2003.11.16	每月發放日擴大為「獨居老人關懷日」，於牛車水戶外廣場舉行
2004.02.14	第一間靜思書軒於牛車水開幕
2004.05	義順潘氏兄妹因罕見「遺傳性腦神經系統退化疾病」，跨國到花蓮慈濟醫院就醫
2004.04.30	《父母恩重難報經》音樂手語劇首演
2004.08	佛教慈濟義診中心於牛車水成立，2008 年遷址紅山

年 份	事 件
2004.12	南亞海嘯發生後，新加坡志工多次參與斯里蘭卡短、中、長期援建工程和義診發放
2005.04.01	「洗腎援助計劃」啟動，慈善觸角伸向無法得到政府補助，及無力負擔洗腎費用的患者
2005.10.30	巴西立 (Pasir Ris) 靜思堂落成啟用
2005.12.18	慈濟大學新加坡社會教育推廣中心啟用
2006	啟動「四法四門四合一」組織運作架構
2008.02.13	靜思語教學入校園，從彌陀學校開始
2009.02	全球金融海嘯，慈濟推動「新芽助學金計畫」，擴大培訓新芽訪視志工
2009.08.27	新加坡人醫會首次前往斯里蘭卡進行大型義診，至 2018 年 7 月，共進行十一次大型義診
2010.08	佛教慈濟健檢中心（福慧中心）啟用，2011 年 7 月改制為「佛教慈濟健檢暨義診中心」
2010.10.16	首次舉辦志工英文培訓課，讓不諳中文的社區志工不受語言阻礙、直接認識慈濟精神
2011.05.08	首次於戶外（楊厝港體育館）舉辦浴佛典禮，八十八位佛教界法師領眾浴佛，逾七千位會眾與會
2011.12.04	柬埔寨水患，與馬來西亞、柬埔寨志工於首都金邊舉行大型發放
2013.12.13	分會 20 周年慶，舉辦「法譬如水潤蒼生 · 廣行環保弘人文」四場經藏演繹

年 份	事 件
2014.04.01	慈濟大愛幼教中心啟用，於 2017 年 10 月獲新加坡「學前教育認證框架（SPARKS）」認證
2014.04.01	與護聯中心合作，展開「居家醫護服務」
2014.08.01	兀蘭「慈濟環保教育站」啟用
2015.03.06	舉辦「國際人醫論壇」；與新加坡亞歷山大保健集團簽訂合作備忘錄，共同推廣健康促進及綠能理念
2016.04.23	為符合當地法規，註冊「佛教慈濟功德會（新加坡）」
2016.05.11	沈氏道靜思書軒啟業
2016.05.11	慈濟大愛人文館開幕
2016.11	佛教慈濟健檢暨義診中心改為「慈濟日間康復中心」，以配合老齡化人口的醫療需求
2016.11.23	分會與裕廊保健集團合作，接管「湖畔全科醫療診所」
2017.01.03	大愛安親班開課
2017.09.23	啟動「百萬好心人」大招募運動，接引善心人士加入慈濟大愛行列
2018.09.01	於大愛人文館舉辦為期一個月的「新加坡慈濟二十五周年志業成果展」
2019.09.14	樂齡長青館（武吉巴督）開幕
2019.09.22	慈濟中醫義診中心開幕
2019.09.28	樂齡長青館（南洋）開幕

編輯後記

感恩海外人文真善美志工，從記錄到撰寫，從照相到錄影，留住美善足跡。新加坡二十九年（含分會成立前三年）的紀錄，量多而豐實。但要將片段的記載、行政檔案，調理成結構完整的文章，在在考驗著我們的能力。尤其許多志工與同仁，都不曾參與當時的過程；即使有經歷過，也都隨著年歲而模糊，如何喚醒記憶？

每一篇章都有著近百筆的史料，如何綴字成文？

我們將每個主題加以概念化，如「上人的叮嚀、活動的目的、重要的數據、對人對事的影響、他者的肯定、動人的故事、困難的轉折……」等等，透過工作坊，讓人人都能參與史藏的撰寫。

上人常說：「有心就不難。」我們都不是專業的寫手，但是透過兩地同仁與志工的用心誠意，細細回溯過往，雖仍未臻理想，終於將《新加坡慈濟史》出版。

僅以此書向資深的慈濟人致敬，也對後人說一聲「接棒，前進！」

本書的每一篇文章都沒有標作者，因為新加坡慈濟史是由許多人的參與而成；正如慈濟志業的每一步開展，都是合和互協的成果。

僅盧列所有付出心力的菩薩於下，以為誌記。

執行長：劉瑞士
副執行長：邱建義、徐雪友、趙信玉、陳昭云

文史校對團隊：（依照姓氏筆劃）
王俊璿、王素真、王渼娟、王綏喜、余惠瑩、吳佳翰、吳南凱
李明慧、周麗梅、林文豪、林祖慧、林偉慶、林淑婷、林雅芝
林翠蓮、林麗芳、邱詩彥、侯嘉傑、姚淩淩、施懿芸、徐敦盈
梁桂燕、梁儷璘、符采君、莫澤燕、許翠琴、郭靜儀、陳子榮
陳玉真、陳柔潔、陳美玲、陳貞如、陳偉豪、陳雁妮、陳碧慧
陳麗琴、陳麗麗、彭潤萍、曾鈺涵、黃秀姿、黃芯樺、黃章威
黃嘉惠、黃福順、楊冠雄、楊淑元、楊紫穎、楊嘉珮、葉惠瓊
劉銘達、劉勁寬、劉素方、潘寶通、蔡詩秀、蔡寶玲、鄧鳳梅
鄭允然、鄭寶吉、黎東興、黎顯維、戴佳璧、戴鈺郿、鐘欣盈

編纂處洪素貞（靜原）主任帶領同仁到分會舉辦第一次「新加坡慈濟史教育訓練工作坊」。
洪主任鼓勵「以年繫事，以事繫人，以人傳法，以法立宗」的結集使命與構想。（攝影：王素真）

工作坊除理論更著重實作，聽完講師分享後，學員們開始學習史料分類、整理和歸納。（攝影：王素真）

編纂處同仁講述史料蒐集、檢視、歸納與考證的實務經驗。文史同仁與志工開始實作。

（攝影：王素真）

編纂處同仁再於分會舉辦第二次「新加坡慈濟史教育訓練工作坊」；此次為撰寫體例教學，完整的編纂史藏體例，需掌握六大步驟。（攝影：王素真）

| 文史志工不分年齡，一起挑選重點、補充不足，力求史料事件包的完整性、正確性。（攝影：王素真）

| 「探其究竟，擇其要意」，文史志工，以有多少資料，成多少史的原則編寫文章。（攝影：陳柔潔）

編纂處第三次到新加坡，聚集眾人進行大校對。分會同仁向執行團隊與資深慈濟人說明文稿核定原則。（攝影：王綬喜）

「這一天，我們一起完成新加坡慈濟史」，眾人齊心協力，期盼法脈宗門永續獅城！（攝影：楊冠雄）

手語隊

慈誠

青少年成長班

親子成長班

教聯會

環保志工

慈青

委員

人文真善美

香積菩薩

菩薩大招生

福田志工

人醫會

大愛媽媽

海外慈濟史系列
新加坡慈濟史

總 監 修	王端正
策劃／執行	佛教慈濟慈善事業基金會 編纂處
總 編 輯	洪靜原
責 任 編 輯	楊雯婷 賴曉逸
美 術 設 計	邱宇陞 凌宛琪
資 訊 圖	方琦
文 字 校 對	賴貞蓉 魏滄哲 謝玉如
	何俊賢 湯立婷 陳惠真
圖 片 提 供	佛教慈濟基金會文史處圖像資料組
	新加坡慈濟分會人文志業發展室
出 版 者	經典雜誌
	財團法人慈濟傳播人文志業基金會
地 址	臺北市北投區立德路2號
電 話	(02) 2898-9991
劃 撥 帳 號	19924552
戶 名	經典雜誌
製 版 印 刷	禹利電子分色有限公司
經 銷 商	聯合發行股份有限公司
出 版 日 期	2020年3月 初版
定 價	新台幣380元

ISBN 978-986-98683-7-2 (軟精裝)
Printed in Taiwan

國家圖書館出版品預行編目(CIP)資料

海外慈濟史系列—新加坡慈濟史/慈濟基金會編纂處編著.
— 初版. — 臺北市 : 經典雜誌,
2020.03　面 ;　　公分
ISBN　978-986-98683-7-2（軟精裝）

1.海外慈濟史　2.新加坡慈濟　3.大愛永續